中国社科

物质序章

龙　潜◎著

光明日报出版社

图书在版编目（CIP）数据

物质序章 / 龙潜著. -- 北京：光明日报出版社，
2024.8. -- ISBN 978 - 7 - 5194 - 8241 - 1

Ⅰ. C913.3

中国国家版本馆 CIP 数据核字第 20240HM902 号

物质序章

WUZHI XUZHANG

著　　者：龙　潜

责任编辑：杨　茹　　　　　　　责任校对：杨　娜　李海慧

封面设计：中联华文　　　　　　责任印制：曹　净

出版发行：光明日报出版社

地　　址：北京市西城区永安路 106 号，100050

电　　话：010-63169890（咨询），010-63131930（邮购）

传　　真：010-63131930

网　　址：http://book.gmw.cn

E - mail：gmrbcbs@gmw.cn

法律顾问：北京市兰台律师事务所龚柳方律师

印　　刷：三河市华东印刷有限公司

装　　订：三河市华东印刷有限公司

本书如有破损、缺页、装订错误，请与本社联系调换，电话：010-63131930

开　　本：170mm×240mm

字　　数：261 千字　　　　　　印　　张：16

版　　次：2025 年 3 月第 1 版　　印　　次：2025 年 3 月第 1 次印刷

书　　号：ISBN 978 - 7 - 5194 - 8241 - 1

定　　价：95.00 元

目 录
CONTENTS

第一章 01

物质神话

一、中国的生死神话

中国古代创世神话的想象中，有着古人对生死的看法。"神于天，圣于地"的盘古，随天地而生长，具有超凡的寿数，然而他的生命也终将"垂死"。不过盘古能够化腐朽为神奇，"死"成全了他的"变"和"化"，"死"使他产生了形而下的"变化"，他变成了生生不息的宇宙自然。生与死的转换演绎得空前的壮美、空前的辉煌、空前的广大无限。盘古的死，讲述着一个新的无所不能的起始。

盘古神话在经过历史学、典籍学、神话学等学科的学者大量的考证分析后，被确定是从三国时起，由西南逐渐传入中原，再被引入典籍之中。它属于中国古代神话后期的作品。学者们认为，盘古神话所流传的时代，距离传说中秦始皇选派数百对"金童玉女"前往海外寻觅长生不死之岛国，汉武帝执迷并深信术士方丈长生不死之谬说，已经过去了数个世纪。

> 天地混沌如鸡子，盘古生其中。万八千岁，天地开辟，阳清为天，阴浊为地。盘古在其中，一日九变，神于天，圣于地。天日高一丈，地日厚一丈，盘古日长一丈。如此万八千岁，天数极高，地数极深，盘古极长。①
>
> ——《艺文类聚》卷一引徐整《三五历记》

> 首生盘古，垂死化身，气成风云，声为雷霆，左眼为日，右眼为月，四肢五体为四极五岳，血液为江河，筋脉为地里（理），肌肉为田土，发髭为星辰，皮毛为草木，齿骨为金石，精髓为珠玉，汗流为雨泽，身之诸虫，

---

① 欧阳询.《艺文类聚》卷一［M］.上海：上海古籍出版社，1999：43.

因风所感，化为黎虻。①

——《绎史》卷一引徐整《五运历年纪》

盘古之君，龙首蛇身，嘘为风雨，吹为雷电，开目为昼，闭目为夜。死后骨节为山林，体为江海，血为淮渎，毛发为草木。②

——《广博物志》卷九引徐整《五运历年纪》

正史记载了两位企图避免死亡的大人物——秦始皇和汉武帝。③ 公元前 3 世纪，雄霸一世的秦始皇，曾全神贯注于寻求长生灵药，相信术士的蛊惑之说，以为一种可以使人长生不老的灵药能够在世间被找到或者被制造出来。他相信一旦服用"仙药"，就能免遭一死，并像住在某个仙岛或仙山上的仙人那样万寿无疆。史书记载：公元前 219 年，秦始皇首幸山东海滨在琅琊立碑，第一次遇到了术士。一名叫徐福（市）的术士恳请秦始皇，准许他去海上寻找三个有神仙居住的琼岛。秦始皇让他带走"数百名"童男童女，并拨给巨资，让他去海上探寻。然而，徐福（市）去而无返，杳无音信，后来民间流传着他们到了日本的说法。公元前 215 年，秦始皇派术士卢生带着三名方丈启程，到海外寻找长生灵药。当然，卢生也只能无功而返。公元前 210 年，秦始皇再次驾临山东濒海的琅琊，这使术士们为以往求仙的种种失败提心吊胆。为逃避责难，他们编出海上有兴风作浪的巨鱼出没，使探寻者不能到达仙岛的谎言。这一次，他们要求秦始皇给他们派一名弓箭手，以便对付作怪的巨鱼。此事使秦始皇做了一个梦，梦见自己在海上与海神交战。为他圆梦的术士又新编了神话，并且断言，通过祈求、祭祀和专心致志，秦始皇已经能够驱逐恶神和请来善神。此后秦始皇每次沿海北上，皆佩弓弩为武装。据传公元前 210 年，秦始皇在立下第四块碑的芝罘山上，终于见到一条大鱼腾跃于云天之间的海上，他亲自拉弓射杀了它。史学家认为：吸引秦始皇的道教是由巫术、萨满教、健身法、静坐术和法家哲学混合的奇异大杂烩。这种信仰在秦始皇治下的东北沿海地区特别盛

---

① 马瑞.《绎史》卷一［M］. 北京：中华书局，2001：66.

② 董斯张.《广博物志》卷九［M］. 上海：上海古籍出版社，2021：85.

③ 崔瑞德，鲁唯一. 剑桥中国秦汉史［M］. 杨品泉，等译. 北京：中国社会科学出版社，1992：770.

行，"燕齐海上之方士传其术不能通，然则怪迁阿谀苟合之徒自此兴，不可胜数也"①。汉武帝时期，历史又经历了另一个重要转折，这时，汉皇室取得了被称为鼎盛的丰功伟绩。公元前 141 年，当了 9 年太子，年仅 16 岁的汉武帝开始了他长达 54 年的统治。自他在位以来，不断取得治理国家的巨大成就，其中也包括治史者所评价的"好大武功"。这一切，足以说明他治下的国家具有无可非议的实力。有意思的是，这样一位成功的皇帝，竟然也有类似秦始皇那样的癖好，也曾不遗余力地让人为他寻求长生不老的法术。于是，有关他听信术士方丈花言巧语的求仙故事，也被当作奇谈在民间广为流传。②

所以，今天在严肃的正史中不难找到这样的记载：汉武帝寻求通往长生的道路如同秦始皇一样，是经过神圣的蓬莱岛而后经过仙境从而再到达极乐的长生岛。汉武帝对方士的允诺深信不疑，这些人答应让他永生，还说可以让他一位已经死去的妃子复活。③

秦始皇对术士方丈的诡谬之言绝非都言听计从，他从来就对妖巫灵怪不屑一顾，还不只是不屑一顾，如果它们挡了他的道，他就会不遗余力地予以冒犯，他的一些所为让人看到了他发自内心的对巫灵的轻蔑。历史记载了关于他对山林之神的暴怒：公元前 219 年，秦始皇在第二次御驾巡行时中途为强烈的风暴所阻，当有人归因于山神不悦时，秦始皇大怒，他命令 3000 名囚犯将此山的林木砍伐一空，还用同囚服一样的红颜色涂染此山。④ 这一作为，足以说明他的迷信倾向是有选择的，他对不利于自己的神灵坚决抗衡，毫无惧色。

所以，秦始皇汉武帝专宠术士，相信求仙之道，根本原因是术士的"邪说"迎合了他们渴望长生不死的心情。作为史无前例一统中国的大帝，秦始皇不甘心人生如此短暂，术士为此制造了可以求助神仙获得不死的"谎言"，这实在是投合了统治者需要被"欺骗"的需求。因此，与其说是君王被术士"欺骗"，

① 崔瑞德，鲁唯一. 剑桥中国秦汉史［M］. 杨品泉，等译. 北京：中国社会科学出版社，1992：95-96.

② 崔瑞德，鲁唯一. 剑桥中国秦汉史［M］. 杨品泉，等译. 北京：中国社会科学出版社，1992：169.

③ 崔瑞德，鲁唯一. 剑桥中国秦汉史［M］. 杨品泉，等译. 北京：中国社会科学出版社，1992：187.

④ 崔瑞德，鲁唯一. 剑桥中国秦汉史［M］. 杨品泉，等译. 北京：中国社会科学出版社，1992：248.

不如说是他们的"自欺"已经在前，是他们自己需要被欺骗。"谎言"所折射的是帝王对自己所拥有的地位、权力，自己所享有的生命、财富能够永不改变的幻想，是这些大人物对于死亡不能心甘情愿地去接受。

海上仙岛仙人仙药仙果的"谎言"——神话，应帝王"贪生怕死"的心理需求被人刻意地制造出来。

"谎言"之所以能够在人类社会中存活下来，是因为人类用心灵化作了孕育它们的沃土。从秦始皇汉武迷信仙道的谬举可以看到：人对生与死十分关注。而且可以肯定，在他们的意识里"黄泉并非幸福的归宿，不是死者的灵魂有意飘荡的目的地""还有灵魂能够和应该去的其他地方"①。因此，在秦代和汉初的一个世纪，人们的注意力集中到了东方仙境这些荒诞不经的奇谈怪论上。人们甚至以为，去仙境要通过东部的一些神奇岛屿，譬如名叫蓬莱、瀛洲、天姥的那些被汪洋大海包围着的琼岛，当人们在那里取得不死的灵药后，就能最终飞升到更幸福的仙境。以至"迟至后汉，已经出现了具有非凡特点的仙人居住地的观念。除了他们神奇的法力外，他们的生活方法也与凡夫俗子有明显不同，因为他们没有那些伴随着凡人的痛苦和苦难"，"他们被描述成可以在空间任意飞翔""靠食枣吮露为生""摘采长生的草药"②的神仙。今天，人们还可以从那时的铜镜刻纹上读到描述这类想法的铭文和图画。那些铜镜图纹上半人半兽的"仙人""神人"，甚至出现在那时的一些葬墓的壁画上。

公元 1 世纪形成的西方乐土思想被时间摧毁了。

死，是不可避免的，而且，根本没有人知道死后的真实情形。

在后汉这个多变的时间过程中，在光武中兴之后，国家开始纷争的内宫、边疆的战乱、起义者和皇室之间的内战，以及天灾引发的一次次严重的饥民潮，种种危险导致了动荡不断，生灵涂炭。后汉末期，强将弱主的国家局面，让要将首领恃强凌弱，纷纷自立山头打出旗号，时时都在爆发为争夺地盘而展开的大战。最后，后汉在三国霸雄们长达数十年的血腥争战中画上了句号。

历尽战火，几经成败，用勇武和智谋最后称雄的曹操，他用诗篇对当时战

---

① 崔瑞德，鲁唯一. 剑桥中国秦汉史［M］. 杨品泉，等译. 北京：中国社会科学出版社，1992：765.

② 崔瑞德，鲁唯一. 剑桥中国秦汉史［M］. 杨品泉，等译. 北京：中国社会科学出版社，1992：768.

局进行的描写，应该说是比较逼真的。

> 关东有义士，兴兵讨群凶。初期会盟津，乃心在咸阳。军合力不齐，踌躇而雁行。势利使人争，嗣还自相戕。淮南弟称号，刻玺于北方。乾甲生虮虱，万姓以死亡。白骨露於野，千里无鸡鸣。生民百遗一，念之断人肠。①
>
> ——曹操《蒿里行》

兵刃相见，魂亡刀下，"万姓以死亡"，"生民百遗一"，"白骨露于野"，曹操的诗有着悼亡之痛，对苍生在乱世之中的"死"十分感慨。

曹操留给人们的除了那段与蜀、吴雄霸们共同组成的历史，他对人终有一死的慨叹更因为他的经历、身份、地位而具有另外的价值意义。一生戎马的曹操，就是靠杀戮而壮大，而获取到最强大的地位。他和他同时代的人在生死问题上比秦汉时代的人更加务实。理性思维使他们不可能轻信世上的长生灵药，长生不死的神话对他们来说已经失效。而死亡，这个让人感伤不已的现象，这时已经成为人人都不可能回避的事实。曹操已经不可能再用秦始皇汉武帝似的平和心态去相信所谓人可以生而不死的"邪术之说"，更不可能因"贪生怕死"而用术士的允诺来欺骗自己，这时"欺君"的术士们的任何编造对他都不可能奏效。他认可了人生的短暂，认可了生命终有一死。他著名的诗句就因透着生死肃杀的苍凉而被后世不断传诵。

> 对酒当歌，人生几何？譬如朝露，去日苦多。慨当以慷，忧思难忘。②
>
> ——曹操《短歌行》

> 神龟虽寿，犹有竟时；腾蛇乘雾，终为土灰。③
>
> ——曹操《步出夏门行·其四·龟虽寿》

生活已让生与死成为不可回避的普遍现实，在人们目睹、亲临、遭遇了太

---

① 曹操．曹操诗文选［M］．中央民族学院语文系《曹操诗文选》注释小组．北京：北京人民出版社，1975：31.

② 曹操．曹操诗文选［M］．中央民族学院语文系《曹操诗文选》注释小组．北京：北京人民出版社，1975：44-45.

③ 曹操．曹操诗文选［M］．中央民族学院语文系《曹操诗文选》注释小组．北京：北京人民出版社，1975：42.

多的死亡之后，人终于承认了生命难逃一死。

回到前面援引的盘古神话，它在三国时开始流传，它谈论了"创世"，同时也承认了"死"。"创世"是以"死"为代价的。盘古的"创世"相较先于它的女娲创世，增加了由"死"而"生"的新内容。死可以不朽。

伟大的先祖之死，"死"成那样一种磅礴气象：三山五岳，江海星辰，飞鸟走兽，葱茏万物……无不与他的死相关联，他的死成为最令人惊心动魄的创造和变化。盘古神话把死而不朽推到了极致。还有什么样的夸张比得上如此的死？它难道不是关于死的"弥天大谎"？当然，这也是濒死之神的传统模式，如布洛克从弗雷泽的理论中理解的"神的死亡是人类精神复兴的源泉"①。

所以，既然已经认识到死是不可抗拒的，就有必要对它进行打造，把积极而乐观的意义灌注其中。

因为认识死，才可进一步理解生，理解生丰富的意义。对死多产生一分豁达，对生才能多有一分兴趣。在盘古神话流传的同时，曹操，还有其子孝文帝曹丕，已经做了与之相谐的表白。

> 老骥伏枥，志在千里；烈士暮年，壮心不已。盈缩之期，不但在天；养怡之福，可得永年。②
>
> ——曹操《步出夏门行·其四·龟虽寿》
>
> 盖文章，经国之大业，不朽之盛事。年寿有时而尽，荣乐止乎其身，二者必至之长期，未若文章之无穷。③
>
> ——曹丕《典论·论文》

死之将至，不失其志。曹操的慷慨陈词表达了他要在有生之年为实现统一中国的凤愿努力，以此获得精神上的不朽。曹丕同样将"不死"寄托在打造有限生命的价值意义之上，只争朝夕，抓紧现世，以盖世的功名业绩来完成不朽。不朽已经不再是虚幻的不死，而是超越物质实体的精神的恒久传扬，他们发现

---

① 布洛克. 文化人类学与当代文学批评［M］//维克雷. 神话与文学. 潘国庆，等译. 上海：上海文艺出版社，1995：4.

② 曹操. 曹操诗文选［M］. 中央民族学院语文系《曹操诗文选》注释小组. 北京：北京人民出版社，1975：42-43.

③ 曹操. 曹操诗文选［M］. 中央民族学院语文系《曹操诗文选》注释小组. 北京：北京人民出版社，1975：14.

了精神与死抗衡的意义与力量。

当然，没有人会质疑盘古这个被古人制造出来的超人是一个彻头彻尾的虚拟人物，关于它的一切都是假的，关于它的"变"与"化"完全是谎言。然而，也不会有人用确有其事的真实性来判断它的价值，没有人会愚蠢到用实物对照的方式去苛求神话。而且当我们对神话的夸大和不真实进行了分析之后，可以发现它所流露的情感和体现的精神却一点不假。

神话是最早的谎言。而神话之所以要"说谎"，也是为了满足社会对"谎言"的需要。盘古神话就是为了诠释积极的生命意义而制造出来的一个"永垂不朽"的幻象。因为人们需要"被欺骗"，死，才被编造得如此雄浑、宏伟、新颖、激荡人心。

二、西方诸神的爱与恨

公元前 8 世纪，古希腊与荷马（Homer）齐名的行吟诗人赫西俄德（Hesiod）为神话传说中的众神编撰了一部血腥的、有明显含义的出生年谱。在他这里，每一个新生命的诞生都交织着诸神爱与恨的血腥杀戮。

卡俄斯（混沌神）[Kaos（Chaos God）]最先出世，接着是盖亚（Gaia）——宽胸的大地，所有以冰雪覆盖的奥林匹斯山峰为家的神灵都把这位女神（大地）作为他们的居所。然后，大地的幽暗深处诞生了深渊之神塔耳塔罗斯（Tartarus God of the Abyss）和爱神厄洛斯（God of Love Eros）。爱神是诸神中最美的，他对所有的神灵和人类展开了无坚不摧的攻势：既酥软他们的肢体，又慑服他们的神志。混沌神又生出了黑暗之神厄瑞玻斯（Erebus God of Darkness Erebus）和黑夜女神倪克斯（Goddess of the Night Nyx）；然后，他们又生出了光明神埃忒耳（God of Light Aethel God）和日神赫莫拉（Goddess of the Sun Hemera）。

赫西俄德想象了奥林匹斯山上的第一代提坦神（Titans）。

圆目巨人库克罗普斯（Cyclops）：一群额头上长着一只巨大的圆眼，强壮有力，技艺非凡的巨人。另一帮是他们的子嗣——长着 100 只臂膀、50 个脑袋，因战无不胜而目空一切的神。在这些吓人的提坦中，有一个克洛诺斯（Kronos），他居然在父亲乌兰诺斯（Uranus）与母亲盖亚睡觉时，割下了父亲的生殖器。乌兰诺斯流淌的鲜血"生"出了复仇女神癸干忒斯（Nemesis Decantes）和灰树女神纽墨菲（Ash-tree goddess Newmophie）；而那个被抛入海中的生殖器则使美丽的阿佛洛狄忒（Aphrodite）诞生。神祇就这样绵延不绝地繁衍着。后来，克洛诺斯和他的妹妹瑞亚（Rhea）生出了他们的儿子——众神之王宙斯（Zeus）。宙斯拥有库克罗普斯赠给他的雷电，还有三位长着 100 只臂膀、50 个脑袋的神灵做帮手，他用勇武和智谋征服了强大的提坦族，战胜了老克洛诺斯王，成为奥林匹斯山上统治神祇和人类至尊至上之王者。①

赫西俄德还描绘了神中最凶残的提丰（Typhon），他是大地神盖亚和冥神之子，他的肩上长着 100 个蛇头，蛇的大口中吐出黝黑的舌头。他有着力大无穷的臂膀和不知疲倦的双腿。

赫西俄德《神谱》中的诸神就以诸如此类的婚配结合生产了一个繁盛而非凡的神族，其中还包括作为文艺女神的缪斯。

从赫西俄德的《神谱》中可以看到，神话渲染神从超凡中诞生，然后，他们中的超凡者再婚配和哺育出有特异功能的新神。神话用极尽夸张虚构出来的各种神怪，来强调超自然的强大力量，强调远古人类的确感知到了宇宙间存在着某种未知的不可战胜的超自然的力量。然而，描绘神的强大不是希腊神话的最终目的，希腊神话中的神人最终都要交叉和汇合，神将成为凡界英雄的"底衬"，用那些英雄或者来自母系或者来自父系的属于神的血统来"神化"他的超能和不可战胜。《荷马史诗》中的希腊英雄阿喀琉斯（Achilles），就是人神婚姻制造出来的"超人"，他从神系的母亲方面获得了刀枪不入、不可战胜的超凡神勇。不过希腊神话还是把他作为人世间最终将遭遇死亡的凡人英雄，而且，恰恰因为他是难免一死的凡人，他敌不可当的盖世神勇才更加令人感叹和神往。神话如此虚构和"谎称"英雄的超能，恰恰表达了神话的讲述者对人间英雄的膜拜，对英雄攻无不克、战无不胜、无所不能的超常能力的迷信和崇拜。

对俗界英雄阿喀琉斯的神化，说明"古代世界不仅仅是一个充满梦幻的世界"，"希腊人的神奇梦幻都依托在血腥的卧榻上"，"神人们的争斗，折射着城邦之间的战斗，土著居民与外来入侵者的战争，贵族制、僭主制和民主制的械斗，还有自由民族与被奴役民族的冲突"②。在种种物质利益的分裂和撞击中，希腊神话中圣洁的颂赞和惨烈的杀戮无一不反映着奴隶制城邦生存的残酷。在那时，集团之间的争夺绝不是个人争夺，英雄之间的争夺也绝非个人争夺，各种争夺皆关系到部落、城邦的生死存亡。所以，在当时的情况下，城邦首领的超能是城邦生存的保障，甚至每一个士兵的技艺功夫也关系到城邦的生死存亡。

---

① 布尔斯廷. 创造者：富于想象力的巨人们的历史［M］. 汤永宽，等译. 上海：上海译文出版社，1998：49-50.

② 布尔斯廷. 创造者：富于想象力的巨人们的历史［M］. 汤永宽，等译. 上海：上海译文出版社，1998：12.

所以，崇尚武力的古希腊人需要个人体能超乎常规。因此，希腊神话中神祇家族的虚构，满足了人类渴慕超能的幻觉。

犹太人的宗教文本还为我们提供了另一种经典的人间英雄：

> 耶和华的使者从荆棘里火焰中向摩西显现。摩西观看，不料荆棘被火烧着，却没有烧毁。摩西说，我要过去看这大异象，这荆棘为何没有烧坏呢？耶和华上帝见他过去要看，就从荆棘里呼叫说，摩西，摩西。他说，我在这里。上帝说，不要近前来，当把你脚上的鞋脱下来，因为你所站之地是圣地。又说，我是你父亲的上帝，是亚伯拉罕的上帝，以撒的上帝，雅各的上帝。摩西蒙上脸，因为怕看上帝。

——《圣经·出埃及记》3：2-6

《圣经》用这个"不真实"的情节，把摩西神化了。据经史学家考据，摩西确有其人。"Moses"（译音：摩西；希伯来语 Moshe），此词源自埃及语"Moser"，此词的意思为"出生"。"Mose"，作为名字是极其常见的。希伯来语"mashah"，此词的词义为"拉出来"，让人联想起摩西婴儿时被人从尼罗河水里"拉出来"，或者他把以色列族从洪水中救出来的事实。[①]

《圣经》说，摩西出生于"客居"埃及（以奴隶的身份流落埃及）的希伯来人家庭。当时，由于犹太人的人口增长很快，法老十分恐惧，因此埃及境内颁布了处死所有新生犹太婴儿的法令。摩西的姐姐看到襁褓中的小弟弟十分可爱，实在舍不得失去他，就想出了一个法子。她用蒲草编成篮子把小弟弟放在里面，等到法老的女儿走近河边，就让盛着摩西的草筐漂在水面上。埃及的公主捡到了婴儿，并让摩西的姐姐为她找一个乳母，这样，以公主养子的名义，摩西又回到了亲生母亲的怀里。

《圣经》还讲述了摩西活动于法老宫廷的故事。据推测，摩西在这段时间肯定学习过如何治理国家和统领军队。从《圣经》中摩西对他的同胞受到压迫时的义愤填膺，人们感到摩西知道自己是希伯来人。所以，当他见到他的同胞被埃及人恶打的时候，愤怒至极的他趁旁边没有过往的埃及人，便打死了那个欺人的恶棍。而且，当他看到希伯来人"窝里斗"，就生气地责备霸道的那方，

---

① 布尔斯廷. 创造者：富于想象力的巨人们的历史 [M]. 汤永宽，等译. 上海：上海译文出版社，1998：55.

问："你为什么打你的同族人呢？"而那个人则不服气地反驳他："谁让你来当我们的头？谁让你来为事情定笃对错？难道你敢像杀那个埃及人那样杀我吗？"这些话让摩西非常害怕，因为一旦传到法老那里，肯定会引来杀身之祸。不过，摩西仍然在难民生涯中从容地担当起犹太先知的角色，并创建了以色列人的社团。《圣经》为加强摩西的超能，讲述了他在耶和华的帮助下屡屡显示"神迹奇事"：他让手杖变成了蛇；他让被手杖击打的河水变成了血水；他让鱼死河腥，人畜不能饮；他让被手杖触到的水召来了无数的青蛙，青蛙充斥埃及的所有角落；然后是天灾人祸——人与畜兽，一切生物的头生子全都惨遭死祸。

上述事件在现代人的眼中是不可思议的无稽之谈。好像真实的事件中混入了一大堆虚幻、荒谬、混乱、神志不清的东西。虚构的传说，它的用意在哪里？

摩西在神话中是一个平凡得差点被杀的犹太婴儿，故事中，他作为民族英雄平易近人的一面、真切可感的一面被确立，然而，这不是他的最终形象，必须到后来，当他在西奈山上与耶和华相遇，显示出超越众生俗人一面的时候。这就意味着他是上帝选中的特殊公民，负有使命，必须成就一番大业，必须充当拯救者，在犹太民族的存亡之际施行拯救的超凡者。

在摩西的出身之谜中，《圣经》借助"神化"的虚构，强调了他的超能。从摩西的出身到他的能力，如前面引述的，他不被神的亮光所击杀，别的人却因为偷窥神而被神圣的光亮所击灭等对他进行神化的内容，其实只不过是在为某种"行为"灌注意义。为了完成对一个民族的精神统摄，有一个人必须变成能人、圣人、超人，他的能力需要被夸大，他的经历需要适当"做假"，而这一切恰恰又是为了满足迷信者们需要被超能征服的"需求"。耶和华的独一无二也必将使摩西独一无二，然后摩西的独一无二又使犹太人成了独一无二。做如此神话编造，无非是借此来增强犹太民族在灾难历史中存活下去的信心；而且这个神话编造还潜藏着促成一个民族在一种宗教力量之下凝聚的动议——需要塑造出一个令人们信服的首领，需要迷信和服从一个超能的领袖。

神降大任于斯人。《圣经》神化摩西，是为了神化一个民族。因为摩西既是这个民族的代表，同时又是上帝的代言人。所以，摩西所拯救的同胞，也可以用上述的类推法推演为上帝的选民。摩西作为超常的个体，是一种象征。人们把自己的同类当作神来加以崇拜，确实是人类本身需要一些荒谬的崇拜和信仰来安身立命。人类的这种需要并非如一些思想家认为的那样是统治者的诡计、欺骗和谎言。宗教信仰之中虽然包含着某种意义上的欺骗与谎言，但又不等同于欺骗和谎言。

160多年前，托马斯·卡莱尔（Thomas Carlyle）思考人类文化中的英雄和英雄崇拜问题时，得出了以下有意义的结论：

异教的本质就在于：把自然界的力量看作是神圣的、巨大的、人格化的力量——或者是神，或者是魔。在我们看来，没有什么东西是不可思议的，这只不过是人类怀着敬畏与惊奇的心理，面对这个极其巨大的世界所产生的幼稚思想。……它是一种思想，是由深刻、粗拙、诚挚的心灵所发出的真实思想，完全是针对与他们息息相关的事物而展开的；是面对面地、诚恳地对这些事物加以审视，这正是所有时代中一切完美思想的首要特征。……斯堪的纳维亚异教中的巨人，一个个硕大无朋，行为笨拙，虽然力量惊人，却又单纯质朴，无依无傍地迈着摇摇摆摆的大步。只需看看他们关于创世的那些原始的神话，就足以说明这一点。巨人依默（yer）由"暖风"所造成，即由霜雪与火焰争斗中产生的乌七八糟的东西造成的。众神把他杀死，决定用他的尸体来造成一个世界，于是，他的血变成了海洋，他的肉变成了陆地，他的骨头变成了岩石，他的眉毛被众神建成了仙宫，他的颅骨变成了一望无际的苍穹，其中的脑浆就成了云彩。这是一个何等壮观的事业啊！这是一种带有几分野性的思维，其所表现出的那些伟大的、巨人般的、力大无比的形象……在这个宇宙中生活过的人可以说是不计其数，但他们都只怀有一种说不出的模模糊糊的惊奇之情，恰似动物也能产生的那种感觉一样；或者都感到一种痛苦，即无法弄清那种惊奇之情之所以会产生，这正是人的一种特性。直到有伟大的思想家出现，他是一个有创见的人，是先知，他以语言形式表达的思想把人们处于酣睡的思维能力唤醒过来。思想家、精神上的英雄从来都是这样产生的。他说什么，大家也愿意跟着说什么，不会相差很远。所有人的思想就像是从痛苦的、着了魔的昏睡中惊醒，围绕着他的思想，附和着他说，是的，正是如此！人们都很高兴，仿佛在长夜中看到了曙光，事实上，对他们来说，这不就等于是从非存在到存在、从死到生的觉醒吗？我们对这个人仍怀有敬意，称他为诗人、天才等；但在那些野蛮人眼里，他是个神奇的魔术家、一个神！思想一旦醒来就不会再入睡，它自身会发展成一个思想体系，通过一个接一个的人，一代接一代地发展直臻完美的境地。一旦这种思想体系不能再向前发展的时候，它就必须让位于别的思想体系。①

人们对某个伟大人物的发自内心的热爱竟会如此膨胀，乃至超出一切界限，占据了人们的整个思想。

如果说摩西的存在全是谎言，是毫无根据的虚构，是故意编造出来的寓言，而古人却信以为真，那是不可能的。

卡莱尔曾经这样引导人们理解异教中的那些半神半人的领袖，"请你们设想一下，设想自己又回到了我们民族刚刚诞生的童年时期；在我们欧洲最初的美丽的晨曦中，一轮红日喷薄欲出，一切都沐浴在它那新鲜的、温暖的光辉之中"，他想象着最初的一切如何催生了"崇高"和"伟大"，他想象着那个感人的情景，"在这些强壮的人们心中，充满了孩童般的无限的惊奇和希望！在大自然这众多的强壮的儿子们中，出现了这样一个人，他不仅仅是一个彪悍的首领和战士，用他那野蛮的、炯炯有神的双眼去确定该去做什么，用他那豪放的狮子般的雄心去实现应做的事情；而且他还是一个诗人，我们这里说的诗人是指先知、伟大虔诚的思想家和发明家，如同那些真正的伟大人物一样"。他认定在"那些刚刚从蒙昧中解脱出来，刚刚具有思想的原始的人眼里"，这个人物是"崇高而又崇高的"，他"是英雄模范，是先知，是神，是万事万物中的最伟大的"，而且，在"他那野蛮人的深沉的内心世界中，包含着一种伟大的思想！在洪荒世界中，他发挥着自己的作用"。由此，"他在那里闪闪发光，使那洪荒的世界多少见到了一些光明"，所以他巨大的影子映照在他的民族最重要的历史上。他被他的人民牢记心中，并发扬光大。"他的思想方式成了他们的思想方式。"② 用卡莱尔的想象来理解摩西，神话想象中的虚妄成分就不再荒诞和远离实际。其实，《圣经》中的那些神话场面就像是从过去死亡的深渊中投射出来的，笼罩了犹太人漫长而苦难历史的巨大画面，那些犹如摩西的英雄和先知就像照亮黑暗的灯盏，成为人类历史的灵魂。

卡莱尔发现：苦难中的人们心灵虽然漆黑一团，但他们一心盼望着光明，

① 卡莱尔. 论英雄和英雄崇拜 [M]. 张志民，段忠桥，译. 北京：中国国际广播出版社，1988：19-20.

② 卡莱尔. 论英雄和英雄崇拜 [M]. 张志民，段忠桥，译. 北京：中国国际广播出版社，1988：19-21.

这光芒终于来临了。因此，一个伟人如何伟大，如何被奇迹般地放大几千倍，靠的不是他自己，而是有赖于接受它的民族的心灵。卡莱尔说，人们"所见到的这束光芒的形态和色彩，都是透过雕花玻璃映照出来的"，而且，"无论是谁，总会根据自己的本性来重新塑造事物，哪怕是最确凿的事实"，都会受到"他自己的思维原则的影响"，所以，"对每一个人来讲，自然界是他自己想象力的产物；这个世界是'他自己的梦幻'的复合"①。

《圣经》和基督教被异族的罗马世界接受，也是因为信仰者对它的"幻象"和"谎言"产生了需求。当然，正是借助了灾难的历史，才有了需求的基础。罗马帝国在奥古斯都大帝（Augustus the Great）在位的纪元之交，"在经历了一场冒险的恋爱以后，在理性的婚姻上稳定下来"②。那是罗马帝国难得的一个幸福时期。此前是战争流血，此后又是没完没了的战乱。在这个相对的稳定期过去以后，粗野的军队不断政变，把王位作为交换财富的物品。弑君、废黜皇帝，国政就处于如此频繁的变乱之中。再有公元 4 世纪各地区全面暴发的瘟疫，罗马帝国几乎到了崩溃的边缘。这时，两个能人使罗马帝国一分为二：东罗马——君士坦丁堡，由著名的君士坦丁大帝（Constantine the Great）统治；西罗马——意大利罗马，由戴克·里先皇帝（Emperor Dike Rishon）统治。当时基督教的力量势不可当。那时，战争与瘟疫已使罗马帝国的人口减少了三分之一，三个人中就有一个罹难，这意味着所有的家庭都在遭受生离死别的痛苦。现实世界已经完全笼罩在死亡毁灭的悲惨之中，垂挂在人们头顶之上的死亡阴影挥之不去，没有尽头的苦难令人绝望。虽然生存的苦难叫人难以忍受，但是人只要活着又无处可逃，所以苦难不可避免，人们只能接受苦难。基督教蔑视现世，蔑视现世的苦难。而且，基督教还让人们去想象和憧憬另一个由美与善组成的世界，它把被现实剥夺的种种生命的希望和乐趣借助一个虚构的来世进行美妙无比的渲染，用天堂的音乐和玫瑰来幻想人们渴望的和平、宁馨、幸福，以此为苦难的心灵进行补偿。基督救世，救世主"普渡众生"，为当时的人们带来了安慰。所以，当时的罗马人（包括罗马士兵）大部分都成了基督徒。基督教是因其为苦难的心灵带来慰藉和福音，以如此神圣的名义被人们普遍地接受。它

---

① 卡莱尔. 论英雄和英雄崇拜［M］. 张志民，段忠桥，译. 北京：中国国际广播出版社，1988：22.

② 罗素. 西方哲学史［M］. 马元德，译. 北京：商务印书馆，1982：346.

印证了人们从来都不会轻易放弃对幸福的想象。现世虽然已经不再有希望，人们却不甘心彻底绝望，只要人心还留存着一丝幻想，它就会被呼唤它的声音撩拨，听从它的召唤，受到它的鼓舞。所以现世越黑暗，越绝望，人们的想象就越辉煌越浪漫。人们用幻想把所有的缺憾填补上。理想与现实的反差成全了神话漫无边际的想象。

三、虚构之作

　　美国历史人文学者詹姆士·罗伯逊（James Robertson）在研究美国现实的时候，看到神话在现代社会生活中依然在起作用。他看到，"人人都能意识到神话的存在"，"就是在今天，我们在很多时候也在依赖神话的某种功能来解决很多问题，为了同样的目的来运用神话。神话是我们生活在其中的世界的一部分"。因为，"在近代文明到来以前，在世界的任何一个地方，所有人都把神话作为他们认识个人、社会和物质世界的某种途径"，所以，"从神话与神话学的常识，我们可以了解我们的现实世界中的许多内容"。他强调：神话并不全然是虚构之作，并非像我们自以为是的"特别聪明的今天"所不屑一顾的"纯粹的故事"和"凭空编造"之事物，神话并非与理性、感知一无相通之处。"神话与现实生活不是对立的"，所以，"它的虚构也不像我们以为的那样错误、虚妄、不真实"，"是地地道道的谎言"，并不像我们以为的，它"与客观、知性、现实和真理毫无关系"。①

　　不过，很多研究古代神话和原始神话的文化学学者，他们把更多的关注点集中在人类意识和社会构成、人类心理与个体人格等重大问题上。对于在民间演变和流传的神话、童话、民间故事，对于这些故事中一些最令人有快感的内容细节的处理——无意之中得到一件宝物，然后要什么有什么，从此以后吃穿不愁，所需之物应有尽有，不知是因为所有的故事太雷同，还是这些想象太幼稚、太虚幻，还是故事中一味地贪图感官的满足以及对这些满足进行的虚构和想象都像空穴来风一样缺乏创意，的确，学者们对那些物质享受的场面和细节不甚注意，也不甚关心。然而，在世界各地，不论有着如何的民族差异，如何

---

　　① 罗伯逊. 美国神话 美国现实 [M]. 贾秀东，等译. 北京：中国社会科学出版社，1990：
　　　1-4.

的地域间隔，如何的生活习俗和文化特色，很多民间故事在这方面的虚构都是那么地相同，那么地充满激情和兴趣。

中国西南苗族流传着一个《田螺姑娘》①的故事，它有很多版本，流传的地域很广。用追求"真实"的眼光来看，这个故事所想象的当然是无稽之谈。故事讲述了一个诚实英俊的小伙子，他无意之中救了一只田螺的命。然而，这不是一个一般的田螺，她是一个田螺精，一个会无穷变化、带来财富和享受的精灵。当然，她也是一个知恩图报、懂得爱的精灵。所以小伙子得到了这个田螺精的爱慕。于是，当他外出干活的时候，田螺精为这个一无所有的穷光蛋"变"出了美味可口的饭菜。小伙子用了好多方法，终于在现场"逮住了"为他"操持家务"的田螺精——一个漂亮无比的姑娘。最后是两人恩恩爱爱的美满结局。这种可以变出东西（物质），让主人翁能够不劳而获的故事还有很多。比如《花葫芦》②，故事讲述了一个家庭中两兄弟的经历。哥哥和嫂嫂非常贪心，不断地变着法子来坑害他们的小弟。小弟天性善良，从不记恨哥嫂，他的这种秉性让仙女动心。仙女和小弟组成了家庭，她用她的超能力让小两口的日子过得舒舒服服。小夫妻的美满引起了嫂子的妒意，她动了杀心，仙女无奈而逃回了娘家。小兄弟追到姑翁家，在通过了岳丈的各种"考察"后，得到了岳丈的欢心，并得到了岳丈的一个花葫芦作为礼品（在妻子的指点下要的），然后他带上妻儿重归故里。当然，仙女让小兄弟要的这个花葫芦是个宝物，不管想要什么，只要开口，都会应有尽有。所以，他们一回到家乡，就对着葫芦说："葫芦，给我们一幢房子。"当有了房子以后，他们又向葫芦要来了各种家具、农具，要来了鸡、鸭、牛、猪、马、狗，宝葫芦帮助他们建立起一个物质丰裕的大家庭。

印度也有类似的关于宝物的故事。在《神罐》③中，穷人索米拉卡在森林中得到了一只木罐，抱着这个木罐，饥肠辘辘的他很想吃一个米饼，谁知念头一起就得到了一个米饼。原来这是一只神罐，可以给他任何他能想到的东西。

---

① 黔东南苗族侗族自治州民族事务委员会，黔东南苗族侗族自治州文学艺术研究室．苗族民间故事集［Z］．内部资料，1990：151-158.
② 黔东南苗族侗族自治州民族事务委员会，黔东南苗族侗族自治州文学艺术研究室．苗族民间故事集［Z］．内部资料，1990：143-150.
③ 祁连休．外国民间故事选［M］．沈阳：春风文艺出版社，1981：195-200.

于是，他向神罐要了鹅掌，还要了油炸鹌鹑。索米拉卡还让这只罐子为他的穷朋友们变出了好吃的东西。他的这只罐子两度被强人所占，当另一只神罐帮助他从地主和国王手中收回他的宝物后，他和妻子才安安全全地永远享用着神罐的赠予。在俄罗斯的《奇怪的东西》① 这则民间故事中，讲述的也是类似的事情。一个贫苦的农人在衣食无着、求告无门的时候无意之中救了树精，树精感激他的帮助送给他一只白鹅。这也是一件宝物，它可以反反复复变出美味无比的烤鹅，让好心的穷人享用不尽。日本的《红碟与璺碟》《米姐、粟妹》② 中，同样出现了能够神奇"造化"的宝贝。两个故事的主角都是被后娘虐待的小女孩，她们既勤劳又善良，在历经了许多磨难后，作为回报，她们得到了一只宝盒。宝盒给了她们漂亮的衣物，让她们在人们的惊讶和羡慕中漂亮地出嫁了。法国的《彼切尔的三个心愿》③ 里，故事的主人翁彼切尔遇到了一棵橡树精，从树精那里，他得到了应有尽有的金钱。德国的《金叶子》讲述的是山神奖善惩恶和体恤弱小。所以，一个拖儿带女、无依无靠的贫穷妇女在意想不到之中发了大财——山神把她捡拾回家拿去烧火的一袋树叶变成了纯金的金叶子。

在阿拉伯的故事中，这类民间想象显得更丰富、更大胆。他们的很多故事中，有关物质的描述显得瑰丽、奢华、排场，刺激着人们的快意。《一千零一夜》中的《阿拉丁和神灯》，由于故事的想象力奇异超绝，现代人几乎耳熟能详。故事在一件可以获得世间应有尽有之物的魔宝上极尽发挥之能事。故事中的宝贝——那盏神灯，它的魔力被推到了极致：它可以为拥有它的人——它的主人，提供索取不尽的人间瑰宝。获得财富的阿拉丁，也获得了身份和地位，权贵们诸如国王及其臣属们，因为吃惊和仰慕他的富有而认可他，并与他分享王权。故事让魔灯施与人的不单单是温饱，不是一餐饭食或者一套像灰姑娘那样包括一双水晶鞋的舞会礼服，魔灯给予阿拉丁的财富，足足让一个堪称富有的国王显得匮乏和逊色。《阿拉丁和神灯》用白日梦的疯狂，把人们隐藏的欲望推到了巅峰。然而，在这则故事中，它也说了另外的一个故事，关于财富的力量。财富是无所不能的，财富可以征服权力，财富可以买来爱情，国王被软化了，公主被征服了，财富是成功的基础。一个在想象中对美丽公主充满欲望的

---

① 祁连休. 外国民间故事选 [M]. 沈阳：春风文艺出版社，1981：201-206.
② 关敬吾. 日本民间故事选 [M]. 连湘，译. 上海：上海文艺出版社，1983：2-32.
③ 外国神话故事 [M]. 李霍甫，译. 合肥：安徽文艺出版社，1985：44-45.

平民，一个对王公贵族的荣华富贵有着痴心妄想的凡人，因为一件意外的魔宝，终于梦想成真。在神灯的幻变神通过程中，故事中的人物带领听故事的人得到一种快感，匮乏的现实在想象中得以充实。这是一种精神会餐，整个会餐的过程就是叙事的过程。

在文人创作的童话中，也有对物质奇迹所进行的美丽而诗意的想象，当然，它的叙事也同样增添了语言的冲击力度和快感。

普希金（Pushkin）《渔夫和金鱼的故事》① 取材于俄罗斯民间故事。故事中，年老的渔夫因为他所捕到的金鱼哀求他，就把它放回了水里。于是这条神奇的金鱼对他许诺，只要是他的愿望，她都会帮助他实现。忠厚的老渔夫本来没有贪欲，可是他的妻子——一个坏脾气的老太婆欲望无边。老渔夫一次一次地去到河边，为他的老太婆先要了一只木盆，接着是一所木房子，最后使老妇人成为富有财产、奴仆成群、权力无边的贵妇人，最后还让她成了"自由自在"、威霸四方的女皇。眨眼间，老妇人忘记了从前的贫困，在尽享荣华富贵、世间权威的时候，不满和欲望又开始滋长，她需要新的刺激来平息已经滋长出来的疯狂，她渴望着新的惊心动魄。所以，她要老渔夫去找金鱼娘子，让她来做她的仆人，要金鱼匍匐在她脚下，任凭驱使。这一次，金鱼生气了。老渔夫惶恐地回到"家"，他看到巨大的宫殿不见了，金银财宝不见了，成群的仆役不见了，老人面前是过去的旧木房，房门口还是那只烂木盆，而他的老太婆，仍然穿着破衣烂衫在饥寒交迫中等待着他回家。且不管童话中的大道理和人生教益，我们最先感到的是童话渲染的一种快感，一种由极度的物质和极度的权势带来的快感。童话让财富和权势把人托上了天，再让她从天上摔下地。故事中，人物被夸大的欲望仿佛有某种普遍性，它十分类似一般人在白日梦中的幻觉。如果人类的内心不是存在着这种潜在而又普遍几乎是没有限度的欲望，就达不到叙事的戏剧性反讽。童话借用一个愚蠢的老婆子，一个从未见过世面的老女人，让人们看到存在于人类意识深处的欲望太过强大，它可以膨胀到令人惊心动魄的程度。而且欲望有无限的生命力，一旦遇到土壤就会落地生根滋蔓开去。

《一千零一夜》中还有一个《王子艾哈迈德和仙女帕丽·巴奴的故事》，它向人们展示了另外三种宝物：一件是获得信息的工具——能够看到另一个空间

---

① 普希金．普希金童话诗［M］．梦海，冯春，译．上海：上海译文出版社，1979：55-66.

地点的"望远镜",故事中的那个象牙筒;一件是交通工具——机械飞行器,故事中的飞毯;一件是"医疗仪"——故事中包治百病的苹果。故事对生活中的物质工具进行了出色的想象。而且它对交通工具的想象更独到,那块飞毯简直就像今天的直升机。还有一个故事叫《乌木马》,它对于类似飞机的交通工具在描述上也非常出色。在故事被编造和被讲述的年代,人们对这种机械飞行器的想象绝对没有一点可供依托的物质基础,它是彻头彻尾的"谎言",是幻想。不过,可以肯定它是最自然的对欲望的表达,人们幻想着,希望拥有一种不受外在环境影响,方便而有效率的旅行工具。故事虚构了一匹不用喂草,靠摁按钮操纵的机械飞行器。故事的想象和今天人们对出门旅行所追求的时间、效率、舒适、方便完全一样。在今天的科技能力下,这样的想象一点不过分,不过,那时的人与今天的人在需求上如此相同,不能不令人感到吃惊。

生活越是匮乏,对物质的想象就越兴奋,越积极。阿城的《棋王》不是神话和童话,是小说,用写实的方式描写了人们在饥饿中如何用"打精神牙祭"来填补物质的匮乏,饥饿者的"精神会餐"是一种心理需要。

就在神话的许许多多的荒诞不经和许许多多的幻象中,人类在生存中严重而深刻的精神纷乱得到了调节,由匮乏而引起的焦虑在积极的想象中得到了宣泄,它直接地坦露了难以启齿的欲望,借助宣泄功能疗治着创伤。神话总是曲折地影射着现实的生活,人类的许多无意识就巧妙地隐藏在其中。布洛克提醒人们注意马林诺夫斯基的这个观点,即神话不能脱离其社会功能。神话不可能离开社会信念和集体功能而独立存在。

理查德·蔡斯(Richard Chase)《神话研究概说》中有一个精辟的观点,他说,"我们通常过高估计了原始文化与我们文化之间的差别",其实,"我们比预想的更像原始人",而"原始人比预想的更像我们"。他说,"必须放弃这种想法,即在所谓的原始'神话创作时代',一切思想都是神秘的、象征的",其实,"任何一个原始民族都和我们一样有自己的实际体验"。他说,"这是一个涉及成熟的问题,它关系到如何在当前生活得更好,如何进入未来",而且,"一切文化都能造就神话"。他还说,研究神话的目的是"因为它能澄清某些心理过程,如凝缩与复苏,我们通向未来的进程便取决于此",所以"神话并非虚无缥缈、抽象、不真实的东西,它是一片耀眼夺目的现实光华"。因此,"只有充分考虑到人类的需求与渴望，才能完全解释神话"①。

　　神话包含着很多真理，它能够帮助我们认识自己，认识我们人类的历史，解释我们自己的生活。因为对于一个社会而言，故事的讲述，也即社会神话的制作，包含着许多对生活的解释。在上述具有神化色彩的民间故事中，我们能够从中认识人，人的生活，人的精神，人的话语中的意象，理想、欲望、需求，特别是认识上述种种因素中人类的表达是如何为现实的匮乏寻求幻觉上的满足。民间故事中的神话想象，蕴藏着与匮乏的生活进行抗争的动人内容。

---

　　①　蔡斯. 神话研究概说［M］. 吴代，译. 北京：中国社会科学出版社，1989：19-20.

四、人类无意识

　　列维·施特劳斯（Levi-Strauss）曾经让我们看到"谎言"的力量，这便是社会成员共同完成的并非像看起来那样荒诞的"叙事"。列维·施特劳斯从大量驱魔符咒致人死亡的事例着手，在研究中，发现了那些事件导致死亡的丰富复杂的社会心理及其个人心理。在社会和个人的共同心理基础上，那些漏洞百出、尽是破绽的"瞎扯"总能让集体和个人深信不疑，并产生像是神奇魔法的功效。

　　列维·施特劳斯在《结构人类学：巫术·宗教·艺术·神话》中分析了人类学家斯蒂文森在新墨西哥州的一个实例调查。斯蒂文森"看"到，一个祖尼族人的社团，在现实中制造了一起让局外人看来极为荒诞不经的"谎言"。①

　　一位十二岁的女孩在被一个男孩"碰"了一下双手后，突然神经病发作。于是，男孩被指控对女孩施用了魔法。男孩被人们带到了宗教法庭上，他被逼迫交代如何施用巫术的犯罪事实。开始，他矢口否认。因为祖尼族人的"法规"规定：施用巫术者，将被判处死刑。男孩拼命自卫，然而当他抵抗的全部辩护显得无济于事时，他开始当场撒谎。他声称自己曾学过巫术，并从他的师傅处得到过"传世"的"法宝"，它既可使女孩精神失常，也可以再将她治愈。他的话马上在"法庭"上产生了实效，"法官"的态度开始和缓，人们勒令他交出"巫药"。他在严密的监视下回家取来了两条树根，在一番装腔作势的仪式表演中他吞下了他的"药"。服下第一种药时，他装成神思恍惚的模样，服了第二种药后，他恢复了常态。接着，他让那个"患病"的女孩用药，并宣称她已痊愈。当法官宣布休庭，待到次日继续审问后，"小巫师"在深夜潜逃了。但是他被再次捕获，于是女孩的家人作为新"法官"继续审讯。法庭质疑他原先的

---

①　施特劳斯. 结构人类学：巫术·宗教·艺术·神话［M］. 陆晓禾，等译. 北京：文化艺术出版社，1989：70.

"故事"，他只好编造新的谎言。他告诉他们，他所有的亲戚和祖先都是巫师，他从他们那里得到了魔力。他说自己能够变成猫，还能把含在口中的仙人掌刺射向牺牲者——两名婴儿、三个女孩和两个男孩，致他们于死地。他说，他的超然能力来自一些有魔力的羽毛，它们可以使他和他的亲属变成各种各样的"东西"。当审判者要求他交出羽毛时，他又开始支吾其词。当然，他的推托被一一驳回，万般无奈下，他只好把审判者带回自己家中。他指着房子的墙壁找借口，说神奇的羽毛已经被砌进了墙体。人们不理会他的推辞，并命令他拆墙。在拆了两堵墙后，墙内终于露出了一片陈旧的羽毛，他如释重负地把它交给了那些纠缠不休的人。然后他又一次被带到公众面前，应"法庭"之邀现身说法，添枝加叶地将整个故事从头到尾串讲了一遍，最后以哀婉动人的言辞为他已失去了巫术神力而悲伤不已。听众对他的演讲十分满意，大家同意将他无罪释放。

列维·施特劳斯看到这则怪诞巫术"闹剧"中重要的东西：那个被公众控制，被强迫进行巫术表演的男孩，他能最终被宣布无罪，并不是由于他否认了对他的指控，恰恰相反，是因为他承认了所谓的行"巫"罪行。而且，审讯的过程也是他不断供出新"罪证"的过程，他编的谎言一个比一个离奇、怪诞。而对这一系列的悖论——承认犯有施用巫术的死罪，反而得到了开释，承认的犯罪事实越确凿、方式越奇诡，越能得到大众的谅解。它与一般的法律程序正好相反，不是一方指责，一方反驳，而是一方武断地定罪，另一方则对罪行进行详细说明。列维·施特劳斯在这个事例中看到，"审判者并不指望被告反驳他们的论断，更不希望他否定他的罪行。相反，他们要求他去证实一个体系，对此他们自己只是支离破碎地知道一些，他们要求被告把其余部分适当地组合成体系"。所以，"在发现了确凿证据后，他们感受到惊愕，而不是得意——因为这些审判者旨在证明一种使这类罪行成为可能的体系存在的现实性，而不是仅仅惩罚罪犯。通过审判者们参与甚至是合谋搞出的坦白，把被告——罪犯，变为起诉的合作者"。列维·施特劳斯说，因为"通过被告，巫术及与之相关的种种想法不再是由杂乱无章的情感和表象构成的一团乱麻，而是具体化为经验的存在。被告发挥了证人的作用，使部落认识了真理，得到了满足；这种满足不仅远远超过将他处死才能得到的对正义的满足，也较后者更有意义"。而且，正是通过男孩的辩护，"听众们越来越清楚地意识到他对他们信仰体系的证实的重要性（这尤其因为这里所进行的比较并不是这一体系与那一体系之间的选择，而是巫术体系与无体系，即混乱间的选择），通过这番辩护，那个起初对他所在的部族的人身安全构成威胁的男孩，最后变成了它心理一致的监护人"。① 断言男孩是巫师的意义就在于确证有巫师存在，否则，集体赖以寄托的信仰就会受到动摇。同时，这个体系的完整性及男孩被指派为保持这种完整性所扮演的角色，使他最终融入角色，欺骗的成分和愚弄的成分在集体的期待中已经转化，他甚至被自己的"故事"所打动，与众人一样深信不疑。

男孩为了集体的需求进行了即兴"创作"，对审判和被审判者来说，只有十分迫切的需求和期待，才能使这场光天化日之下的"欺骗"得到如此完满的结局。这是个人和集体的一次成功合作。

列维·施特劳斯说，在旁观者感到彻头彻尾的荒诞不经的无稽之谈中，那些部落的族人为什么就看不到欺骗的成分呢？这是因为所有的"欺骗"中，这些被接受了的"谎言"已经有了集体信仰的基础。男孩的说谎不再是个人行为，他是集体指派的角色，他很偶然地介入到他原本力不从心的角色和表演中来，然后，由集体推动、导航，最后，他才完成了"伟大的叙事"。这时，他名副其实地成了集体心理的代言人。这整个过程——惹祸、审讯和判决，由集体控制着发展方向，故事一直沿着集体的思路发展，而且，任何有违这个逻辑的分支或抵御都会在集体的监督下被清理和排除，集体在无意识中早就确定了"故事"的框架。

列维·施特劳斯还考察了"萨满情结"。从一位不信巫邪，想要揭穿巫师骗术的"巫师"的经历，列维·施特劳斯发现了"虚假的超自然法力"是一种善意的"骗术"，它并非真的没给病人什么，它通过"做假"出示给病人象征着病根的"蛊物"——从口中吐出的血迹斑斑的羽毛等，不是没有价值的。正是它，给了病人巨大的鼓舞，给了病人战胜疾病的信心，它成为病者的强大心理支撑。而且"他好歹还给了病人一点儿东西：把病根以看得见、摸得着的形式拿给他看"，因为病人原本相信，疾病就是一种类似"蛊物"的东西进入了体内，它们是可以通过巫术的手段被捉拿和驱逐的。巫师将"捉到的秽物"出示给病者，从心理上解除了病者的忧患，这样起码可以使病者变消极为积极。现代心理学的临床试验已有证明，这是一种对一些非致命的疾病有着显著疗效的

---

① 施特劳斯. 结构人类学：巫术·宗教·艺术·神话 [M]. 陆晓禾，等译. 北京：文化艺术出版社，1989：85.

医疗手段。精神分析学中也曾有过一种普遍的疗治法，就是让病人找到致病的"根子"，找到他所丢失的"东西"——导致身心失调的最初情景，把它还给病人，这样，病人最后才能获得康复。萨满出示的"蛊物"与这种治疗有类似作用，萨满借助"做假"，诱使病人将发病的病因发泄出来。

列维·施特劳斯说："首先是巫师对于自己法术效果的笃信，其次是病人或受害者对于巫师法力的信任，最后还有公众对巫术的相信与需要——这种相信和需要随时形成一种引力场，而巫师与中邪者之间的关系便在此中得以确定。"他看到，"这种对未知事实的虚构——它包括思维程序和表述，是建立在三重经验之上的：首先是萨满自己的经验，如果他真的负有使命（即使不是真的，只要他执行了它），那他的身心就会有一种特定的体验；其次是病人的经验，不管他的病情是否有所好转；最后是参加了治疗的公众，他们从中得到了训练，受到感动并得到心智上的满足，这种感动和满足决定了集体的赞同，而后者又会导致新的感动和新的满足，如此周而复始，循环下去"。① "萨满情结"必须是上述三种成分的相辅相成。它需要相反的两级来支撑：一极是由萨满的个人经验组成，另一极则是集体的一致。

列维·施特劳斯还解释了祖尼族人为什么确信"巫"的存在和"巫"的法力。他说，这种确信对于他们抵御很多难以对付和不可解释的事物十分重要。巫由具有巫的能力的人操控着，这些被叫作巫师的人，可以对很多复杂事务进行"行之有效"的简化处理。巫的世界如果被消灭和解构，部落解决重大事务的能力就会受到威胁，部落的安全保障就成了问题。因为没有巫师与许多不可知的事物通灵，制服并说服各种灵怪，部落人所拥有的安全信心就会遭到瓦解，部落也会随之崩溃。部落人要靠超然的假说——巫术，来安定部落的秩序，解决重大的事务。所以在这些原始部落，新巫师会取代旧巫师的位置。一个曾经是平常人的部落人，一旦被指定为巫师，就不会有人再去怀疑他的真伪，其实，并非因为他能确证他有超凡的能力，关键是人们轻而易举地相信了他。反过来，如果部落的集体一致认为他们的巫师不再有通灵能力，是一个假冒者，也无需做任何论证，他就会被贬成庶民，部落的集体根本不会对他是否将用"巫术"来报复有所担心。往往，这个曾经的巫师会在集体的遗弃中丧失他的"巫"性

① 施特劳斯. 结构人类学：巫术·宗教·艺术·神话 [M]. 陆晓禾，等译. 北京：文化艺术出版社，1989：70.

乃至普通"平民"的活力，在大多数情况下，他甚至会丧失了人生的价值信仰，在落落寡合中死去，是信仰导致了这种轻信和"自欺"。

巫术的"交感"现象就是集体与个人的交互感应。所以，当人们众口一词地断言某人中了邪，这位无辜者又如何能证明自己的清白呢？而恰恰由萨满治病的过程，巫术才有机会通过病人使公众重新适应预定的问题，巫术的存在为部落提供了某种安全感，这种安全感由有关治疗的创始神话带给公众，同时它也取决于公众的精神世界赖以重建的体系。

可见，作为神话中的"社会交感"，关键的问题取决于个人与公众的关系，或者更确切地说，取决于某一类个人与公众的某种特定的期待值的关系。列维·施特劳斯认为，病态思维和正常思维的过程并非彼此对立，相反，总是互为补充。正常思维在尽力地理解它所面对的宇宙，然而又无法掌握它的种种机制，它无时无刻不在探求事物拒绝暴露的意义。相反，所谓的病态思维却将解释和感情共鸣结合起来，以便充实显得不足的现实。

谎言从来不会无缘无故地产生，它总是根据需求被制造出来。不过它必须满足的前提是集体的传统与个人的想象力能够合作，并在动态的环境中保持着可以不断修改和发挥效能的结构，即一个各成分互相对立又互相联系的系统，它囊括了某一情景的所有成分，而在形成的这个情景中，巫师、病人、公众、表现程序等都发挥了作用。

作为一种"文化模式"，神话、传说、巫术与这种种"自欺欺人"的"谎言"巧遇，有其深远的文化基础。而且，只要理想与现实存在反差，就会让人滋生想象。

神话时代，它不一定像编年史暗示给我们的那么邈远。神话总在"克服"认识的矛盾。它解决了理性或逻辑推理所不能及的思维矛盾。它通过那些被一遍遍讲述的故事，给人们重新提供了各种各样生动而熟悉的形象，对相信神话的人们来说，它确实包含了那么多令人满意的内容。生活中的矛盾似乎得到了解决，理想和现实的反差、种种南辕北辙的论断、无法弥合的认识裂隙，在神话中统统得到了调和。

任何时代的神话里都包含着谎言的成分，有时候它的确摆布了那些缺乏理智的轻信头脑。然而，正如罗伯逊所说，神话更是"该民族依靠经验的非理性甚或反理性的载体，该民族依靠神话树立理想，获得动力"①。而且，人们共同拥有的神话影响着他们的思维、认识和行为。神话虽然是故事，但是它的故事包含了各种观念，它们是生活在某个特定社会中的人们所确信的"事物的状况"，也是人们借以理解他们周围世界及其事物的模式。因此，神话不像人们以为的那样故弄玄虚，也并非有意识地虚构。神话既折射着社会生活中存在的许多难题，又表达了社会中人们的匮乏和欲求。

神话的谎言，常常泄漏了人类的无意识。它不是个人的，它是在人类集体的需求中由集体共同虚构出来的。

---

① 罗伯逊. 美国神话 美国现实 [M]. 贾秀东，等译. 北京：中国社会科学出版社，1990：4.

第二章

02

帝国没落

一、叫卖

马丁·迈耶（Martin Meyer）说：只有非常勇敢或非常无知最好是两者兼备的人，才能确切地表述广告在市场上的作用。虽然在某些特定工业企业当中，广告作为一种销售工具，它的相对效能可能有所争议，然而广告以千百万人为对象，把它与古老而单一的商人与雇主的个体交易做比较，毫无疑问，它的效率高出许多，起码它降低了商品的销售费用。个体交易的时代已经一去不复返，而资本主义注定要充分利用广告。①

早在古代，在贸易繁荣的城镇，就有了商品的叫卖。从古罗马，到迦太基，特别是以迦太基为代表的广大地中海贸易区，许多城镇就因商品的叫卖而名满天下。史书记载，直到中世纪，欧洲的贸易方式仍然离不开叫卖。那时有些商家专门雇用叫卖人，用叫卖来吸引顾客。同样，西方商店字号的起源也可以追溯到古代。早在《圣经》时代，以色列、庞贝和古希腊已经开始使用这种形式的"广告"。在古罗马时期，角斗和马戏等娱乐表演就是用字号、标记形态的"广告"来做通告的。那时，许多行业都采用了专门的标识：加工奶品的作坊用山羊的图形做标记；面包铺绘制了用骡子拉磨的"招牌"；学校则用被鞭打的孩子来图示。到了中世纪，图案纹章的使用更加广泛：盾形纹章往往是英国客栈的标识；三个绣花女则是布店的标志；而用一只挥锤的手臂做标记的则是金匠铺。那时，商家在自己的店面使用象征图案，是为了方便人们去寻找自己所需的物品和服务，因为那时的人们还普遍不识字。同样，在中国很早就有了挂旗的饭馆、酒家和客栈，以不同的招牌作为区分经营内容的标识。

不过，上述广告行为，还属于在视听范围内的"现场"的有限的静态"推

---

① 邓恩，等. 广告与商业［M］. 崔岩崎，编译. 北京：中国工商出版社，1981：6.

销"。它距现代意义的广告还很远。现代意义的广告常常以一种远离售卖现场的方式，借助媒体来进行具有规模化的售卖宣传，它们开始远离商品，进行着独立的、行业性的"叫卖"。

广告在市场中成了一个重要的行业，成了推动产销和本身赢利的产业，然而这一事件不是发生在英国，而是发生在美国，尽管第一次刊登印刷广告的"事件"发生在英国。在18世纪的美国，广告成了报纸收入的一项主要来源。

根据史料可以基本确定，第一份印刷广告出现在英国。

有人认为，1477年，伦敦的印刷商威廉·坎克斯顿（William Caxton）印制了广告史上的第一份商业广告，那是一则用英文书写的推销祈祷书的信息。不过，也有人把用英文出版的第一份报纸广告作为第一份商业广告。也就是1625年，《英国信使报》最后一版上刊登的新书通告。此后，为了引起读者的注意，"英语单词广告"成为报纸上专门介绍商品的栏目题名。

按照广告历史学家亨利·桑普逊（Henry Sampson）的观点，印刷广告出现的日期还要再延后一点。1650年，一个英国人因12匹马被盗，专门在报纸刊登了一则寻马启事。桑普逊认为，这才是广告史上第一篇名副其实的广告。

究竟该把哪一次事件作为广告历史性的开端？不管此事争论不休是否有意义，我们关心的是，不论依照上述哪一种说法，广告的诞生地都在英国。

18世纪初，继报纸登载广告以后，英国的杂志也开始刊载商业广告。包括推销茶叶、咖啡、巧克力、成药、房产和地产，以及一些希望转让出去的物品。

从当时广告诉求的对象、目的和内容，可以清楚地看到，那时的广告主要服务于那些可以消费奢侈享受的阶层。像这则1710年《观察家》杂志上登载的牙粉广告，从它直言不讳的用词——"曾使英国大部分豪绅贵族感到非常满意的无与伦比的刷牙粉"来看，广告是做给中上层人士看的。再说，那时的平民百姓根本不识字。这个时期的英国广告在某些人的倡导下还试图寻求商业以外的东西。所以，甚至出现了有人用它来开大众玩笑的事件。当时，阿迪逊（Ardison）曾经写道："在新闻来源不足的情况下，我习惯读新闻报纸后面的广告栏以自娱。我认为，这些来自小世界的新闻和报纸，同来自大世界的新闻是一样的。"[1] 而在1749年，那桩拿广告来开玩笑的事，今天的广告人是绝对不敢

---

[1] 邓恩，等. 广告与商业 [M]. 崔岩峙，编译. 北京：中国工商出版社，1981：18.

尝试的。当时，蒙塔古公爵（Duke of Montagu）和他的朋友切斯特菲尔德勋爵（Chesterfield Field）打赌，为人们是否完全相信广告宣传而争论。他们把一则匪夷所思的杜撰之事登在报上，人们被告知：剧场里有个人能踩在高跷上演奏当代任何乐器，还能钻进一只普通的葡萄酒瓶，然后在酒瓶里唱歌。这则广告发布以后的结果是，剧场被相信这一广告信息的人们挤得爆满，然后，受骗而来的观众感到十分失望，在怒火冲天的愤怒中把剧场砸了个稀烂。当报纸广告开始流行的时候，英国首份官方承认的报纸却拒登广告，它声称，商品广告"不是一份有理性的报纸的适当业务"①。

一个社会对增加财富所产生的欲望和需求，是这个社会的财富最终增加最必不可少的条件。英国作为第一个工业化的帝国，它用什么方式陈述它的欲望和需求？强盛期的大英帝国又是如何用广告敲开市场之门？

大英帝国的文化没有把弱小民族的利益放在眼里，广告也无须为"允诺"负责。世界史上最蛮横的广告"策略"，它不是"谎言"，它陈述着英国的时事、政治和经济。

---

① 西沃卡. 肥皂剧、性和香烟：美国广告 200 年经典范例［M］. 周向民，田力男，译. 北京：光明日报出版社，1999：14.

二、不可否认的辉煌

自 1790 年以来，英国在社会习俗、生活水平和社会政治格局等方面，都受到了工业结构的影响，受到了它较高水平的机器生产的影响。考特在《简明英国经济史》中说：不管是工匠对原材料的选择，还是工人学习使用新的工具或机器；不管是银行家决定他的投资选择，还是工业家决心废除一种生产作业线而另辟新的生产作业线，所有新技能的运用和发展，都会与一个成熟的社会早已存在的价值和习俗交锋。

当然，众所周知，历史曾经记载着不可磨灭的英国的繁荣。

维多利亚时期，英国在工业上取得了举世瞩目的成功。英国首先在工业生产中利用蒸汽、煤来作为能源动力。从瓦特（Watt）的蒸汽机被用作动力以来，1801 年理查德·特里维西克（Richard Trevithick）制造了一节带车厢的蒸汽机车；1814 年，乔治·斯蒂芬森（George Stephenson）改进了原先的蒸汽机车，并在 1829 年以利物浦—曼彻斯特的铁路线为试点，成功地进行了雷希尔快车试验。在 1830 年左右，英国铁路已从试验性阶段开始进入正式运营。铁路建设对社会、经济产生了深远的影响。作为那个时代的见证人，巴奇霍特（Bagehot）① 认为，从人人可以使用铁路旅行的角度来看，铁路是当时社会趋向平等的工具。终于，随着西方各国的日益工业化，世界发生了变化。英国工业依靠动力和能源革命获得巨大优势的时代也悄悄地结束了。

20 世纪初，英国工业的主要结构仍延续着 19 世纪的形态。直到第一次世界大战结束，它花了 30 多年的时间来对付新兴农业国家的挑战，同时，它还被新兴的工业国家抢走了许多推销工业初级产品的地盘。此前，也就是在 19 世纪的

---

① 巴奇霍特，西方银行家，《经济学家》报的编辑，曾是维多利亚时代中期英格兰经济事务有眼力的评论家。

前 75 年中，英国的工业的确占据着世界领先的地位。然而到后来，欧洲的比利时、德国、法国开始以自己的工业化运动追赶上来，这些国家相继发展了铁路、电报和银行体系，到了 20 世纪，英国在竞争中开始失利。

第一次世界大战前后，英国工业的效率已经由于产业结构的保守而变得糟糕。18 世纪后期和 19 世纪前期，工业革命成就了英国那些巨大工业，像钢、铁、棉麻纺、采煤等大产业。那时，煤和铁矿产业在英国的一些地区成为基地已有两个多世纪。围绕采煤和采铁业的发展，布莱克地区还大量兴起了金属器具业，生产手工制成的铁钉、锁、链、螺帽、螺栓、马鞍配饰、金属器皿和其他许多物品；18 世纪的伯明翰，曾经有过"欧洲玩具店"的美称。

然而，到了 19 世纪末，伯明翰的大部分工业仍然以金属为原料，大多数产业的产品还是用耗费贵重的黄铜资源制造的铜制品：小型武器、金属纽扣和首饰等各种各样的金属饰物。后来，布莱克地区不可避免地衰落了。因为这样发展起来的工业，最终必将导致矿业资源枯竭——煤、铁、铜等矿业的基础将逐渐被耗尽和破坏。在研究这些行业的衰退时，考特（Cowart）发现："对世界工业化来说，重工业的发展最重要，像煤、铁和引起动力结构变革的工程。然而，在这些行业中，却盛行着虚假的繁荣。"[①]

英国是个缺少资源的岛国，资源问题加速了它的衰退。自第一次世界大战以来，它再难恢复维多利亚—爱德华时代的繁荣。战争也引起了衰退的加速，因为战争瓦解了原有的贸易联系，并耗损了资本设备，破坏了采矿和制造工业的效率。同时，战争还使一些国家加速工业化，而那些国家过去必须依赖英国来获得它的必需物资和基本消费品。这样，在两次大战期间，英国遇到了前所未有的大萧条的打击。它的制造业用宝贵的资源生产的产品受到低价位的冲击，损失惨重。由此，引起了灾难性的后果：1925 年的食物和原料价格下落，导致国内初级产品生产者们相继破产；1938 年，棉织品的出口量减至过去 90 年中最低点；1939 年，纺织业、煤、钢铁的出口仅占总产量的 1.5%，像采煤、铁矿、冶铁、冶钢、造船、棉纺、毛纺、麻纺、花边、皮革等，这些过去一度繁荣的出口利润丰厚的产业，统统受到了致命重击。1939 年，英国的整个工业以连续的衰退陷入困境。

---

① 考特 . 简明英国经济史（1750 年至 1939 年）[M]. 方廷钰，等译 . 北京：商务印书馆，1992：252.

工业的大衰退马上造成了全社会大规模的失业。从 1921—1939 年英国列入保险计划内的工人中，实际就业率只占 14.2%，国民经济遭遇到可怕的结构性失业。过去曾经发生在手工织布工人身上的大难现在则成了众多矿工和造船工人的灭顶之灾。仅 1938 年 8 月，全英失业的男女人数约为 25 万。①

在这期间包括伦敦在内的七个工业区陷入经济衰败。这时虽然也有新工业的崛起，如建筑业和由它带动的家具业、地毯业和建材业；如电机工程和化工所带动的汽车、摩托车、飞机、科学仪器、照相器材、人造丝、塑料等各种新兴工业兴起。然而，这些工业远远不能为大量的失业者提供就业的机会，严重的失业问题长期得不到根本解决。

1880 年以前，在世界经济中，只有英国是唯一充分发展起来的工业国家。英国曾经是那样的光荣和自豪。然而，它为这份光荣所付出的代价只有到未来才能充分地估量出实际的分量。

在英国工业化进程中，发生了许多将影响到它未来产业结构的事件。

18 世纪，采煤业和采铜业曾经有过各企业厂商强大的联合，商业和运输业中也出现过许多地方性的垄断。然而，由于人们目睹了在强大的政治保护下的垄断制度在 1846 年被摧毁，致使人们确信必须摆脱垄断，并相信必须用最自然的法则也就是用竞争来取代垄断。

不过银行业的国家垄断使企业的竞争不可能取得实质上的进展。1825 年秋，在英国发生的信贷危机也是 19 世纪最严重、最令人不能忘怀的危机。当时，英格兰的七十多家银行在黄金挤兑中破产，英格兰银行在合办银行业中的独占权分别在 1826 年、1833 年两次被国会撤销。之后，1847 年、1857 年、1866 年，英格兰银行的信誉再度三次受到严重冲击。1866 年，伦敦最大的金融机构之一奥弗伦·格尼（Overend, Gurney & Co.）公司令人震惊的垮台引起了经济大恐慌，几十年的银行风波使新兴合股银行的信贷行为为舆论所不容，从此英国的金融资本高度集中，英格兰银行再次成功地独家控制着信贷业务。这时，政府在金融上的政策基本上是"对于全国资源的使用表示完全不负责"，这样一来，追求个人利益不被当作社会的共同利益，因此也根本得不到鼓励和保护。不过当时的一些表面成功掩盖了保守的金融政策的致命缺陷。

---

① 考特. 简明英国经济史（1750 年至 1939 年）[M]. 方廷钰，等译. 北京：商务印书馆，1992：252.

1876—1886 年，英国因市场物价下跌，出现了一场浅表的虚假繁荣。它使许多人滋生了一种轻率的乐观情绪。1886 年，著名的统计学家罗伯特·吉芬（Robert Giffen）在回顾维多利亚时代半个世纪的状况时，忍不住内心的喜悦乐滋滋地说道："每一个阶级劳动者货币工资的巨大上升，加上商品平均价格的稳定或下降，几乎普遍的工时缩短，穷人的减少，群众奢侈品消费的大量增加，死亡率的降低——这些状况加上其他事实证明这个社会的广大群众生活有巨大而普遍的改善。""50 年来的变化将英国几百万一直处于饥饿边缘、受无限匮乏之苦的人们变成新的几百万手艺工匠和待遇不错的劳动者，这些变化所暗示的新机会，确实会激发慈善家和社会工作者的希望。""工人群众从一个没有前途或没有希望的不独立的阶级步入现在这样一种地位，即从这里出发，他们确实可以达到高度的文明。""工人已经有把握取得胜利。他们能为他们自己获得教育和昌盛，如有需要，凭这些他们将能完成所有尚待完成的任务。"① 当时，很多人为表面的繁荣所陶醉，沉浸于眼前这种全新的生产和经营规模、这种财富和力量，以及由之而来的快乐和舒适，人们思想中产生了看似理所当然的骄傲，它也是英国乐观主义的基础。后来，当危机降临以后，人们才悟到当时那些喜气洋洋的表达，纯粹是扩展时期的梦呓。虽然，英国当时的国民收入的确在上升，还超过了人口的上升，但是，国民收入的上升却没能改变众多劳动阶层生活的物质匮乏和深刻贫穷。19 世纪的英国，贫穷普遍而且严重地存在着。

---

① 考特．简明英国经济史（1750 年至 1939 年）[M]．方廷钰，等译．北京：商务印书馆，1992：462-463．

三、贫穷普遍且严重地存在

贫穷普遍且严重地存在，暴露了英国社会那个从旧的封建体制沿袭下来的致命缺陷：国家非常关心资本拥有者的利益，同时却漠视和不顾劳动人民的利益。从工业化早期到 1909 年，不列颠政府从未以立法手段来解决任何工业部门的工资问题。即便到了 1914 年，英国不再由贵族统治，但是它的政治仍旧是门第观念占着上风。贵族、富人和受过教育者是上层领域的主要构成成分，阶级间存在着巨大鸿沟和裂隙。整个 19 世纪，在英国光荣且昌盛的维多利亚时期，那些繁荣其实并未给下层劳动者带来真切的实惠。

在英国本土，平等、民主、自由，这些现代资本主义的精神原则，还要等待他的移民在美洲的开发创建中逐渐把它们变成治国之本，再返回到它的出产地——欧洲大陆。所以，不具备现代资本主义精神的早期资本主义是不懂得平等地对待人的基本利益的，而没有这个基础，就不可能产生发达的资本主义，更不可能产生消费资本主义，当然也就同样不可能兴起刺激社会消费的广告产业。

在英国，早在 1793—1815 年英法交战期间，整整 22 年，整整一代人，他们把自己最有价值的生命岁月消耗在了这场旷日持久的战争中。据统计，从交战开始到战争结束，陆军征用了 35 万人，海军征用了 14 万人，另外还有难以计数的民兵、志愿兵、义勇军，战争直接耗用了这些男男女女的生命。战争中，不列颠的财力物力处于异常紧张的状态，然而，帝国却有它特定的对策：它居然让昂贵的物价去自动进行市场调节。所以战时的物价难以想象的昂贵。不过，高物价只是从市场上撵走了赤贫者，同时狠击了那些最不会做生意的人。这样的调节，让民用部分的需求量减少到最小，使得这部分产品正好被运到战场上去为战争服务。高物价保证了英国在国内市场强取到相当于战时生产的民用消费的全部总量，当然，下层贫穷者，却饱尝了通货膨胀之苦。在漫长的战争年代，通过一系列的收入转移，利益最终落进了地主、房产主、债券持有者和企业主的腰包。在收入的转移过程中，工资劳动者和领取年金的人受害最深。虽然一切阶级都以高价的形式分担了战争的经济费用，但是，那些收入最少，并且根本不能承受物价冲击的人承担了最主要的后果，这一部分人被赶出了市场。

19 世纪，英国下层阶级饱受着战争、瘟疫、饥饿的摧残。1815 年，对法战争结束后，不列颠又经历了 1831—1832 年引起死亡率直线上升的霍乱流行；接下来在 40 年代，英格兰的面包价格猛涨，爱尔兰暴发了严重饥荒。那时，粮食的紧缺甚至使受过教育的英国人习惯地把他们国家的这段历史看作"人口与粮食供应之间一场竞赛的历史"[1]。

即便在英国最强盛的 19 世纪，劳动人民也从未能逃离悲惨的生存境遇。他们的正当经济利益从来得不到合理保障。虽然欧洲大革命的风暴对英国有影响，但英国社会的生活进程不在新潮流的影响之中，它受到的冲击比任何其他欧洲强国都少。所以，它继续沿袭着自身的传统价值和观念习俗，它的社会历史滞留在一个世纪以前早期工业化过程的既有程度上。

此刻，世界经济正在进入新阶段，英国却因工业化之前的那种旧模式瓦解以后，没有一个能够及时重新组织工业资源的新方法，它的社会只好留滞。长期失业率居高不下，严重的后果便是劳资关系变得比任何时候都紧张。在 20 世纪 20 年代，每年正式登记的失业者人数从未低于 100 万；1929—1932 年的大萧条，失业人数年平均超 200 万；1932 年 8 月，参加保险的工人中有 23% 失业；两次世界大战之间的时间失业人数一直在 100 万人以上。国家政策无视劳动者的利益，严重地损害了劳资关系。过去工人们不论怎样无望，他们并不甘心于沉默地接受经济环境给予的打击，包括来自资方管理部门的打击，然而严重的失业危机让他们在失望中对整个国家的社会生活和工业前途感到怀疑和愤怒，对政府产生了不信任的敌对心理。

经济的连年萧条和波及整个社会的失业，把普遍衰败的烙印牢牢地烙在了苦难者的心上。英国最大的裂隙是阶级之间，它的直接后果是 1839—1848 年的宪章运动，它是工业积累中的残酷到达极点的产物。当时大量童工、女工在可

---

① 考特.简明英国经济史（1750 年至 1939 年）[M].方廷钰，等译.北京：商务印书馆，1992：337-339.

怕的条件下过度劳动，领取微薄的工资。所以与罗伯特·欧文（Robert Owen）同时代，当时同样著名的约翰·斯图尔特·穆勒（John Stewart Muller），在他死后出版的自传中写道："我们希冀一个时代的到来，那里社会不再分为无所事事者和辛勤劳动者；那里不劳动者不得食的规律不只运用于穷人，而是公平地运用于所有人；那里劳动产品的分配，不再像现在那样在很大程度上依据偶然的出生门第，而将根据基于公认的正义原则上的一致意见。"①

尽管一些经济史学家把英国的衰老、衰退、衰落的根本原因看成是第二次世界大战的到来，认为是战争破坏了它的基础，然而，一个生产与市场消费有着巨大裂隙的工业结构，它本身就已经为衰败留下了必然的隐患。

1914年后，世界的潮流使英国经济的领先地位受到威胁。就人民的实际收入来看，没有进步。在制造新、老产品的新方法上，它也不再享有19世纪前期那样的产业垄断权。各种有利条件在20世纪到来以前就开始丧失，只剩下进口食物和原料价格的下落才有幸使过去的实际收入继续增长。不幸的是1900—1914年，在世界初级产品价格上升时，帝国的实际收入还是没能改观。

19世纪80年代以前，英国从不把其他国家的工业能力看作与自己相匹敌的同一等级。当然，这也是当时整个社会根深蒂固的观念。19世纪的早、中期，英国的产品在制造方法上拥有绝对优势，由于当时这种优势堪称巨大，所以它让人们忽略了它的暂时性，并对自己进行了盲目乐观的评估。那时，各种沾沾自喜的理论从英国制造商和经济学家们自大的评估中源源不断地产生出来，成为神圣教条。人们普遍相信：英国是许多工业品的唯一供应者，是许多最廉价商品的最有能力的制造者。直到1886年，皇家工业商业衰退调查委员会的报告公布以后，官方才承认国际竞争是英国未来工业发展的严重威胁。

世界经济已经发展到了一个新的转折点。19世纪中叶的贸易模式终于瓦解。新的经济时代以一种新的更复杂的组合方式——德国、法国和美国的工业化模式出现。由这种工业化带来了一种新的高度重视竞争的工业生产的世界体系。许多新的制造业在许多国家纷纷出现，它们是一些自给自足的国家和世界主要的食物和原料输出国。

而此时，英国工业的投资和工业的模式仍然为：半数以上的出口商品仍然

---

① 考特. 简明英国经济史（1750年至1939年）[M]. 方廷钰，等译. 北京：商务印书馆，1992：292.

是煤、钢铁、机械和纺织。大不列颠拥有的土地资源十分有限，所以只有采用审慎的商业政策才能克服资源上的缺陷。它用最佳产品与世界上拥有其他资源的国家所能提供的产品进行交换。这种产业结构终于使这位经济巨人在对外贸易的新形势下遭遇到致命的危机——国际市场不再接受它耗用国家宝贵资源（或者通过贸易获得的资源）制造出来的初级产品，过去的殖民地在本地已经自己生产出了自己所需和能以更低的价格抢占市场的产品。大不列颠帝国的产业结构暴露了可怕的弊端，大工业的产品既不被国际市场接受，也不是国内消费所需求的目标，失去市场的大量产品成了一无用处的废物。而此时的美国则是另一番景象，美国资本在1907年之后完全被本国国内巨大的繁荣所吸收，美国大工业的产品也在本土获得了市场。

1914年是一个分界线，因为从产值和产量计算，美国登上了世界第一制造业大国的宝座，德国紧随其后，世界工业化以惊人的步伐向前迈进。

美国工业的优势，在于生产方法和组织。美国国内市场的规模和劳动力相对稀缺和相对昂贵，促使美国工业向规模巨大、高度现代化和标准化生产发展。而且，它在劳动力的保护上也采取了相应的政策措施。

要解释英国与美、德间的巨大差距，大略可归结为一些主要原因：美国是规模经济。美国之所以能够建立巨大规模的工业结构，有赖于它国内外市场均匀的需求，而且它使此种均匀需求保持着持续的增长，这样它规模生产的产品都能被市场需求消化和吸收。而英国的工业结构在许多环节上与它所服务的项目存在着潜在的危机：生产的大批量和产品对较小的特殊市场的依赖性。所以它的煤、铁、钢、棉毛纺织品等初级轻工产品一旦遭到国际市场拒绝，很难转换成国内需求，由此造成的过剩产品的囤积，必然成为英国大工业的灾难。

德国的成功答案是政府和大学。德国当局十分重视技术和商务训练，一些受过特殊教育的企业管理机构成功地把科学实验室的研究工作和工厂的实际生产连接起来。这时的英国还在承用传统的技术和经验，在平等条件下，它根本不是德国化学工业、电气工业先进技术和管理的竞争对手。

美国已经占据世界上最大和最活跃的经济空间。大规模争夺世界市场的竞争曾使英国感到强烈的刺激。但是美国人带着钱来到了伦敦，来为英国人修地铁，这又让英国人感到一丝安慰。而1909—1913年期间，英国又出现了一次繁荣，它使英国人再次沉溺于自满的想象：英国的领地遍及全球，而且国富力强、资本雄厚；英国曾经单独地进行过工业革命，是它为世界带来了空前的生活方式。"一个英国人抵得上六个其他任何国家的人。"威廉·冈特（William Gunter）曾经引用英国人这种自大的话语来勾勒他们当时的形象。他说："巨大的财富，艰苦的劳作，严密的政体，这三点更增强了英国人的优越感。"① 以前的"光荣"，使得大多数英国人在挑战和危机面前保持着镇定和自信。英国过去一直是世界商人、讨价还价的叫卖贩子、开发和抢占别国资源的"恶霸"，它在贸易和投资上一直忙于与别的民族和国家进行交易和资金借贷，当殖民地独立以后，当独立后的殖民地拒绝与英国进行贸易和信贷的时候，英国针对殖民地和他国的贸易政策就败得很惨。然而，英国的眼光早已被长期的竞争训练得只习惯于去域外争夺，去向别国掠夺，也就是以强凌弱，因此，帝国从不注意在国内培育自己的市场。

---

① 冈特. 美的历险 ［M］. 肖聿，凌君，译. 北京：中国文联出版公司，1987：7.

四、放纵和贪欲

英国人一本正经的僵硬道德一点不影响上流社会的放纵和贪欲。英国人习惯了大雾和自己的活动，习惯了周围的丑陋和贫困。上流社会热衷于追逐奢侈和隆重的社交活动。上层人士只关心用银制的威斯特①计分器来换纯金质烟盒，并且那么在乎烟盒上由某个能工巧匠镶嵌的钻石蝴蝶的精湛做工。有闲者把互相间的竞争主要放在了消遣上，像赛马、打野鸡、网球、桥牌，都是当时十分讲究，玩得出品位的活动。在社交场面上，英国的上流人士像法国人那样津津乐道于王室的菜单，以此来炫耀鉴赏品位的雅致。冈特描述了那时的景象："王室的菜单可以让一个完全理性的时代大吃一惊。早晨七点钟，喝一杯牛奶；早餐是煎鸡蛋、咸肉、鱼、罐头肉和咖啡；午饭包括羊肉和鸡，还有浓茶；晚八点一刻吃晚餐，先上甲鱼汤，接着是大菱鲆鱼、鱼肉香菇馅饼、鹌鹑、烤鹿肉、羊脊、烤野鸡，然后是至少三道甜食，像奶油蜜桃、加维也纳冰块的蛋奶酥等，而且在这样的晚餐中间还要上一次加果汁的冰水以助消化，还有，自始至终都要用莱茵葡萄酒、香槟和度数很高的白兰地帮助进餐者把美味送入肚囊，最后，以无与伦比的科如那牌或是亨利克雷牌红酒来结束晚餐。"② 爱德华时代一般被认为是从 1901—1910 年，其实它继续到了 1914 年，冈特把它称为"虚假的娱乐升平的镀金时代"。刚刚问世的汽车那时只是有钱人心血来潮的"玩具"，有钱人乘车时裹着裘皮大衣，戴着面罩和风镜。当时，照相技术刚刚出现，蒸汽机和内燃机之间还尚未衔接，无线电报还没有开始运营……然而，进入现代社会所需要的典型发明可以说已经基本就绪，不过，它浪费在富人们争奇斗异、层出不尽的消遣之中。

---

① 冈特．美的历险［M］．肖聿，凌君，译．北京：中国文联出版公司，1987：260.
② 冈特．美的历险［M］．肖聿，凌君，译．北京：中国文联出版公司，1987：260.

"在人类动荡多变的历史上，这种时代并不多见。"但是它如冈特形容的，"这个不幸的世纪生来就是一个中年人"，"它没有青年人的热情和理想。它享用着全世界的东西，这些东西不伤脾胃，以次充好，却供应充足；它是按照上了年纪的人的琐屑方式来吃来喝的。所以，它的许多产物都显得分外空洞，缺少骨骼，缺乏目标"。冈特沉痛地看到，"这个时代建立了一套为其本身服务的旧的生活时代的满足心理"，他们仍然信奉18世纪的那种说法：伦敦是欧洲最大的城市，是"世上一切城市之花"。"厌倦伦敦就是厌倦人生，因为伦敦具备人生所能提供的一切。"①

从法国年鉴历史学派的巨擘布罗代尔（Braudel）的"考据"来看，伦敦从来就是由别人承担费用，让为数不多的特权者享受奢侈的"天堂"。从18世纪末，伦敦就以商业利润为生。早期，10万人口的收入加在一起还不到交给国王威廉三世的年俸总数——70万英镑。当时维持伦敦市面消费的主要是王室领取俸禄的大小官员。高级官吏薪俸优厚，收入高者可达一千、一千五百甚至两千镑。贵族、在城里定居的乡绅、下议院和国家债券持有者通过奢侈的消费为伦敦的繁荣出力。从安娜女王统治时期起，下议院议员习惯携带家眷在伦敦居住，国家债券持有者的数目与年俱增。伦敦的第三产业依赖这些人的年金、薪俸发达起来，伦敦养育着这些无所事事者。是伦敦的第三产业造就了帝国空前的繁荣，也创造了帝国的某种统一性和虚假的需求。② 在达官贵人们的各类享乐游戏中充斥着无聊的心思、过分的要求和古怪的癖好。一个作家曾经写道："十八世纪的英国作者对龟肉汤颇多不近情理的赞美。这种食品鲜美无比，对治疗消瘦和体弱有疗效，并能使人大开胃口。没有龟肉汤，就不成其为宴席。"③ 伦敦的奢侈者享受着寄居城市的大量仆役和劳苦穷人的服务，大城市的某种集体命运把他们拴在了一起。大城市为权贵们提供了寄生、奢侈、靡费和贪得无厌。

卢梭（Rousseau）对伦敦和巴黎这类大城市看得很清楚，他在《爱弥儿》中说："大城市耗尽国家的活力，使它衰弱；大城市创造的财富是表面上的、虚

---

① 冈特. 美的历险 [M]. 肖聿，凌君，译. 北京：中国文联出版公司，1987：258.

② 布罗代尔. 15至18世纪的物质文明、经济和资本主义：第一卷 [M]. 顾良，施康强，译. 北京：生活·读书·新知三联书店，1992：628-629.

③ 布罗代尔. 15至18世纪的物质文明、经济和资本主义：第一卷 [M]. 顾良，施康强，译. 北京：生活·读书·新知三联书店，1992：629.

幻的财富；花钱很多，收效甚微。有人说巴黎对于法国国王来说抵得上一个省；我以为法国国王为巴黎付出的代价等于好几个省。巴黎在许多方面由外省供养，外省的大部分收入流入巴黎以后就留在那里，从不回到人民和国王身边。在这个凡事精打细算的世纪，不能想象没有一个人看到，如果巴黎不存在，法国将比现在强大得多。"布罗代尔注意到了当时的观察家和经济理论家们的记叙："城市的财富使人追逐享乐"，"贵人和富人都要迁居首都"。所以那里充斥着形形色色的"不事生产者"。伦敦像 1797 年一篇意大利文献中所描写的巴黎，那里"不是一个真正的商业中心，它用全副精神为自己寻求给养"，"巴黎的地位来自它的书籍，它的艺术品、时装，来自那里流通的大量金钱以及人们从事的汇兑投机"。巴黎的"全部工业都用于生产奢侈品：戈白林或萨伏纳里的地毯，圣维克多街华丽的毛毯，向西班牙、东印度和西印度出口的帽子、丝绸、塔夫绸、镶饰带和缎带、教士的礼服、镜子、金器、印刷品"①。

　　所以，布罗代尔认为，千姿百态的奢侈风尚与其说是一种增长的因素，不如说是带动社会运行的发动机经常空转，因为当时的经济不能有效地使用积累起来的资金。所以奢侈只能是旧制度的一种病症，是一个社会在其成长过程中——这在工业革命前是如此，至今有时依然是如此，对其"过剩"产品不正当的、不健康的、华而不实的、违背经济规律的使用方式。布罗代尔十分欣赏美国生物工程学家多勃兹汉斯基（Dobrzynski）的观点："有些社会组织曾把大多数人当作上足肥料的土地来使用，以便让一种细巧、精致的文化绽开稀有的、优雅的花朵。对我来说，这样一种社会组织的消亡并非憾事。"②

　　少部分人的财富集中，也就是金钱的集中滋养着对奢侈的强烈贪欲，于是在正常贸易外，又出现了超需求及其特有的贸易方式和急剧的价格波动。这就是城市奢侈生活新分娩出的"时髦"。欲念难得持久，时尚瞬息即变，上流社会的"流行时尚"制造出一些强烈而可变的虚假"需求"，然而，这些需求难得持久，它要随时让位于同样没有道理也不用讲道理就热起来的新的时髦。这样，消费需求总是在产品被生产出来的时候改变了胃口，产品生产出来就成了"过

① 布罗代尔.15 至 18 世纪的物质文明、经济和资本主义：第一卷［M］.顾良，施康强，译.北京：生活·读书·新知三联书店，1992：629-630.
② 布罗代尔.15 至 18 世纪的物质文明、经济和资本主义：第一卷［M］.顾良，施康强，译.北京：生活·读书·新知三联书店，1992：630.

时货"，没人问津，因为有钱人嫌它不够好，而它对穷人来说又太昂贵，商人在其中获利甚微，这样的状况，也会把大工业逼上绝路。

产业革命归根结底是一场需求的革命。马克思（Marx）关于再生产的理论从未忽略过"市场需求"。伦敦在18世纪初已经出现过商业广告，而它在19世纪的广告形式，布罗代尔在《15至18世纪的物质文明、经济和资本主义》中正好有过一段描述：1815年年初，当一位法国人二十年后重返伦敦时被那里的景象吓呆了，"一些古怪的店铺廉价地抛售商品，江湖骗子遍地皆是，还有固定的或活动的招贴可供行人随时浏览。前胸和后背都挂着广告牌的'三明治人'出现在伦敦"。然而，伦敦出现的广告宣传不是"市场需求"，大众处在温饱不保的状态下，根本没有消费奢侈品的能力，广告的投入将会因不能创造利润而同滞销产品一块"陷于无用的死亡"。英国19世纪工业化的再生产中，生产费用的分配从工具和原料供应部门、运输部门和工人之间来看缺乏平衡。虽然工人的工资支出占了生产总费用一定的份额，但是过低的工资收入使饷薪一到工人手里立即被"送进嘴里"。本来，"现金的流通应该通过下层阶级而变得更加迅速"，钱分发给劳动者后，会在普遍的流通中迅速跑回来，如李嘉图推导的，工人的"通行工资"通常环绕"自然工资"左右摇摆。然而，当时工人的工资所得，只够勉强支付或甚至不够支付生存最基本的必需品也就是起码的温饱需求。在当时的大城市伦敦和巴黎，"工业化"中的工人的确不是他生产的制成品的需求者，因为那些制成品往往是奢侈品以及出口到别国换取利润的初级产品。如此一来，大萧条时就出现了一种叫"过剩"的"景观"。比如纺织业：仓库里货物充斥，在国内却找不到任何销路。一旦遇到经济萧条，惊慌失措的制造商既不敢继续开工，又不敢让这些消耗巨大的机器停下来，即便价格下降也对拯救市场无济于事，因为尽管价格跌破也没人问津。

中国20世纪后期化妆品广告的市场投入可以从侧面说明这个问题。广告最讲究广告效果的有效性，它要刺激的是需求，它要向"需求"要市场，而最大的市场当然是大众消费。中国这个尚在发展中的国家在刺激大众消费这一点上，国情与美国内战后的发展十分相似。美国在每次动用政策来刺激大众需求以达到拯救国家经济目的的时候，它的广告所宣传的产品基本定位在大众普遍可能承受的产品上。如果它要动用广告来宣扬奢侈的消费，如汽车、旅游、购房等，它会拿出相应的措施，甚至发明信用借贷，以便使消费成为既定事实。在经济这个巨大的机器机体上，它的广告像发动机一样从不空转。

美国 20 世纪初的大规模生产，它的工业革命为消费者提供了大量品种繁多、价廉物美的商品。它所反映的产业结构的基本特征是规模化，这种工业生产模式一直延续至今。在这种生产模式中，整个产业构成必须为广告留出应有的位置。因为广告可以使市场上趋于饱和的产品得以畅销，这就是用广告宣传来贯彻计划废弃的概念——用诱使消费者去购买最新款式的商品，淘汰正在使用的"过时"用具，用这样的手段来减少失业，维持工业繁荣，保持经济的持续增长。

五、"泰坦尼克"号

英国醒悟美国产业结构的合理性和现代工业市场需求的重大意义还需要经过一个过程。当然，英国没有放弃竞争，不过它用了另一种方式，一种与美国所提倡的"工业民主化"相反的方式，它用它最后的物质力量和精神优越与新兴资本主义国家"对抗"。它有它的精神武器，这就是"泰坦尼克"号，以此炫耀精纯的科学技术、奢华的艺术品位、极致的财富力量，英国上层贵族为向世人昭示英国不可抗拒的魅力，用最后的实力来"制作"了这"支"广告。人们的确受到了震撼，然而，这个震撼不是关于英国如何强盛，反之，人们震撼于大英帝国终于没落。

19世纪末，英国海运在世界上仍然占据优势地位。它拥有的商船和战舰，在强大的航运国家中仍然首屈一指。直到1914年第一次世界大战前夕，伦敦劳埃德船舶协会登记的轮船总吨位数字达到了4900万吨，其中属于英国或联合王国的船舶，吨位达到了2100万吨。

1910—1914年，许多国家都开始大规模建造船舶，但是从大战前几年的平均数字看来，世界新造的船舶，约有3/5是在英国下水。1913年，当英国进口支出超过出口收入1.58亿英镑时，英国船舶的净收入达到了9400万英镑，它是弥补财政逆差的重要砝码。

英国的船只越造越大，而与它暗中竞争的美国的轮船则越造越便宜。美国货运成本低廉，美式货轮与英式客轮的商业目标和服务对象有着根本的差别，英国终于造出了以希腊巨人神提坦命名的船只"泰坦尼克"号，这是当时世界上最大、最豪华的巨轮，船体造了双层底，分成16个水密舱。巨轮设计的初衷是即便有4个船舱被水灌满，也不影响浮力。它被认为是绝对不可能沉没的。所以，它根本没有认真地置备救生设施，船上的救生艇只能容下1178人，是载客量的一半，而且有些皮艇是摆设。于是，在1912年4月14日，在它初航的第一天午夜与冰山相撞。船上的2224人中有1513人丧生，死者均因没有救生艇可登而遇难。这艘极尽奢华的巨轮原本是英国的象征，它象征着大英帝国的科技能量，它象征着大英帝国的财富力量，它象征着大英帝国的民族优越感，它炫耀着杰出和辉煌。登上这艘船就是走进荣耀，虽然它按贫富分出了舱位的等级，但是，众所周知，它的服务对象是富人，它是为上流社会的享乐和骄傲而精心制造的"不沉的梦幻之舟"。当然它也是英国工业精神的缩影。英国工业的服务对象是少数有钱的有闲者，刺激这些人的消费不是印刷传单和通俗鼓动就能奏效的，而是要用泰坦尼克式的巨资堆赘的奢华行动。

在英国这个老牌资本主义的社会里，不但它的竞争很难达到公平和自由，它对强势利益集团的怂恿和对弱势阶层的压制剥夺，必然会导致自由经济名不副实。它对劳动大众所提倡的自律自制、先劳后享等品格，也是由它的技术和经济结构决定的。这样的结构，致使它的生产与内需严重脱节，潜伏下了严重祸根。那时，英国的资产者对市场持一种带有宗教性质的态度，市场成为一种超生活的抽象物，成为远离于生活——大众生活的象征场所。贵族资产所有者把市场仅仅当作争强争霸、强夺硬取国际地盘的大战。贸易不再是贸易本身，也不再是生活，更不可能关系到大众的生活。一方面，缺乏放下有产阶级架子的心理条件；另一方面，新教伦理也让他们理所当然地无视下层大众的需求和生存。这样，它必然失去发现国内大市场的眼光，失去挖掘消费大市场所需要的独到远见。英国的大资产者没有放弃那些浪费资源，而且前景只可能"利空"的产品，并以那些舍近求远的市场目标和优势丧尽的物品来进行必将以败北告终的国际市场的争夺。

英国的大资产者不可能为他们不屑一顾的社会下层"服务"，也不知道大众才可能是"生生不息"的市场。他们的观念使他们不可能去鼓励市场并提倡大众消费，所以，这里形不成产生现代广告动机的气候。就当时的理解力来说，他们还不知道刺激内需、引导消费在工业生产中如何重要，所以，在一段时间内，还暂时不能理解广告业在一个社会中、在产销者之间的真正作用。

英国的最后辉煌以它在20世纪之初疯狂地扩展造船业，并以那条伟大的沉船作为终点不是偶然的，它是传统惯性的结果。

不过，最早印刷传单，最早使用大众媒体进行广告鼓动的行为活动的确发生在英国。英国政府为了吸引更多的移民到北美安家落户，放手让企业家们"策划"了"世界现代史上第一次协调一致而且旷日持久的广告战役之一"。那时，广告产生了载入史册的效果：它煽动起绝望者的希望，它把许多走投无路的英国人带到了美洲。推销者把广告编造得如同童话一样，北美被说成是由黄金白银、长生甘泉、肥美土地、天然牧场等享用不尽的丰饶物产构成的天堂乐土和美好家园。广告的鼓吹早已偏离现实，然而，人们乐意相信这样的虚构和梦想，人们希望世界上真的有一方可以颐养天年的人间乐园。为了"骗取"更多的人去殖民地垦植，英国为本土平民百姓制作了有实际用途的广告，尽管它的内容充满了谎言，极尽夸大之能事，然而，它成了走投无路的穷苦人的唯一希望。这些广告是17—18世纪期间，大英帝国为它从不享有社会地位的下层人士提供的唯一的一次服务。在19世纪的工业化中，英国的商业界几乎从不把平民百姓当作广告诉求的主体，因为商人们知道这些人几乎一无所有，市场的日用品价格使他们根本不敢问津，微薄的薪水使他们只能在市场中换取一点点日常所需的咖啡、食盐、纺织品和劳动工具。商人不会把精力放在他们身上，不敢指望由他们的消费来左右市场。只有推进殖民地进程的活动才能使商人调整思路把眼光放到贫民身上。

此后，鼓吹美洲的广告继续着，让更多无望的人争先恐后地踏上去美洲的路途；而受广告诱惑去美洲、成为美国人的那些人，他们不仅仅让广告保留着它从它的发祥地带来的"面目"，他们还给广告装上了"翅膀"，装上了"脚"，让它无所不能、无所不在，而且无孔不入，使它能够充分地为他们的社会以及他们的利益服务。

第三章 03

新大陆

一、拓殖者和领袖

为了吸引新移民到北美安家落户，英国开始了世界历史上第一次协调一致而且旷日持久的广告战役。17、18 两个世纪，英国企业界印制了种类繁多的书籍、小册子、招贴广告推销北美。1609 年，伦敦就出版了一本专门推销"新世界"的小册子。在各类广告宣传中，出现了许多奇妙的童话和很多动听的希望和梦想：

去西部吗？去西部吗？去那片自由的土地吧！移民去艾奥瓦州或内布拉斯加州吗？美国，大家的家园！比农民还要多的农场！比佃农还要多的地主！能为所有工人提供工作！①

诸如此类的广告和荒诞离奇的广告内容引导人们去做奇妙的幻想：在美洲新大陆，到处都能找到有待开采的黄金和白银；随处可以捕到猎物和鱼类；踏上海岸就置身于绵延无垠、丰饶多产的土地。这一切，这个诱人的"新世界"，在广告中几乎就是"伊甸园"：葱茏的林中鸟语花香，累累硕果等着人们去采摘，而且气候宜人，人们不需要特别的衣物和居所，更重要的是，那里食物充足，人们再也不会忍饥挨饿。美洲被神化成了阳光和机遇的自由土地，它已经做出允诺：只要付出劳动，所有的所得都将属于你。

可以自由地获得土地。这让几百万身处贫困、饱尝宗教和政治迫害的英国人以及欧洲大陆的绝望者们看到了希望。美洲让他们充满憧憬，煽动起了他们对拥有土地、财富、收入，同时获得更高的社会地位、更多的权利以及更广泛的自由的欲望。在这种宣传的鼓动下，弗吉尼亚公司在詹姆斯城的海滨小镇，

---

① 西沃卡. 肥皂剧、性和香烟：美国广告 200 年经典范例［M］. 周向民，田力男，译. 北京：光明日报出版社，1999：41.

迎来了第一批美洲移民。

当然，来到美洲的移民并没有看到黄金城和伊甸园，他们登陆的这个陌生大陆令人不寒而栗。

> 环顾四周，尽是孤寂可怕的荒野，到处是野兽和野人——一共有多少，他们不知道。可以说，即使他们登上毗斯迦山在山顶眺望，也不会从这片荒野中看到一块较好的土地来满足他们的愿望。因为不论他们的目光投向何方，他们都不会从周围世界得到安慰，不会感到满意。整个原野布满乔木和灌木丛，表现出一种野性和原始的色调。

> 冬天到了，他们知道这个原野上的冬天是什么样子：凛冽刺骨的寒风，狂暴肆虐的天气，不断遭受猛烈的暴风雪袭击。在熟知的地区行走尚且危险，更何况在未知的海滨探险。

> 找不到房子，更找不到村镇，无处安身，无处求援。粗暴的蛮人身配弓箭，随时都准备袭击他们。①

从1606年到1623年，5000名移民来到弗吉尼亚，建立起英国在北美洲的第一块成功的殖民地。然而，从1619年到1622年，来到这里的140位未婚女性只活下来35位，5000名移民中的4000人也不幸死去。尽管如此，到18世纪中叶，约有130万移民在缅因州到佐治亚州的沿海地带散居，他们在这并非"田园牧歌"的美洲大地上历尽苦难，最后，总算把最初的12个殖民村撑持下来。

他们究竟为什么来到这个荒芜的世界？罗伯逊很在意这个问题。尽管许多美国人至今深信他们是被迫来到这里的，他们受到宗教或政治迫害，无奈来到了这里，他们不得不向新大陆迁徙。但是，罗伯逊发现，许多美国人想得更多的是为什么移居新大陆的是我，而不是别人？旧大陆有很多人处在同样的境况下，但没有背井离乡冒险前往这未知的世界。像"来到新世界是自己的选择"，"他们负有使命，这一使命是由新世界的性质决定的"，"他们命定要把这块土地变成'希望之乡'"，这种种"自我感觉"，决定了美国人将来的"气质"，也

---

① 罗伯逊. 美国神话 美国现实 [M]. 贾秀东，等译. 北京：中国社会科学出版社，1990：57-58.

就是他们能"决定",他们能"选择"。①

面对新大陆的荒野、沙漠,面对新大陆渺无人烟的土地,面对危险和破坏力,他们用新世界的神话精神为支撑,成为世界上一种新型的"农民"。他们将得到"真正的"财产,"真正的"保障,"真正的"身份地位,因为他们将得到"真正的"土地。殖民地实施了向开垦者赠送土地的政策。直到 1862 年,美国还颁布了《定居移民在公地上开垦自耕农场的法案》,法案向任何一位申请人允诺,将为他提供 160 英亩土地,只要他在开垦的土地上耕作五年就可免费得到。美国政府的这一法案施行了近四十年,这段时间发放出去 8000 万英亩土地。② 毫无疑问,早期移民坚信:土地是他们未来财富的源泉。于是,荒野在血腥中被拓垦。拓殖者和移民既是美洲伟大的建设者,又是凶残贪婪的掠夺者。在疯狂开垦土地并占有它的过程中,也奠定了未来的美国精神——自由、独立、竞争、强调个人权利。拓殖者和移民把荒芜的北美变成了田地、农场、牧园、小镇、城镇、工业市镇、商业之都、繁华喧嚣的世界商贸大都市。后来,连杰弗逊总统也把自耕农看作美国平等观念的化身。③ 自我选择,哪怕以生命为代价也要抓住机会,这是北美移民的共同点;而且,竞争上的平等意识,美国比世界任何一个地方都更强调。

丹尼尔·贝尔(Daniel Bell)十分注重美国这个最发达的资本主义社会的特点。他指出:从美国的前工业时期,也就是工业化的最初阶段,当它的国家机器(政治和法律部门)还处在相对弱小的时候,鼓励经济发展就已经是政府的重要职能和责任。后来,在 20 世纪的经济危机和政治运动压力下,集中起来的政府权力除了履行职能和维护社会秩序、仲裁各集团的利益纷争和处理国际问题,同时还起着干预经济生产和分配的功能。当政府独立于经济体系后,在它强调人权法案、法律平等以及各种政策的具体内容时,在"无限"派生出来的平等观念之中,其实还强调着一个无所不包的大众(各个阶层的民众),强调了

---

① 罗伯逊. 美国神话 美国现实 [M]. 贾秀东,等译. 北京:中国社会科学出版社,1990:60.
② 西沃卡. 肥皂剧、性和香烟:美国广告 200 年经典范例 [M]. 周向民,田力男,译. 北京:光明日报出版社,1999:40.
③ 罗伯逊. 美国神话 美国现实 [M]. 贾秀东,等译. 北京:中国社会科学出版社,1990:77.

大众应该享受的发展要求。①

以美国为立足点，贝尔还分析了资本主义的精神构成，看到了从一开始，"禁欲苦行和贪婪搜取这一对冲动力就被锁合在一起"。而且，前者代表着"资产阶级精打细算的谨慎持家精神"，后者则体现在"经济和技术革新领域的那种浮士德式的骚动激情"。美国的"边疆没有边际"，它的"以彻底改造自然为己任"以及种种现代理性观念，都是由"禁欲苦行"和"贪婪搜取"这两种原始冲动交织混合形成的。贝尔说，当"宗教冲动力"逐渐耗散，"经济冲动力"不再受其束缚，资本主义旺盛的生命力才更富特性，"这就是它的无限发展性"。贝尔指出：资本主义是一种经济和文化复合系统。经济上它建立在财产私有制和商品生产基础上；文化上它遵照交换法则进行买卖，致使文化商品化渗透到整个社会。②

事实上，正是资产阶级经济体系，精确地说是自由市场，酿成了传统资产阶级价值体系的崩溃。这是美国生活中资本主义矛盾产生的根源。

贝尔找到了本杰明·富兰克林（Benjamin Franklin）的例子：开国元老之一的富兰克林是个实事求是、正视世界的人。他的主要兴趣在于教人以节约、勤奋和天赋的机敏"发达上进"。富兰克林生就了美国人的基本性格。富兰克林模仿艾迪生（Edison）的《旁观者报》笔调，编出了自己的格言。格言的关键语是"有用"。他的自传就是为了儿子也许用得着的读物而写的。他发明了新式火炉、建起医院、铺设街道、组建了城市警察，因为这些都是有用的项目。虽然富兰克林节俭而又勤奋，但他的成功，一如许多正派美国人的成功，来自他结交权势的手腕、高超的自我宣扬本领以及从他本人身上及其著作里反映出来的魅力和智慧。贝尔用布鲁克斯（Brooks）的话进行了总结："那股唯利是图的机会主义潮流起源于清教徒生活的实际导致了我们当代商业生活的基调"，"清教徒的酒泼翻之后，酒香变成了超验主义，酒汁本身则变成了商业主义"③。

------

① 贝尔．资本主义文化矛盾［M］．赵一凡，等译．北京：生活·读书·新知三联书店，1989：30．

② 贝尔．资本主义文化矛盾［M］．赵一凡，等译．北京：生活·读书·新知三联书店，1989：30．

③ 贝尔．资本主义文化矛盾［M］．赵一凡，等译．北京：生活·读书·新知三联书店，1989：105．

罗伯逊在《美国神话 美国现实》中，也把本杰明·富兰克林、乔治·华盛顿（George Washington）、托马斯·杰斐逊（Thomas Jefferson）作为美国神话中平民英雄的典范。

这三位美国的"开山祖"，是美国革命和美国社会中最受推崇的英雄，作为美国神话英雄的他们，又都是真实生活中的人。

美国人在神化富兰克林的时候，总要从他最初是一个"普普通通"的人讲起。这位开国元勋的故事将从他的学徒生涯开始，然后是他刻苦自学，靠自身的能力走上了成功的经商之路。他凭着勤奋和自学成了印刷商、编辑、发明家、科学家，成为既能有个人的情趣和利益，又能把改善人类境况作为人生伟大目标的成功"超人"。"他既有类似于边疆美国人的德行、技能和背景，同时又是一位城里人"，一位拥有科技能力的"文明人"。从他被传为"敏锐机智的鼓动家"，"讲究实际的政治家"，才学出众的发明家、学者，在上流社会乃至宫廷皇室游刃有余的外交"大使"，各种神话始终强调了"一个普通人的崛起"。而他的崛起又离不开"他的实用技能、他的精明机智、他明辨是非曲直的德性和他利用并完善周围环境的天才"。被神化的富兰克林突出了美国人"注重实际""适应性强"的特点，同时也奠定了美国人推崇创造的伦理道德的基础。有意思的是，1726年，富兰克林在伦敦学成印刷技术后回到美国费城，自己经营印刷业，创办了《宾夕法尼亚日报》。而且他的报纸刊印广告。1864年，一位作家在本杰明·富兰克林的传记中写道："我们必须承认，是富兰克林创立了现代的广告系统。可以肯定地讲，自他开始以后，我们才像如今这样使用强大的宣传机器，来进行广告宣传工作的。"①

而美国人的国父华盛顿，他被神化成"几近完美""最少人类疵点"、个人品质高尚的伟人。华盛顿是一位农场主，一位测量员，一位贵族军事领袖，他经营着庄园、生意，进行着土地的投机买卖。然而同时他又是国家的统帅，并以自己在独立战争中的卓著功勋成为美利坚合众国的第一任总统。不过战争一结束，他就解甲归田。一离开总统职位后，他就安详而又平静地回到了自己的家园，回到了自己的土地，回到了普通和平常。神话特别强调了他把自己作为"一位普普通通的人"。

---

① 贝尔. 资本主义文化矛盾［M］. 赵一凡，等译. 北京：生活·读书·新知三联书店，1989：30.

托马斯·杰斐逊既像华盛顿那样，是庄园主、土地投机商和奴隶主；又像富兰克林一样，是发明家、修补工、观察自然现象的行家里手，是建筑师、作家、学者。在关于他的神话中，作为一位政治家、哲学家和理想主义者，他是美国的象征，是美国革命精神的化身。

罗伯逊说，提到杰斐逊，连力求客观的历史学家也难以摆脱神话的巨大影响。他被概括成一种"主义"，这种主义既包括他自己，也包括他的政治追随者，同时还包括他政敌的思想，所以他是一个时代的开端——从此"不论时间、条件和事件"的"美国自由主义的化身"。

杰斐逊呼唤"独立性"，呼唤公民争取独立的经济地位和社会地位。杰斐逊说，宣布独立就是打破原有的社会结构，割裂同欧洲传统的社会关系；国家要成为独立的，个人也要是独立的。由他起草的《独立宣言》表达了独立的内容：

> 我们认为这些真理是不言而喻的：人人生而平等。……不可让渡的权利，其中包括生命、自由和追求幸福的权利。

《独立宣言》"直截了当地陈述了人人平等的思想并不仅仅是树立高远的理想，人人平等是现实存在，是美利坚国家过去和现在立国的基础"。然后，《权利法案》规定了"美国个人的权利神圣不可侵犯"，而且"人民的主权至高无上，人民的代理人——政府，必须尊重这一主权"①。

从杰斐逊开始，美国人从此成为美国人，不再是英国人和任何欧洲人。杰斐逊传达了人民的心声，表达了人民的意愿，是全体美国人的代言人。所以，"他既代表了普通人的意愿，又体现了普通人的特点"②。

从殖民时代到成为一个独立自主的国家，美国确立了"平民化"的立国立法基础。罗伯逊在谈到三位神话般的美国创始人时说："在他们崇尚实际工作的思想中，有一种享乐主义（追求肉体快乐）。"譬如：富兰克林发明的避雷针和摇椅，就是为了使生活更舒适更惬意，华盛顿精心构想城镇建设的环境，杰斐逊设计建筑、制造各种小玩意——椅子、床、笔、钟表，都是为了使个人生活

---

① 贝尔. 资本主义文化矛盾 ［M］. 赵一凡，等译. 北京：生活·读书·新知三联书店，1989：85.

② 贝尔. 资本主义文化矛盾 ［M］. 赵一凡，等译. 北京：生活·读书·新知三联书店，1989：76.

更方便更舒适。所以，罗伯逊说："享乐主义一直属于美国基本神话的一部分，也包括现代美国的消费主义。"之后，与他们同时代的其他富有影响力的人，如塞缪尔·亚当斯（Samuel Adams）、约翰·亚当斯（John Adams）、德·拉斐德侯爵（de Marquis de Lafayette）、詹姆斯·麦迪逊（James Madison），还有伟大的亚历山大·汉密尔顿（Alexander Hamilton），他们提出了"绝对民主和公开对抗"政府，"人民无政府""一切为推翻专制统治""创立符合人民愿望的政府""保证民主政府行之有效，防止政府走向专制"，他们中的汉密尔顿主张：建立一个强大而活跃的政府，让政府积极参与美国经济的发展，并且发展大规模的工业和制造业。他还要求保护人们新的财富，保护人们获取财富的机会。虽然，流传在美国生活中的这些神话对神话中的英雄有许多美化，其中甚至不乏使用虚构和夸大手法，然而，如罗伯逊所说，关于"美国诞生的神话，美国革命、开国元勋和美国《圣经》神话不论其实践情况多么不完美"，却"仍然对美国人民的信仰、理想和行为产生着重大影响"。所以罗伯逊说：

> 只有在美国革命之后，保障个人追求幸福的权利才成为一个国家明确的目标。只有在美国革命之后，人民（由自由和平等的个人构成）的主权才构成一个国家立国的基础。而且只有在美国革命之后，保证个人在社会中的独立地位方成为整个国家的目标。

> 美国配合将英国人、欧洲人和美国人熟悉的旧世界翻了个底朝天。旧世界苦心经营的复杂的社会金字塔被颠倒过来，压得粉碎。人民摆脱了对国王和其他人的依附；在新生国家里，人人都要以平等的身份成为统治者，都获得了独立地位。①

美国的工业化就在上述的政治文化氛围中开始了。美国的能源和机器所进行的大规模的商品生产就在"平民化"的社会土壤中产生了。

---

① 罗伯逊. 美国神话 美国现实［M］. 贾秀东，等译. 北京：中国社会科学出版社，1990：89-90.

二、黑奴

美国工业革命之前，商业界几乎不需要广告来为产品服务，广告也根本吸引不了大众，因为大众完全没有可花的闲钱。那时，以家庭为单位生产出来的产品在数量上十分有限，生产者除了自用所剩无几，所以在集市上非常抢手。大多数家庭都是由自己种植和制作自己所需要的一切物品，而卖掉的一点点剩余产品的收入，也只够换取像咖啡、食盐、衣服、糖和工具等生活中的必需品。当时，雇工们的"工资"很低，在由雇主提供食宿后基本上没有什么收入。这种家庭农场时代，人们的消费范围主要是在生产资料和那些生活必需品上。这时，粗劣的广告也多是一些有关土地买卖、奴隶买卖、捕捉逃亡奴隶、车辆运输、商人货品的清单等内容。

贩卖奴隶的广告无须想象力。所以，它们用词粗暴蛮横，奴隶像没有生命的物品，是比像马那样高贵的动物低劣得多的"牲畜"。美国自 1611 年奴隶制度合法化，到 1863 年废除奴隶制，两个半世纪，奴隶贩子在非洲绑架和掠购了几百万非洲黑人。那是最不需要把时间花费在广告的想象力上的时代。1765 年，南卡罗来纳州查尔斯顿市的一次奴隶拍卖，其广告文就用了诸如"出卖刚刚运到港口的黑奴，有 250 名优质、健康的可供买者选购""买去后要继续小心""小心被危险的脏病传染"。还有，像"上等的、健康的黑人""强健的黑色男性奴隶""一个黑皮肤的乡姑""出色的家用黑奴，能够做各种家务，包括编织，其中还有一个手艺绝妙的厨娘"这种种类型的措辞，在奴隶交易的广告中比比皆是。而捉拿逃走奴隶的广告更是令人惊悚，在描述"逃犯"的长相特征时，还写实地描绘了烧红的烙铁烙在"逃犯"皮肤上的标记。这时的广告，为人类历史留下了一份野蛮凶残的文字记录。

17 世纪还出现了买卖妇女的广告。广告告诉人们，任何种植园主都可以从弗吉尼亚公司用价值 120 英镑的"上等烟叶""换"回一个妻子。下面就是一则为美洲的男人们购募女人的广告：

> 姑娘们或者单身女人要是想到卡罗来纳来，她们会发现自己置身于男人为女人买嫁妆的黄金时代。只要彬彬有礼，年龄不超过 50 岁，某个诚实的男人或者另外一位就会买她为妻。①

这是对妇女直白的召唤。由于这是对许多走投无路的女人的召唤，用语直接而粗暴，公开的叫卖令人胆寒。

当时的广告都是说事的，所以总是直奔主题。如下面的这则广告，也像买卖女人那样直白：

> 在纽约长岛的奥伊斯特湾，有座完好宽大的房子欲出租或出售，还有一座种植园，园内有座大砖房，旁边另有一座完好的房子可用作厨房或工作间，建有谷仓、畜圈，还有一座尚未结果的小果园并 20 英亩裸地。作坊可与种植园一并或单独租赁，欲知详情请询问纽约印刷商威廉·布莱福德先生。②

泼尼快递在 1860 年的一份报纸广告中这样写道：

> 招聘年轻、体瘦、有耐力、年龄不超过 18 岁的小伙子。必须是出色的骑手，有胆量每天面对死亡。优先招聘孤儿。③

拓殖时期的广告，交流和传播着关于地产房产等生活资料买卖和关于人口买卖以及类似人口买卖的信息，它与为现代资本主义市场服务的广告相去甚远。它是"平民化"政治的另一面，摆脱了对国王和其他人依附的白人人民，"在新生的国家里"，"人人都以平等的身份成为统治者"，"都获得了独立地位"，然而，这个民主进程没有被奴役的民族和弱势群体的份。在美国，从那时起的很长一段时间，这部分人的命运是悲惨的。

---

① 罗伯逊．美国神话 美国现实［M］．贾秀东，等译．北京：中国社会科学出版社，1990：15.

② 西沃卡．肥皂剧、性和香烟：美国广告 200 年经典范例［M］．周向民，田力男，译．北京：光明日报出版社，1999：18.

③ 贝尔．资本主义文化矛盾［M］．赵一凡，等译．北京：生活·读书·新知三联书店，1989：15.

罗伯逊说，在殖民地时期，肤色和种族逐渐取代了阶级和出身，成了划定人的归属的基本决定性因素。"根据虚幻的美国神话逻辑，肤色是道德倾向的标志：'纯白种人'是最优越的、最高尚的，而'纯黑种人'或'纯红种人'则是最低劣的。"在北美大陆，由于出身和世袭为基础的阶级差别不易维持，"引人注目的肤色和种族差别便自然而然地、合乎逻辑地成为区别人与人的界线"。美国革命时期，黑人、印第安人、有色人种被欧洲移民看成异教徒、野蛮人，被当作愚昧无知、劣等下贱和会说话的"牲畜"。美国白人用肤色圈定了"疆界"，以便隔离和区分。许多美国白人认为，他们的祖先是自己选择来到美洲大陆的，黑人则不是，他们是被迫像奴隶和牲口那样被人用暴力和锁链强行掳来的，而且他们来自极其愚昧的非洲，所以是"怪异、粗野而又不可捉摸的"[1]。

即便到了 19 世纪，美国的种族神话还是根深蒂固。达尔文主义使"白人和英裔美国人相信，他们的种族天生优越"。虽然"美国内战用暴力突破了奴隶制度构筑的边疆"，并且通过立法，用法律手段摧毁了奴隶制度，然而，南方没有被摧毁，肤色成为界线横亘在种族之间。甚至连一些投身于废奴运动的美国白人，也很难丢掉关于种族的各种陈旧见解。在宪法修正案废除奴隶制，赋予黑人公民权的时候，甚至可以听到参与这场革命的进步人士坚持的诸如此类的论点：任何美国人都不应该"极其错误地推断或设想肤色是白人和黑人之间唯一的区别"，黑人还有"其他不胜枚举的身体上、精神上和道德上的疵点"，加上"招致祸患的黑皮肤"，所以他们当然是些"与众不同的低劣的家伙"[2]。那时候，关于黑人留下了这样的文字：

> 他的低低的、扁平的额头；他的厚厚的、坚硬的颅骨；他的小小的、后摆的脑袋；他的短短的、卷曲的头发；他的平平的鼻子；他的厚厚的嘴唇。……他的躯体散发的恶臭；他的幼稚的思想；他的迟钝和懒散；他的臭名昭著的不诚实；他编造谎言的天性；他对良善的主张和事业的漠然无

---

① 贝尔. 资本主义文化矛盾 [M]. 赵一凡，等译. 北京：生活·读书·新知三联书店，1989：22.

② 贝尔. 资本主义文化矛盾 [M]. 赵一凡，等译. 北京：生活·读书·新知三联书店，1989：26.

视、无动于衷。①

仅仅由于肤色，就列举出如此之多的"罪恶""缺陷"和"低劣"。所以，美国的奴隶制虽然从制度上已经被革除，但是关于自由、平等，关于个人独立，关于个人追求幸福等宪法赋予的权利并没有压倒种族和肤色的咒语。同样，语言的暴力、歧视、咒骂也用在了美洲印第安人的身上：

> 聚居在这片土地上的各部落的印第安人都是残忍的野蛮人，他们以战争为业，以森林作为生计的主要来源。放手让他们掌管自己的土地就意味着保持一片未被开发的荒野；把他们当作性质不同的民族来统治是不可能的，因为他们勇猛顽强，刚烈不屈，随时准备用武器击退任何威胁他们的独立地位的进犯。

> 他的想象力、理性思维和认识能力极其低下。他几乎没有品性可言。他心目中的神毫无善的各种因素，因为连他自己对美德都完全无知，根本不可能想象出它们的存在。像所有愚昧的人一样，印第安人丝毫不具备明确的法律观念作为行动的准则。他受自己动物欲望的支配。他目光短浅，只看到现在，对抽象的财产概念完全无知，因而他除了满足一时的需要之外，再也没有继续努力的上进心。有了这些缺陷，加之充斥所有部落的共产主义精神，他们几乎无从认识和接受我们美国人的文明。②

19 世纪末（1896 年），美国最高法院在处理"普莱西诉弗格森"的案件时，甚至确认了应该在美国实行种族隔离政策。

所以，在拓殖时代，美国广告对黑人使用的语言措辞，体现的完全是殖民地时代的文化特色。黑人在美国的自由平等之外，在各种关于人的权利之外。在美国，全体白人阶级等级地位的淡化，是以黑人丧失做人的权利为代价被确立起来的。美国黑人除了遭受语言强暴，在受到白人的肉体折磨时同样无能为力，他们被抽打、鞭笞、强奸、火烧、悬吊、枪击和遭受种种恐怖的死亡折磨。

---

① 罗伯逊．美国神话 美国现实［M］．贾秀东，等译．北京：中国社会科学出版社，1990：123.

② 罗伯逊．美国神话 美国现实［M］．贾秀东，等译．北京：中国社会科学出版社，1990：125.

三、大工业时代

蒸汽动力，特快交通线，煤气，石油

这些我们时代的成就，

大西洋的精密的电缆，太平洋铁路，苏伊士运河，

蒙特西尼斯和戈萨和胡塞外克隧道，布鲁克林桥，

这个地面由铁轨所交织。①

——惠特曼（Whitman）《草叶集·博览会之歌》

有组织的工人与机器的结合是大工业的特点。机器能够提供能量，代替不在场的工人和自然能源，电力取代了风、水和牲畜等低效动力，补充了自然资源的不足。机器代表着速度、强大的工业力量和大规模的商品生产。

19 世纪初，工业革命在美国登陆，蒸汽动力运用到产品的加工生产上，流水线模式的规模生产使批量的商品如潮水般涌进市场，它们价廉物美。

19 世纪 50 年代，美国经济到达第一个全盛期。全国水路网、公路网、铁路网为货物运输提供了便利和提升了速度，货运费用从每吨每英里（现使用公里，1 英里 = 1.61 公里）20 美分降到 1 美分，时间比过去快了 5 倍。粮食生产也引进了机械动力，产量提高了 34 倍。

工厂、农场、交通、通信，到处都在扩大劳动规模，由于劳动力开始短缺，甚至连妇女和儿童都被廉价雇来工作。

就在这时，美国对新闻广告的需求越来越大。

1765 年，大约已有 200 万人来到美洲殖民地生活，他们关注着几乎所有的印刷读物。这时，人们得到了由 25 个出版商印制的四个版面的周报。19 世纪中

---

① 惠特曼. 草叶集［M］. 姜焕文译. 成都：四川文艺出版社，2014：46.

叶的美国内战又养成了大众对时事的关心，人们有了读报习惯，增大了对新闻信息市场的需求。到19世纪初，美国报业居世界首位，报纸发行量也远远超过了英国。1827年，一份小报的价格为6美分，1833年，出版印刷商本杰明·戴（Benjamin Day），把他的《纽约太阳报》的零售价降到了1美分，结果报商们纷纷效仿。19世纪80年代，约瑟夫·普利策（Joseph Pulitzer）和朗道夫·哈斯特（Randolph Hearst）进入报界并成为巨头，报业的发展更为空前。后来，普利策于1883年开办《纽约世界报》，哈斯特于1895年买下了《纽约晨报》，他们力求发行量，用广告收入来保障报纸的趣味性、可读性和轰动效应。他们采取了图文配合、新颖入时等手法来更新报纸的内容形式。随着发行量的增加，他们培养出一个个有特色的读报群体：对体育事件特别热衷的男性读者和对消费时尚以及爱情故事特别专注的职业女性，以及别的根据特色划分的群体。报刊终于成为美国大众不可或缺的消费项目，每天，印刷机通宵达旦地转动，为了几百万读报的读者。每天清晨，报贩将准时把报刊送入每个读者的手中。当然，发行量居前的报业大户绝不专选美国的"精英"阶层作为服务对象，相反，他们更愿意为数量众多的平民百姓服务。

1639年，当第一台印刷机运到美国的时候，人们绝没有想到印刷业有朝一日会发展成今天的样子，当时它被运抵马萨诸塞州的哈佛，根本不是冲着商业目的来的，它是专程来为清教徒的神学和欧洲经典文学的传播服务的。终于，在1704年，波士顿的邮政局长约翰·坎贝尔（John Campbell），在美洲印制出第一期正式出版的报纸——《波士顿新闻信》。同年，也是在坎贝尔《波士顿新闻信》（1704年第3期）上，登载了殖民地第一份付费广告。1726年，《宾夕法尼亚日报》的报主——本杰明·富兰克林创刊了他的日报。在创刊号第一版的报头下设有一个广告专栏，广告被搁置在社论的前面。整个殖民时期，富兰克林的报纸发行量长久居于首位，他的广告对船舶、羽毛制品、书籍、酒、茶、巧克力和其他别的商品进行介绍和推销，这些广告跟随着发行甚广的报纸流传四方。后来，他为广告配上了插图，开了广告"读图"的先河。

自从付费广告为世界报业开创了一种新的形式——广告为报纸提供资金成为一种最平常的运作方式，广告成为不少报纸收入的一项主要来源。

不过，美国的杂志在19世纪70年代后才刊载广告，比报纸晚了百年。那时，杂志的征订费较高，出版商不能无视订户的口味，而订户们又普遍认为，期刊刊印广告是粗俗之举，并视广告为商业骗局。杂志已经收取了巨额征订费，它既有资本拒绝广告，又不得不把订户的好恶放在首位。那时，杂志上唯一的广告是即将出版的书籍的"清单"。直到 1870 年，一位药品专卖商才打破了期刊面对广告的沉寂。美国缅因州的药品制造商金斯曼，为了宣传自己的产品，专门创办了一份杂志来刊登广告，结果获得了非常可观的经济收效。后来一些商人发现，杂志刊载广告的确能够创造很高的商业价值，纷纷转而加入这一有利可图的行业。就在 1870 年，美国大约 400 种月刊和 4000 种周刊陆续接受广告委托，甚至连文学期刊也接受了委托，同时，更有一些杂志不惜用低价位招徕广告客户。广告的确使杂志增色不少，特别是那些高质量的艺术版面。①

19 世纪中叶，许多出版商看到了广告是收入的重要来源，广告费和报纸征订费共同支撑着报纸进行商业性运营。自沃尔尼·B. 帕尔默（Volney B. Palmer）于 19 世纪 40 年代初期在费城成立了一家广告代办处成为客户代理以来，陆续出现了 30 多家广告代理机构，从事代理的人员以某些报纸的特别代理人身份展开广告业务，并在转手的过程中赚取利润，有的甚至以批发版面的方式营运。在有了专门的广告代理，出现了专职的广告代理商后，随着广告业务成为商界最频繁普通的事务以来，广告委托商直接和报纸进行业务往来的方式逐渐被专职的广告代理取代。广告业有了操作和运作的规范。撰稿人、业务员、艺术设计、市场营销员成了专门的广告从业人员。1869 年，弗朗希斯·艾尔率先用明码标价的方式透明了广告价格，广告版面也使用了规范统一的价格，广告形成了向规范化靠拢的市场。直到现在，美国许多广告代理机构还是以买断媒体的空间和时间，再转手卖给客户的方式进行商业运作。②

内战以后，美国发达的出版业和报业为广告的广泛活动提供了无限的空间。

1860—1865 年，美国的内战再次刺激了生产，轰轰烈烈的工业化给企业家和商品经销商带来了巨大的财富，内战时对商品的特殊需求激活了一种新型企业——轻工业。

军队需要军需——经过成品加工的食品和纺织品。于是出现了生产罐头食

---

① 西沃卡. 肥皂剧、性和香烟：美国广告 200 年经典范例 [M]. 周向民，田力男，译. 北京：光明日报出版社，1999：51.

② 西沃卡. 肥皂剧、性和香烟：美国广告 200 年经典范例 [M]. 周向民，田力男，译. 北京：光明日报出版社，1999：54.

品的工厂和军用服装制品的工厂。工厂生产出来的各种食品和军服被战争带到了军队的所到之处。各种罐装的蔬菜、水果、炼乳，它们让人们发现，食品可以如此方便地储存和携带。而流水线制作的那些衣、裤、鞋、帽，人们看到，它们确实比家庭的手工制作更省时、更精致、更标准、更方便。战争中，男人应征离家后，女人必须顶替男人到工厂里去做工，去生产战争所需要的大量物资。由于白天要在工厂做工女人再也无暇像过去那样为琐碎的家务忙碌，她们需要商店里做好的服装、加工好的熟食、肥皂和酱醋等生活用品，战争促使社会生活发生了变化，导致了一种新的"消费"趋势。同时，女性的经济地位也产生了变化。以往，女性在家中操持家务，整个家庭完全靠男性工作的工资收入来维持，由此形成了传统上男人把持家庭经济支配权的习惯。而战争让女人走出家庭，进入社会，自己挣钱负起了养活家庭的责任。战争中，女人消费着自己挣来的钱，这种消费习惯战后一直延续下来，战后一些女人继续到工厂做工，并去商店里购买便宜的消费品。

内战以后，林肯（Abraham Lincoln）政治理想的影响力对美国发展的方向至关重大。林肯曾经说，"我坚信，让每一个人以他最快的速度自由地获取财产，对所有人都有益"，"最卑微的人"也应该"与其他人一起享有致富的平等机会"。坚决反对那种"阻碍人们致富的法律"①。

美国人认同林肯的价值观，许多人从林肯式的社会底层进入了城市，进入了由机器、铁路、公司和大企业构成的世界，抱着连"最卑微的人"也该享有平等机会的信念进入了他们的新生活。平等精神必然与规模化的大生产产生某种联系，这就是对大众消费的重视，市场的供需成为发展和谋求财富的基础，刺激消费和开拓市场的具体运作再一次通俗了独立时期的"平民化"观念。

当然，规模生产中的商人已在女性的消费中尝到了甜头，而且为战争进行各种成品加工的商人面对战争的结束不得不开动脑筋，因为他们必须为自己的产品找到一个可以继续赢利和销售的市场。这样他们最需要的是"制造"出与产品一样多的消费者，与产品一样大的市场。说服人们来买他们的产品，让人们相信在商店里购买东西总是物有所值，甚至是超值，通过"说服"和"刺激"使人们产生购买的欲望，市场经济的这个环节——广告中介，在世界经济

---

① 罗伯逊. 美国神话 美国现实［M］. 贾秀东，等译. 北京：中国社会科学出版社，1990：214.

史上变得前所未有的重要。商人们开始意识到，必须通过广告使生产线上源源不断的产品用最快的速度走进平民大众的家庭，他们发现这也是用最快的速度把产品变成钱的唯一途径。货币周转的流程越快，资本的增值率就越为可观，反之，商品囤积的命运在大工业时代就只能是死路一条，它意味着企业必将破产和倒闭。

四、香皂

20 世纪 90 年代，美国最走俏的三个商品有两个是香皂：象牙香皂、萨普里奥（Sapolio）香皂。

内战后，纽约的伊诺克·摩根父子公司（Enoch Morgan's Sons Co.）在经营香皂产业的时候，遇到了行业内部十分激烈的竞争。市场上与他们的萨普里奥香皂相争的有象牙香皂，以及皮尔斯、莱佛兄弟和柯克等经销的同类商品。

19 世纪中后期，美国兴起的全国范围内的卫生清洁活动与商人大规模地推销洗涤产品有着直接的关系。此前，美国人并不怎么讲究卫生。城市里，住房不足，公共设施和保健条件极其简陋。即便那些认为洗澡重要的人，也只有每个周六或节日前才洗澡。那时，由于城市人口过于拥挤，大多数人必须在公共浴室排队等候淋浴。而且对于那些来自欧洲的移民来说，他们认为洗澡根本就不必要，除非夏季到来，他们才会到附近的河流或小溪中为消暑而洗浴一下。正如布罗代尔所说，今天，西方人的清洁习惯其实并不是从西方社会必然的、最古老的文明遗产中继承下来的。

关于卫生文明的"历史"，布罗代尔曾经写道：15—18 世纪之间，整个欧洲所有人的个人卫生都很糟糕。一些特权享有者埋怨，穷人脏得令人却步。1776 年，一位英国人说，法国、西班牙和意大利的穷人的脏，已经到了令人难以置信和惊讶不已的地步。他厌恶地说："他们身上太脏，因此没有英国穷人健康，样子也难看。"布罗代尔说，其实，那时欧洲各地农民的卫生状态基本上是一样的，人们几乎都拿贫困来做不卫生的挡箭牌。"但是特权阶层本身难道就那么注意个人卫生吗？"他问道。①

---

① 布罗代尔．15 至 18 世纪的物质文明、经济和资本主义 [M]．顾良，译．北京：生活·读书·新知三联书店，1992：388-389．

那时，除了大城市，很少见到浴缸。关于洗澡和个人卫生，西方从 15 世纪到 17 世纪经历了大倒退。中世纪，欧洲保留了从遥远的罗马时代流传下来的沐浴习惯。不但多数人家有私人浴室，城市里还设有许多公共浴室。公共浴室里有蒸汽浴间、浴缸和供躺卧的床铺，人们在公共浴室相见，就像在教堂里见面一样自然。浴室向社会各阶层开放。有钱人在洗澡问题上费尽心机，他们在地下室修建"澡房"，设有十分讲究的蒸汽浴设备和带着铁箍的木桶。据传，国王查理（King Charles）有只银浴缸，他四处征战时也要随身携带这件罕见的奢侈品，格朗松大败（1476 年）后，人们从他的营帐中发现了这个宝物。①

16 世纪的瘟疫——霍乱令人们恐惧传染病，同时清教教规也视男女共浴为伤风败俗的无耻之举，于是，公共浴室越来越少。后来洗澡在欧洲变成了一种与卫生习惯无关的医疗手段，人们只有在生病时才会破例使用浴缸。这时，只有东欧少数城乡保留了中世纪洗浴的古风。

所以，到了 18 世纪，"巴黎几乎没有人洗澡，洗澡的人也不过每个夏天洗上一两次，也就是说每年一两次"。1800 年，伦敦城里已经不再有浴室。有一次，有人指责英国贵妇人玛丽·蒙塔古（Mary Montagu）夫人，说她的手不太干净。对此，她气恼地回答："你认为这叫脏？假如你看到我的脚，你又该说什么呢？"② 就是在 1815 年 9 月，法国的《妇女时装报》在教太太小姐们如何讲究时，也反映了卫生状况的差劲。报纸提示要多准备几双鞋，鞋帮要一双比一双高。这是因为：第一天穿矮帮鞋，白袜露在外边，晚上，踝骨处就会出现一条黑印；第二天，应该换双帮子稍高些的鞋，以便把黑印遮住；第三天，再换双更高帮的；然后照此下去，直到您想换袜子为止。③

毫无疑问，卫生条件必然与香皂的生产直接有关。

香皂的起源可以追溯到古罗马时代。后来，地中海沿岸地区出产一种含碱的硬肥皂和一种"芳香馥郁，外观如大理石，堪供最漂亮的公子哥儿洗脸"的香皂。再就是北欧出产的专供洗涤床单等物的含钾的液体皂。总的来说，香皂

---

① 布罗代尔. 15 至 18 世纪的物质文明、经济和资本主义［M］. 顾良，译. 北京：生活·读书·新知三联书店，1992：390.

② 布罗代尔. 15 至 18 世纪的物质文明、经济和资本主义［M］. 顾良，译. 北京：生活·读书·新知三联书店，1992：391.

③ 勒诺特尔. 法国历史轶闻：第三卷［M］. 王殿忠，丁斌，译. 北京：北京出版社，1986：3.

因为产量极低，价格不菲，消费量也十分有限。正是因为香皂的奇缺，很久以来，洗脸的香皂才被人们当成了"奢侈品"。① 然而，美国由于 18 世纪中期制皂工业在生产中解决了原料和化学合成上的难题，大批香皂被生产出来。为了卖掉香皂，香皂商不得不发起一场宣传"卫生"的运动。

1869 年，萨普里奥首次为自己的产品做广告。他曾以"比肥皂质更好，价更廉，擦亮金属和黄铜器皿"等图文相配的广告来促销。1884 年，萨普里奥聘用了阿特迈斯·沃德做他的广告经理，沃德把"要清洁！""萨普里奥洗涤全世界！"等广告口号登在乡村的周报上，油漆在市内有轨电车的车厢上。沃德还策划了载入广告史册的著名的"无瑕小镇"广告活动，让萨普里奥的产品在同类产品中占尽了上风。"无瑕小镇"用了六年时间来让大众熟悉"萨普里奥"。它从绘制砾石铺地的荷兰小镇图画到设计介绍产品广告的漫画形象，又将广告背景和广告人物搬上舞台，进行巡回演出，以及发起产生影响力的慈善募捐活动。"萨普里奥"还在 1000 多个小镇进行了"大清扫"活动。"萨普里奥"让它的竞争对手寝食难安，纷纷亮出自己的广告。所以，在那个时期，令人难忘的广告口号大多是关于香皂的。像"漂在水面上的象牙香皂"，"99.44％纯度的象牙香皂"，"早晨好，你用了皮尔斯香皂了吗"，"我妈妈用伍尔香皂"，"千千万万的人使用珍珠香皂"，"你所有的衣服都散发着沧桑药、芦荟和肉桂的香味，它们从使你欢愉的象牙宫殿里传出来"。1887 年，漫画家肯布尔创作了"金金"和"粉粉"这对"金粉兄弟"，把芝加哥范尔邦克公司设计的双胞胎黑人孪生子的招牌形象化，以此来推销洗涤用品。由于广告创意深入人心，美国妇女在后来的 50 年中对"金"和"粉"这个品牌格外地"衷情"。

工业化不断扩展，美国人的收入也在稳步上升，发达的轻工业将各种新的产品源源不断地送入市场，促使同类产品进行着你死我活的比拼。竞争使商人们费尽心机，他们不得不在广告上大做文章，以便夺取市场并拿到满意的销售额。

"一天一个澡，疾病就逃掉"，"家庭卫生，食品纯净，牛奶洁净，消灭蚊子，消灭苍蝇"等广告，引发人们把卫生问题当成社会问题。当整个社会的经济条件改善以后，当上层和中产阶级开始注意卫生清洁，而香皂广告又从公益

---

① 布罗代尔 . 15 至 18 世纪的物质文明、经济和资本主义［M］. 顾良，译 . 北京：生活·读书·新知三联书店，1992：391-392.

的角度提醒人们去注意一些现实问题，关注城市中肺结核、白喉、伤寒、骨髓灰质炎等危及人们健康的那些流行范围广、影响面大的各种传染疾病。

广告引发的清洁运动后来成为一次革命，成为政府参与的文明、文化工程。在 20 世纪 20 年代的美国，为提高公众的健康和清洁卫生水准，政府机构、市民组织、公共卫生专家、城市市民，社会各方面协同一致，共同努力，对全美卫生进行了行之有效的治理。学校、有组织的义务团体、健康委员会和一些企业参加的宣传活动与政府颁发的卫生法令相配合，保洁产品制造商和大都市保险公司也积极地为宣传活动制作了大量广告。商人们在一浪高过一浪的宣传中不断开发新产品。

莱佛兄弟公司、马萨诸塞州剑桥城的莱夫博依香皂和力士香皂的制造商也深受激发，创写自己的广告词来形成更加强劲有力的推销宣传。1920 年以来，它们把自己的产品说成是"只消使用一次就能洗净、消毒、净化的香皂莱夫博依"，说它能够保证"女性的纤手柔嫩、年轻、可爱"，说产品会一直保持着一种可爱的芬芳，所以"她从来不曾忽视每天洗一次澡，然而却要把内衣再穿上一天"。香皂制造商认为美国人的澡洗得还不够，他们把享受产品芳香的气味作为一种诱人的观念，旨在不知不觉中改变美国人的生活方式。在建设美国现代卫生文明的整个过程中，香皂商们制作的大量广告立下了汗马功劳。

科学和健康的观念也被商人们一次次地利用、借用，终于促成了各种新型的健康产品的出现。这样一来，巨大的消费品市场在动态发展中也得到了应有尽有的开发。

1908 年，企业家休·摩尔推出广告，宣传使用一次性纸杯的好处。那时，美国人还从来没有想过，日常最普通不过的喝水，不但要为水付费，而且连盛水的杯子也需要每用一次都花一次钱。不过当时要想扭转他们的观念必须拿出极有说服力的事实根据。所以，摩尔在他的广告上用"救救孩子们"，使标题尽量醒目，他还设计了患病者与儿童之间可能引起交叉感染的图画。他选用的广告语更是触目惊心，人们不可能忘记他发出的警告："不要使用公共饮水用具，它就像瘟疫本身，感冒病菌就坐在杯沿上。"他的推销产生了效果，一次性饮水杯迅速进入学校、办公室、商店和其他公共场所，到 1912 年，很多州通过立法取缔了公共饮水的长柄勺，宣布它已被法律严禁使用。这时广告语"用过就扔掉"成了人们的口头语。它的号召力更是深入心，使人们开始自觉选择使用一次性产品，如纸杯、纸手巾、便餐盒、吸管、医用一次性针头和针管等消费用品，大众的清洁卫生意识无疑已经建立。

很多广告还将这种观念发挥成分门别类地使用清洁剂和厨卫产品。

1912 年，费城纸业销售商欧文和克莱伦斯·司各特为薄绵纸做了这样的广告：

> 你会在那里发现某种毛巾，一块纤维的毛巾卷轴或是一条单块毛巾，请停下来问问你自己如下的问题：用起来安全吗？上次谁用来着？他们的健康状况如何？只要清洗一次就能使毛巾上的传染源不再传染吗？好好想想这些问题吧。①

司各特的家用纸巾和工作用卫生纸巾被引进了人们的日常生活，在厨房里它们可以"用来擦亮雕花玻璃杯"，"从煎炸食品上吸去肉上的油脂"，"用来擦窗户"，"用来擦干皮肤"，广告使产品获得了旺势持久的市场。自那时起，市场对各种手纸的需求一直延续至今。

同样，商人在推销自己的厨卫产品时，首先向大众推销的是卫生理念。在 20 世纪 20 年代的个人卫生形象的设计中，厨房、卫生间的卫生洁具极具高品位的诱惑力。譬如克兰浴室设备的这则广告的告白："现代的浴室已经从仅仅是一件实用物品，发展成宽敞、清洁又卫生的净地。""洁白无瑕的搪瓷"使洗手池、浴缸等用具漂亮且舒适，广告用图文细腻地示范了"浴室美化的可能性"。还有，商人在刺激毛巾销售量的时候，先"教人"养成"每天一澡"的习惯，并且告诉他们："由于第一条毛巾已经从皮肤上吸收了不洁物质，在清洗之前，绝不能再次使用。"这样一来，即便是普通家庭，也尝试着准备多条浴巾，浴巾的需求量因此上升，从而激活了销售。

美国自 19 世纪中叶实现了工业化以后，制造商赢得了有史以来世界商业史上最大的市场。当然，这时的商品广告也把力量集中在最大限度地扩大消费者群体上。

家庭主妇利迪亚·平克罕姆（Lydia Pinkham）的药品推销产生了超乎意料的奇迹。1873 年，美国的经济萧条让平克罕姆家的生活十分紧张。利迪亚的两

---

① 西沃卡. 肥皂剧、性和香烟：美国广告 200 年经典范例［M］. 周向民，田力男，译. 北京：光明日报出版社，1999：168.

个儿子主张母亲把她专治"妇女病"的药水作为产品来生产。本来，这是利迪亚·平克罕姆用蔬菜根和酒精在厨房的炉子上为自己和女友们煨制出来的民间药剂。然而，当它被装瓶拿到市场后却卖得很火，让这家人看到了无限的商机。他们把利迪亚·平克罕姆的头像印刷在广告上，并打出"女人能够同情女人"的广告语。利迪亚·平克罕姆一家的广告也从简单地印发推销传单，转变到展开更加深入人心的与消费者的对话交流。广告在介绍产品时说，这是一种"味道宜人，疗效显著"的化合药剂，它对治疗任何一种妇女病都能见效，不论是妇女虚弱症还是痛经、子宫下垂等。广告利用利迪亚·平克罕姆的口吻催促患病的女性来信，利迪亚·平克罕姆承诺，她将回答向她提出的任何最隐秘的健康问题。结果，订单和来信汹涌而至，广告为利迪亚·平克罕姆的产品赢得了大批充满信任和依赖的女性消费者。1883 年，当利迪亚·平克罕姆去世时，她的面庞已是众人所知的形象，人们在招贴广告上，在报纸、杂志和有轨电车上，哪里有广告就能在哪里见到她。1890 年，利迪亚·平克罕姆家族曾一度削减了广告开支，这一年，他们的生意变得很惨，全年销售量竟然下跌了 80%。后来，他们重新重视广告，加大了投入广告的资金力度，这样，全年销售量增加了 25倍。这是 20 世纪之交市场出现的新法则：规模生产的商品，离不开围绕它的"话语"。如果产品默默无声，它就很难坚持具有规模性质的生产经营。

　　强有力的暗示和神秘的预兆也被广告创意者用来作为促销的手段。1860 年，德瑞克博士在种植园酿成了一种糖浆药酒。为了渲染神秘的科学氛围，这种酒被打印上"S. T. 1860X"的商标标签。其实，德瑞克博士印制的字母和数字本来是不含什么意义的，这样做，只在激发购买者的好奇心。然而，广告代理商则借此大做文章，为广告标签灌注了新内容。对"S. T. 1860X"，先是释义，然后制造故事，让产品带着文化的内涵，以此来引起人们的好奇心，达到激发购买欲的目的。[①] 在类同的构思下，美洲土著风土人情也被制造成卖点。罕姆博德的"布库浸膏"就把南非好望角的"豪顿陶特"印第安人生活的场景作为插图。画面上，采集布库叶子的情景把人们带到了陌生国度的原始异国情调中，广告的图画让人们目睹了"野蛮人"惊心动魄的生活。

---

① 西沃卡. 肥皂剧、性和香烟：美国广告 200 年经典范例［M］. 周向民，田力男，译. 北京：光明日报出版社，1999：58-59.

五、繁荣昌盛

在 1880 年以后，美国的制造商们已经意识到了一个即将到来的经济前景，工业生产前所未有的规模将给市场带来戏剧性的变化。那时热动力的能源已从木材变成煤炭；农场也普遍使用机械化的播种机和收割机；服装在工厂里用缝纫机制成；直销、邮购等业务随着铁路的发展能够把货物发送到任何地方；电话、电讯传递着信息；万家灯火让城市的夜晚一片辉煌；电力驱动着有轨电车以及这样那样的机器；留声机、电影在各地的城市流行；新的方便购物的百货商店竞相开业等，无不展示着市场空前的兴旺、丰裕和繁荣昌盛。

布罗代尔谈到美国成为世界第一强国的关键因素时，提到了它工业发展的这几个方面：交通运输、通信业务和商业报刊印刷服务。

布罗代尔说，欧洲陆上交通工具的完善是在工业革命第一次高潮到来的时候，也就是 1830—1840 年间，然而，当欧洲各国大举修建铁路的时候，它们早就已经落在了美国之后。因为那时的美国，已在进一步完善和扩建公路、铁路以及水运港口。"在一切变革都已大规模进行的美国，1800—1850 年，道路增加了 7 倍，而奥地利帝国在 1830—1870 年间只增加了 1 倍。" 1869 年，太平洋联合铁路公司与中央太平洋铁路公司的铁路线连通，从此铁路横跨美洲大陆；19世纪末，又有四条横跨美洲大陆的铁路开通，形成了一个便捷有效的运输网络；1860 年，首个太平洋沿岸地区的快捷通信服务项目正式运营，从密苏里到加利福尼亚的 10 日邮递比两年前开通时快了 15 天，18 个月后，电报通信业又在东西海岸开通；1873 年，美国邮政采用了 1 便士的明信片；1883 年，美国本土又推出 2 便士的平信邮递业务；以蒸汽为动力的印刷机、平版印刷、彩色套版印刷等新工艺以及效率革新过的造纸术，与工业革命同步进入了美国，人们发现了有利可图的媒体，印刷广告在报业和出版业的推动下发展迅速。①

总之，19世纪末，美国已经成为世界一流工业大国和世界最强盛的富国。从那时起，它的经济一直保持增长。一些拥有千百万资本的实业家，曾经白手起家，随着资本主义步入现代阶段，企业间发生了前所未有的兼并大潮。在1898—1902年的第一轮兼并浪潮里，2653个企业在相互间血淋淋的吞并中合为269个"托拉斯"，总资产额达到63亿美元。此时美国的铁路、煤炭、钢铁、冶金、石油化工、食糖、烟草等基础工业和重要资源都被这些"托拉斯"控制。集团式经营很快在控制生产和市场中尝到了甜头。

秩序、效率和科学原则成为美国20世纪以来不断进步所彪炳的口号，与此相应的是它令人欢欣鼓舞的持续时间长达30年的经济飞跃。

从1900—1910年，受铁路和西部各州在欧洲各地所做的广告的吸引，许多新移民继续踏上迁徙美国之路。他们用10美元购买远洋轮船的一个统舱座位去往美国。10年间，移民人数达到900万，他们后来成为纽约、芝加哥、底特律、克利富兰、波士顿等大城市的居民。1920年，美国的人口增长到1.5亿，而且，全美1/3以上的工厂已经实现了电气化。不过，人口的增长更是美国工业成功的保障，因为它为工业的需求提供了大量的工人——他们既是劳动力，也是购买力。在经济繁荣时期，工人的收入也在稳步增长，大多数人在支付了基本的生活必需品的费用后还有剩余，商人们知道，人们收入中的这部分剩余将是不断增长的购买力的保证。美国工业看准了这部分剩余，许多企业迅速从重工业转向轻工业，新产品被不断地开发出来投放进市场，于是像早餐谷物速食类、家用电器类涌入市场，为市场带来了欣欣向荣的繁荣景象。商品像河流源源不绝进入市场，价格更便宜，质量更高档，数量更充足。然而，消费还是赶不上生产，制造商的仓库里积压了大量剩余产品，他们开始了有意识的竞争，他们渴望控制依然存在着消费限度的市场。

自由和竞争性的市场既造就了一种独立自主的个人，也使美国人粗暴凶狠——想摧毁所有的竞争对手，这是一种典型的美国传统个人主义的特征。

贝尔在研究资本主义时发现：资产阶级社会与众不同的特征是它所要满足的不是需要，而是欲求，是超过了生理本能，进入人的心理层次的一种无限度

---

① 布罗代尔.15至18世纪的物质文明、经济和资本主义［M］.顾良，译.北京：生活·读书·新知三联书店，1992：505.

的要求。社会也不再被看作是人的自然结合，如城邦和家族，而成了单独的个人各自追寻自我满足的混杂场所。而且，人的欲望冲动正好同柏拉图理性精神的等差公式相反，他们受欲望驱使，追求满足，欲望的动力时常达到凶猛的程度。在现代社会里，欲求的推动力是增长的生活标准和导致生活丰富多彩的无限增殖的产品种类。与此同时，这个社会还把消费变成了人们对地位的心理竞争。贝尔注意到了凯恩斯对"需求"这个词进行的鉴别，"人类的需要可能是没有边际的，但大体能分作两种：一种是人们在任何情况下都会感到必不可缺的绝对需要，另一种是相对意义上的，能使我们超过他人，感到优越自尊的那一类需求；第二种需要，即满足人的优越感受的需要，很可能永无止境，但绝对的需要不是这样"①。资本主义为现代世界带来的最为关键的变化是消费社会的出现。它不但提供着没完没了的商品供给人们花销，还强调如何凶狠地占有物质，不断地破坏着强调节约俭朴、自我约束和谴责冲动的传统价值体系。对此，托夫勒说道："第二次浪潮期间，市场经济（包括资本主义和社会主义的）大大发展，这鼓励了一种贪得无厌的伦理观，对个人的成功给予了一种极其狭隘的经济定义。"②

罗伯逊在论述美国进步动力的时候指出：在过去的半个多世纪里，越来越多的美国人用一个人所能消费的商品和劳务来衡量个人价值——他们自己的价值或别人的价值。这种"消费"观念在传播媒介中广泛性地通俗化。个人工作愈来愈多地被看作只不过是获取消费资金的手段而已。为了生产而劳动不再被认为是个人生活的目的。美国人已经抛弃了劳动道德。生产工作转交给了公司，而美国的个人则成为消费者。贝尔研究了资本主义的这个变化过程，他指出：在资本主义发展早期，清教的约束和新教伦理扼制了经济冲动力任意行事。当时人们工作是因为负有天职义务，或为了遵守群体契约。因此，破坏新教伦理的不是现代主义，而是资本主义自己。造成新教伦理重创的武器是分期付款制度，或直接信用。从前，人必须靠着存钱才可购买，而信用卡让人当场立即兑现自己的欲求。机器生产和大众消费造就了这种新制度，也就是新欲望的不断

---

① 贝尔. 资本主义文化矛盾 [M]. 赵一凡，等译. 北京：生活·读书·新知三联书店，1989：22.
② 贝尔. 资本主义文化矛盾 [M]. 赵一凡，等译. 北京：生活·读书·新知三联书店，1989：112.

产生，以及用以满足它们的新方法促成了这一改变。新教伦理曾被用来规定节俭和积累，当新教伦理被资产阶级社会抛弃之后，剩下的便只是享乐主义。①

因而，在现代社会充当文化改造主角的是大众消费，是大众消费的兴起。

大众消费使过去被中低阶层看作奢侈品的东西开始在社会上广泛扩散。而且，过去的"奢侈品"现在正在不断地降级为最普通的"必需品"。这时人们很难相信，市场上流行的那些普通物品曾经是平民百姓无缘受用的。时代出现了如此普遍的城市新景观：成群结队的购物者去往当地的百货商店，在舒适便利优雅的环境中购物，人们犹如游走在商品的天堂，在消费中得到各种体贴入微的服务。

大众消费始于20世纪20年代。它的出现归功于技术革命，大规模使用家用电器和三项社会发明：一是采用装配流水作业体系进行大批量生产，使得汽车的廉价出售成为可能；二是市场的发展，促进鉴别购买集团和刺激消费欲望的科学化手段；三是比以上发明更为有效的分期付款的传播，彻底打破了新教徒害怕负债的传统顾虑。总起来看，大规模消费意味着人们在生活方式这一重要领域接受了社会变革和个人改造的观念，这又给那些在文化和生产部门创新开路的人以合法的地位。

《简明不列颠百科全书》把19世纪看成商品和广告的扩张期，并且明确指出工业革命增加了工厂的产品，广告则帮助了产品的推销。

自第一次世界大战后，广告进入了讲求推销术的时代，广告已被普遍看作生产工业产品必不可少的工具，那时，广告被称为"印成图文的推销术"。到了20世纪20年代，无线电广播的普及使广告商立即瞄准了当时这一最为时髦的媒体，美国商业马上运用无线电广播的广告来进行商品推销，1928年，无线电广告的费用高达1000多万美元。"二战"后，电视的普及又使商人为这个更为大众化的媒体形式费尽心机，广告立即随着电视节目出现，费用的投入在一开始就排在第二位。这时，美国的报纸已发展到用60%—70%篇幅刊登广告。由于广告的目的在于给接触广告的人们以心理上的影响，使之有助于商品推销，所以，它千方百计地想要做到：一是具有吸引力；二是能在有意或无意之间给人留下印象；三是诱使人们对广告的报道采取主动积极的态度；四是在人们的心

---

① 托夫勒．第三次浪潮［M］．朱志焱，等译．北京：生活·读书·新知三联书店，1983：67.

目中留下良好的记忆。20 世纪初,广告业在美国已经与社会经济水乳交融。

是广告帮助工业化的美国把个人变成了消费者。工作是为了钱,而钱只是中介,不是终端,个人劳动挣得的钱还要花掉,也就是为了个人需要的商品和劳务而消费,个人是消费的个人。

在一个消费社会中,人们总是根据所消费的商品和劳务的质量和数量来判断一个人的地位、价值和成功。不断增长的消费即意味着个人对幸福的追求。它是美国人生活的希望和梦想。在美国个人主义神话的现代转变进程中,消费就意味着"美国梦"的实现。毫不夸张地说,美国的发展和美国的命运就是系于个人不断增加的消费之上。个人消费和集体消费的不断增长,财富越来越为更多的人所享用,贫困线频繁的重新划定,将成为越加民主化的标志。美国政府、经济界、商业界把竭力寻求增加消费的途径作为实现富裕社会和美国民主目标的基础,大众消费和后工业社会就这样必然地进行了交融。

这样,在美国国家管理的社会政治体制下,资本主义一方面完成了大规模的社会需求的增加;另一方面又维护着人们日益强调的没完没了的享受。资本主义的法律、经济和政治一直在为社会保障下的个人服务,一直在人际交换关系中起着调节作用。

贝尔看到,即便到了 20 世纪 50 年代,美国的政治现实依然是国家指导下的经济迅速扩展。它先是拯救大萧条中的资本主义制度,又为战争经济的需要服务,最后完成了财政政策在影响消费水准和投资方式方面的作用。赵一凡在《资本主义文化矛盾》的译序中概括了贝尔对资本主义的评述:资本主义的经济领域历经科技革命和管理革命的改造加强后,已经发育成一个以严密等级制、精细分工制为特征的自律体系。其中全部活动都严格地遵照效益原则运转,其目标是最大限度获取利润。在这个日趋非人化的体系中,人的丰满性被压榨成单薄无情的分工角色。作为代偿,这个日益强大的技术经济共同体又宽宏无度地许愿社会进步的奇迹,提供广泛选择就业和社会流动的自由,不断刺激并满足人的物质欲望,促进社会的享乐倾向。[1]

在大众消费兴起的 20 世纪,最先是两种发明改变了整个美国人的生活方式——汽车和电影。第一次世界大战以后,美国经济有过一段短暂的萧条期,

---

[1] 贝尔. 资本主义文化矛盾 [M]. 赵一凡,等译. 北京:生活·读书·新知三联书店,1989:5.

不过它马上恢复了生机，又开始更快的腾飞。所有的生产都以装配线的速度涌入市场。底特律的亨利·福特的高地公园制造厂，在1914年开始使用流水装配线，那时平均93分钟造出一部新车，而到了1925年，只要10秒钟就有一辆新车从工厂里开出。组合生产创造了前所未有的高工资、低价位。这时企业兼并愈演愈烈，全美整个商业财富的一半掌管在200多家公司集团里。兼并以强势挤垮弱势，它对市场并非毫无益处，它因资本充裕可以在广告宣传和产品打造上投放大量资金。这时，广告为消费者许下诺言，它不遗余力地努力说服消费者，相信某个品牌吧，放心某个厂家吧，去享用生产者特意为消费者发明的前所未有的产品吧。

研究美孚石油公司的历史学家阿依达·塔贝尔（Aida Taber），发现了约翰·洛克菲勒（John D. Rockefeller）经营理念的关键。洛克菲勒的美孚石油公司在19世纪就登上了世界最大的石油产品生产者和销售商宝座，它的垄断集团控制着美国石油市场80%的份额，每年向全世界出口数以百万桶计的石油产品。塔贝尔发现如此之大的企业，它们的经营却也不得不从小处着眼：

> 能够支配每一加仑石油自从地下喷涌出来的那一时刻起，直到灌进家庭主妇的油灯里为止的整个过程，这对他来说似乎是精神上的需要。他的庞大的机器的运行如果有丝毫不正常的现象，都不会逃过他的耳目。毫无疑问，供需之间的消费的观念，成为他的生产王国的一个重要环节。[①]

在垄断市场上，制造商在逐渐树立起来的品牌中尝到了甜头。当然，市场垄断也是品牌的垄断，所以，制造商也必须以兑现谎言的方式来获得稳定而巨大的市场份额。品牌要靠质量来保障，从这个意义上讲，它也间接地规范了市场，它也使消费者在规范了的市场中获得了利益。

广告已经是生产的重要环节，所以，1920年11月2日，才成为广告史上值得纪念的一天。那天，美国威斯汀豪斯公司的电台用广播播报广告信息，从此，世界广告进入现代形态。从此，报纸、杂志、广播、电视四大媒体，好莱坞梦幻工厂制作的娱乐消费片，各种形态的户外广告：招牌、招贴、看板、灯箱、霓虹灯、车体、建筑体、充气模、明星表演、人体"行为"……每时每刻都向

---

① 罗伯逊. 美国神话 美国现实［M］. 贾秀东，等译. 北京：中国社会科学出版社，1990：227-228.

人们传递着广告信息。人们随时都处在广告信息的包围之中，社会就是一个巨大的广告信息网络，人们时刻都在接受广告信息的影响，广告在自觉不自觉地左右人们的购买行为、观念意识、生活方式，改变着社会的面貌，改变着世界的面貌。

第四章

04

被动之物

一、美人史

人类从来没有停止讲述关于"美丽"的神话。早在私有制和剩余价值出现的时候，随着社会产生贫富两极分化，社会被分成贵族和平民等不同的阶层，人们就不断用"美丽"来编造故事。

我们所熟悉的神话中，总是听到大量的故事是以"从前有一个美丽的公主"来开头，用"她和王子"或"她和国王""过着幸福的生活"来结束；或者以"从前有一个美丽的姑娘"，"后来和王子过着幸福的生活"的套路讲述。各种版本的神话一旦要渲染幸福，都会不约而同地把"美丽"当作女性幸福的基础。

向遥远的古代眺望，发现不论在东方还是西方，贵妇们都精于化妆打扮，以炫耀自己的美丽。"美丽"不仅仅是业余消遣，它更是取悦和得宠于自己丈夫的手段。女性白皙的肌肤如"凝脂"（中国），如"白雪"（西方）；贵妇们用化妆品对眉毛、眼睛、嘴唇、头发、脸庞进行富有成效的美饰；攀比奢侈的衣着首饰，"美丽"是特权阶层的一种资格。流传于世的著名美女都有特别的身份：海伦（Helen）——雅典王后；克莉奥佩特拉（Cleopatra）——埃及艳后——埃及女王；妹喜、妲己、赵飞燕、杨玉环——中国的王后王妃。这些历史中记载的女性，无论他们将以善还是恶的名声传世，在"成名"前，都曾经美艳惊人。据传，古希腊一个名叫阿斯帕西娅（Aspasia）的女人，她的美貌让著名的统帅伯里克利（Pericles）不再在意她曾经为妓的身份，全心全意专宠于她。

"美丽"是女性的。女性的美丽却是危险的。

市场炒作女性的"美丽"以前，女性经历了古代社会的"金钱上的和文化上的美，最终将代替理想的女性本质"[①] 阶段。在社会性别不平等的基础上，

---

① 里波韦兹基. 第三类女性：女性地位的不变性与可变性［M］. 田常晖，张峰，译. 长沙：湖南文艺出版社，2000：92.

曾经产生了奢侈悠闲阶级的美丽女性，同时，也经历了"美丽"即"邪恶的诡计"的历史。

在人类历史的记叙中，有一些引起世界灾难和战乱的"祸事"，而"祸事"的发生，又恰恰是由女性的容貌引发的。从潘多拉（Pandora）的美丽，到海伦、夏娃（Eve）、萨拉（Sara）、莎乐美（Salome）这些西方文化中的美女，同样，中国文化话语中则有像妹喜、妲己、玉环这样的美女都让国家民族尝够了"邪恶的诡计"。她们的美貌蒙蔽了君王的眼睛，美丽让"魔鬼之门"敞开，女人是祸水，是一种狡猾爱撒谎的动物，是一种隐藏在魅力下的潜在危险，是一种不吉祥的陷阱，是一些卖弄风骚的把戏，是专事乔装打扮的魔鬼……女性的美丽让人感到恐惧。美与撒旦、堕落成了同位语。这样，美丽被当作"万恶之源"的女性的"魔鬼的武器"。西方正统文化对美丽的这种敌意一直持续了整个中世纪。

文艺复兴对女性的美丽有了另一种言说的声音。

从埃斯拉姆（Eslam）、摩尔（Moore）、蒙田（Montaigne）到新柏拉图主义的费林（Ferrin），女性的美丽成为一种神秘的宗教。新柏拉图主义将柏拉图的哲学观与基督教的教义融为一体，得出了宇宙生命和人的生命被一个伟大的"精神循环"所统治的结论。上帝与世俗、世俗与上帝在"精神循环"中来来回回地往返，美是"穿越宇宙的神圣的行为或光辉"，美不再是单纯的可感知的表面现象，它成为一张具有神性光辉的面孔，是完美和睿智的表现。美增加了玄奥的成分，成了与上帝接近的一种方法，女性美的神话由此诞生。女性美在这个背景下登场，带着神圣的责任。在男性垄断下的文学与艺术中，女性的"美丽"不是世俗生活中的独立体，它有很特别的宗教用意。因而这时的美成了下述象征：人的善良、内心美好、道德完满等。"美，尤其是女性之美被称为上帝的恩赐、爱的源头、品质善良的保证，并能引起对上帝的思索。"① 由此而来的"美丽"出现在波提切利（Botticelli）的《春》《维纳斯的诞生》中，出现在拉斐尔（Raphael）的《草地上的圣母》和达·芬奇（Da Vinci）的《圣母子与圣安妮》中，女性的美丽被精神化了。当然，女性的魅力也成为哲学辩论的主

---

① 里波韦兹基. 第三类女性：女性地位的不变性与可变性［M］. 田常晖，张峰，译. 长沙：湖南文艺出版社，2000：102-103.

题，美丽的外貌标准在争论中从 12 条增加到 18 条，又上升到 33 条。16 世纪的法国诗歌因而也特别热衷于赞美女性的身体。甚至连女性也反馈着这种"时尚"，"每个女人的躯体难道不比画家手下的作品更美丽吗。" 16 世纪的玛格丽特·德·纳瓦尔（Marguerite de Navarre）借助她的文学形象来表述这个心声，"我爱我的身体，您问我为什么，因为它美丽而且使我赏心悦目。"绅士们也应和着："一个没有女人的宫廷就像一个缺少美丽花朵的花园。"绘画中重复着女人对镜自照顾影自怜的主题，女性是欲望的对象，是被自己和他人的目光作为"看"的对象，"她"被注视着，"她"按照艺术家的想法展示着"一个被动之物"的美。

启蒙时代到了后期，一方面，女性本质有了比较明确的定义；一方面是女性的自我定义——对自尊、个性、自信、自爱的确定。

不过直到 18 世纪，女性的美貌与魅力仍然经常与堕落、毁灭联系在一起。"容貌危险论"在民间流行着，甚至莎士比亚（Shakespeare）也在《皆大欢喜》中用他的人物说："美貌所招来的小偷远远比偷盗金子的人多。"

19 世纪，艺术中的女性在浪漫派颓废作家那里成了既美艳妩媚又邪恶冷酷的形象。梅里美（Mérimée）、福楼拜（Flaubert）、笛福（Defoe）、萨德侯爵（Marquis de Sade）、王尔德（Wilde）等作家笔下的卡门、爱玛、玛丽·斯图亚特、摩尔·弗兰德斯、鞠丽埃特、莎乐美，无一不是冷艳女郎。而画家莫罗（Moreau）、斯达克（Starke）、克里姆特（Klimt）画面上的女主角，无不目光深邃、表情冷漠、举止端庄，并带有疯狂的死亡气息，将美艳狠毒的形象推向了极致。

到了 20 世纪，女性形象被一分为二：一种纯洁如天使，并且娇美动人；另一种仍是美艳的女巫，象征着毁灭。在 20 世纪 40—50 年代，出现了布娃娃似的性感女郎，她们神采飞扬，具有青春动感，而且平易近人、率直纯真。最具代表性的是魅力四射的玛丽莲·梦露（Marilyn Monroe）。她的性感美同天真挚朴、明朗清纯融为一体，既风情万种，又不失敏感自尊，所以，她的柔情似水征服了全球影迷。从此女影星与超级名模用她们灿烂的笑容、华贵的服饰让人们去品味夺目的完美，既是与生俱来的容貌之美，又有事业成功的财富地位之名分。她们是现代、后现代时期女性高扬的一面旗帜。她们，用吉尔·里波韦兹基

（Jill Ribovetsky）的话说："不仅相貌不俗，而且心地善良，既能细心地照看自己的小孩，又积极参与慈善活动，并且还时常加入一些严肃话题的探讨之中。她们为大众提供了理想的生活典范，不再意味着毁灭与深渊，而是博大与高尚。"①

---

① 里波韦兹基. 第三类女性：女性地位的不变性与可变性 ［M］. 田常晖，张峰，译. 长沙：湖南文艺出版社，2000：160.

二、催眠曲

为了两眸晶莹，为了两颊绯红，

为了人老珠不黄，也为了合理的价钱，

每一个在行的女人都会——

购买埃斯克里普托制造的化妆品。①

19 世纪 50 年代广告制作中出现了女性头像；美国内战后，头像开始长出了身体；后来，满街都是马戏女郎的招贴画，广告用紧身衣掐出她们的体态和身材；再就是药品女郎，广告让束胸紧身衣的胸部开口一低再低。

1882 年，美国一份紧身胸衣的招贴广告开始用"文化"来争取女性，向她们宣扬维多利亚时代的女性美理想，招贴女郎以镶嵌花边的紧身胸衣突出了她沙漏式的"性感"体态，广告语敦促女人赶快与老处女的服饰着装告别，赶快去迷住男人。当时，宣传时装、香水、美容香皂、面霜和化妆品的广告，都把产品作为促成浪漫爱情的前奏曲。

19 世纪末，由女演员希尔塔·克拉克（Hilta Clarke）、大都市歌剧院的明星莉莲·诺迪卡（Lillian Nodica）领衔，几十位美艳惊人的"可口可乐女郎"直接进入了广告，商品用美人做形象代言人的好戏就此开场。活生生的模特，既宣传了产品，又带来了关于真实的时髦女性的信息。

1911 年，伍德勃利洗面皂的著名广告"你喜欢触摸的皮肤"，由汤普林公司的广告撰写人海琳兰斯丹·雷索（Helene Lansdowne Rizzo）创意，成为把基本情感的感染力补充到销售理由中的典范。广告词配上了一对讨人喜欢的夫妇

---

① 邓恩. 广告与商业 [M]. 崔岩崎，等译. 北京：中国工商出版社，1981：16.

的图像：年轻的"丈夫"捧着娇羞"妻子"的纤手亲吻。① 1962 年 6 月 10 日，《纽约时报》用一个整版来做广告，"献给毕生发挥潜力的女人！"是它的标题广告语。广告的配图上是一个珠光宝气，穿着晚礼服的美丽女郎和她的两个漂亮孩子。图片下面写着："营养化妆、皮肤保护的独一无二的极其完备的计划——目的在于把女人的美貌推到她们的最高峰。使用'极限牌'高档化妆系列是化妆品的极限。它空前绝后，无与伦比。"②

"美丽"出现了附属关系，进入到社会文化的范畴。1721 年，孟德斯鸠（Montesquieu）在他的《波斯人信札》中，从男性的角度曾经吟唱过这种美丽的附属关系：

> 你施最艳丽的脂粉，使容颜更为焕发；你以最珍贵的香露洒遍全身；你穿上最华丽的衣裳；你用舞姿的曼妙和歌喉的婉转，压倒后房佳丽；你用姿色、温柔与愉悦的心情，和她们作富有风韵的战斗——在那些时候，我不能设想，你除了讨我欢心之外，还有其他目的。并且，我看你粉颊飞红，低声下气；或美目顾盼，博我青睐；或甜言蜜语，渗我心肺——在那些时候，洛克莎娜，我如何能怀疑你的爱情！③

这里，女性美与男性的"我"，是有关系的，而且，是一种社会文化的表达。

广告中隐藏着意识形态，广告总是借用社会文化招徕生意。古代希腊人在商品叫卖中表达着对女人美色的贪恋，或者说，提醒女人对自己的美貌小心爱惜。而在工业化的现代，广告变换了一种方式来说"美丽"，因为它既要卖掉化妆品，又要卖掉不仅仅是化妆品的更多的商品。不过，有什么难得倒广告呢？现代广告找到了一种推销"丽人"的手段，就是让"生活方式"来言说女性生命的美丽，使她们相信"其实生活可以是更美的"，并将这种心理意愿膨胀成购物欲。1917 年，美国通用电气公司的一则广告就开始了这样的创意：

---

① 西沃卡. 肥皂剧、性和香烟：美国广告 200 年经典范例 [M]. 周向民，田力男，译. 北京：光明日报出版社，1999：156.

② 西沃卡. 肥皂剧、性和香烟：美国广告 200 年经典范例 [M]. 周向民，田力男，译. 北京：光明日报出版社，1999：170.

③ 孟德斯鸠. 波斯人信札 [M]. 陆元昶，译. 上海：译林出版社，2014：44.

自从电走进家庭以来，单调乏味的工作就逃得无影无踪了。厨房的四面墙壁已不再能把美国家庭妇女孤独地限制在里面……现代仆人——电，洗碟子、洗衣服、彻底打扫房间、绞肉、驱动冰激凌冷冻机、转动缝纫机、在夏季使房间更凉爽。它煮咖啡，在餐桌上烤面包，在洁净舒适的厨房里用"电线"做饭，还使让人倍感辛苦的熨衣服的日子如释重负。①

同年，西部电业公司的广告告诉男人们：

您的妻子、您的家庭经理有权利像企业经理、办公室主任、商店经理和工厂厂长一样配备上节省劳力的设备。

为您配上一个有效率的家庭吧。您已经习惯了每一种在您的工作中节省劳力的现代化设施。您的妻子也需要现代化的设备。这将降低家务劳动的费用，就好像可以削减业务费用一样。这也会免除单调乏味的工作和家里让人厌烦的家务，就好像它在业务工作中所起的作用一样。②

作为准广告，美国指导妇女时尚的杂志也为女性专门设计了如何让生活更美好的方式：

她……坐在柔软的沙发上，透过花纹窗户凝视大街。甚至都要这个时候了（几乎是早上九点钟），她才顾得上涂脂、抹粉、涂唇膏，穿又新鲜又洁白的棉质衣服。早上八点半，她最小的孩子上学去了，这时她已把整个房子收拾得干净整齐，她穿上衣服迎接新的一天。她自由自在，或玩玩桥牌，到俱乐部参加会议，或留在家里看书，听听贝多芬音乐，或干脆东游西逛。

有时，在下午一点半打桥牌以前，她洗洗头发，把它们弄干。如果决定上午在她家打桥牌，那可是她最忙的时候，因为要准备桌子、桥牌、记分用的东西，还要准备新鲜咖啡和午饭。在冬天，她每星期有四天从上午九点半玩到下午三点……詹尼斯很留心在儿子们下午四点放学前回家。

"我爱我的家。"她说，"我时常觉得我太感动了，太满足了。""我觉得睡在床上真像伊丽莎白女王，"她说，"我有漂亮的丈夫，有富于竞争的

---

① 西沃卡. 肥皂剧、性和香烟：美国广告200年经典范例［M］. 周向民，田力男，译. 北京：光明日报出版社，1999：180.
② 弗里丹. 女性的困惑［M］. 陶铁柱，译. 哈尔滨：黑龙江教育出版社，1988：54-55.

漂亮孩子，有宽敞舒适的房子，我是多么感激上帝的保佑……我健康，信仰上帝，还有两部汽车、两台电视机和两个壁炉，我是多么快活。"[1]

上述广告和准广告首先推销的是文化，一种关于"家"的观念。在这个"家"中，女人无疑是"主内"的，当男人走出"家"门，在事业中"主外"的时候，女人则应该成为"家庭天使"。这种关于"家"的理论主张其实并不新颖，在19世纪，欧美家庭就把它当成了标准模式。按那时的社会背景，家庭妇女象征着美德，她身兼妻子、母亲、家庭主妇三项职责，她是家庭和孩子们的幸福保障。在妻子和丈夫之间，有一根"职责分明"的界线：男人外出工作，女人营造着"甜蜜的小家"。内战以后，美国妇女重新被赶回家中，在强大的文化压力下回了家。文化还说服她们，要她们布置好温暖的小窝，教育好自己的子女，让丈夫和家人感受到爱、柔情、安逸和温馨。这样的标准模式不但是资产阶级的家庭样板，也是全社会各阶层的家庭样板。两次世界大战之间和"二战"以后，大众传媒通过通俗文学、报纸杂志、电影电视以及官方言论，已经为广告宣传做了相当的铺垫。当美国经济需要女性作为购物的象征物时，"家庭妇女"就被灌注了新的内涵，她被赋予了一种"优越"，由消费方式改变而带动的生活品位的提高。于是这种新的"在家"状态变成了一种生活处境的优渥，是可以炫耀于世的。

那些广告商仔细地区分和利用了妇女"在家"可能产生的种种心理。他们说：买东西是复杂关系的最高表现。要把买东西和女人的渴望结合在一起。注意到了女性总是想当一个更有魅力的女人、更好的主妇、地位更高的母亲以后，就要在"所有的商品宣传和广告中""利用这种动机"，要不失时机地"宣传你的商店会怎样帮助她实现在她的生活中最珍贵的诸种角色"[2]。

广告商在进行社会调查时发现，大多数妇女到百货商店，不仅基于物质上的需要，而且基于心理上的强制。她们的生活比较孤独，经历的事件和体验有限。她们明白，她们的视野之外有一个更为广阔的生活领域，她们担心生活会把自己忽略过去。于是，商人们就千方百计地在她们的孤独上做文章，想方设法让百货商店来消除女性的这种孤独。要让走进百货商店的女人觉得，自己的

　① 弗里丹. 女性的困惑 [M]. 陶铁柱，译. 哈尔滨：黑龙江教育出版社，1988：55.

　② 弗里丹. 女性的困惑 [M]. 陶铁柱，译. 哈尔滨：黑龙江教育出版社，1988：217-218.

确是在认购商品时了解了世界上正在发生的事。商人们把百货商场、报纸杂志、电视等大众传播媒介当作大多数妇女获得各方面生活信息的主要源泉，他们要让百货公司成为妇女受教育的地方，并且让她们形成现代女性总是在"商品成交"中感受成就感。要用"我作为主妇正在做称心如意的工作，我和丈夫对家庭幸福同样有贡献，虽然他在家外工作，给家带回支付支票。"《妇女家庭杂志》（*Ladies Home Journey*）发表了赞美"职业主妇"标准的文章，用这样的心理提示为她们催眠。文章让女性感到，职业成为问题，它将干扰女性成为好主妇；政治兴趣和女人的智力、个性是不协调的。如果女人做了洗碟子、熨衣物、照顾孩子后，还有一些模糊的、莫名其妙的愿望，那么就去把头发染成金色的，或者再生一个孩子。杂志让它设计的女人因此而快乐得大叫："我多么幸运啊！我多么幸运！我非常高兴当一个女人！"

"美丽"在20世纪被用来"催眠"女性，又被开发成市场中利润丰厚的产品。"美丽"终于被打造成市场上一热再热，带动大众消费的消费激情，这样，它不仅为市场赢得了利润，而且保证了美国工业化进程的顺利进行。

三、女性本质

　　"多年来，众多的美国妻子经受着一种不可名状的、令人痛苦的折磨。为什么会产生这种现象？为什么她觉得孤独？"①

　　思考上述问题的时候，贝蒂·弗里丹（Betty Friedan）发现，就在美国媒体大肆宣扬所谓"女性本质"的时候，在这种"文化"行为的背后，是一个与国家工业化经济政策相吻合的"商业阴谋"。她看到，美国那时妇女杂志的文章都是采用此类标题："女性气质产生在家里""这也许是男人的世界""趁年轻时要孩子""你在训练女儿当妻子吗""家庭职业""女人有必要说那么多的话吗""美国军人为什么更喜欢德国姑娘""政治其实是男人的领域""我认为烹调美如诗""怎样维持幸福婚姻""别害怕早婚""我们的孩子是在家里生的""美国妇女怎么了""让我们别再责备姆妈""妇女的位置不是在家中吗""女人不是男人""女人能向夏娃母亲学些什么""真正男人的世界，政治学""在《名人大词典》中的妇女有近一半是单身"。② 这些文章变换着角度谈论"在家"主妇的"知足"感，谈论无论什么样的理想，哪怕是想当女作家、女编辑、女律师和女政治家，这些理想都会破坏一种快乐——高雅、复杂的家务劳作的快乐，具有布尔乔亚特色、具有安全感的快乐。

　　《麦考尔》（McCall's）杂志在 1949 年 1 月号中有一篇《宝贝，别哭泣》。文中，迷失的女儿读着一封母亲的来信："你应该回家来，女儿。像那样独自生活，你是不会快乐的。"同年 3 月号的《妇女家庭杂志》中的《欢声雷动》则由女儿来怜悯母亲。因为她的母亲还在继续梦想成为演员，而她，已经在母亲的前车之鉴前却步，与危险告别，就要结婚了。还有一篇小说，《与爸爸共度的

---

　　①　弗里丹. 女性的困惑［M］. 陶铁柱，译. 哈尔滨：黑龙江教育出版社，1988：23.

　　②　弗里丹. 女性的困惑［M］. 陶铁柱，译. 哈尔滨：黑龙江教育出版社，1988：32.

一个周末》，它用一个小姑娘的感觉来评价她已经离异的双亲。她被判给有头脑、无所不知，身为心理学家的母亲，却在母亲身边过着孤独的生活。当她去父亲的家，与父亲的新妻共度周末的时候，她感受到了幸福。父亲的新妻是位家庭妇女，健康而快乐，还是手艺相当不错的厨师和花匠。那里食品精美、讲究、花样多变，日子在节日氛围的欢声笑语中愉快地过去。当她回到母亲身边后，再看到一个劲地在打字机前工作的母亲时，从心底对母亲不能认同，并深深地怜悯她。于是，她悄悄地在内心深处憧憬，"有朝一日，她将可以逃到乡下的梦中之家"，找到"生活的全部"。

这些都是美国主流意识形态通过传媒进行的关于女性本质的文化阐释。

女性本质这个概念，是相对男性而言的。如果说男性拥有的是权力和理性，属于女性的则只有脆弱的心灵和美丽的身体。两性早已被古老的传统理解为具有不同品质和特性的"生物"。社会为女性定义的本质强调了性别自身的功能和由这个功能引起的社会化的角色分工。它凸显的是差异，这种差异告诉女人，女性因其特殊的生理特征决定了她最自然的本质就该是母亲、妻子、主妇。在女性本质的概念中，特定的角色意识要她们把温柔、善良、富于牺牲精神作为天性来展现；与生俱来的生理特点又决定了她们应该容貌美丽、妩媚、端庄、优雅，同时又难免是脆弱的、神经质的、不善理性逻辑和不堪一击的。虽然世上流传着对她们的种种赞誉，"她们是上帝绝妙的宠物，是男人生存的目标""她们是伟大的母亲，男性的未来""是对男人们的最高赏赐"，但是这些美誉之词，都是由她必然从属于男性的角度出发。社会舆论要求女人把顺应女性本质作为最高价值和唯一义务，许多言论甚至带着恐吓和哄骗：女性接受关于她的本质说，承认世界的二分法，就能免去由嫉妒男人而产生的错误和烦恼；女人没有必要去与男人竞争，她应该安心地在服从男性以及养儿育女的母爱中实现自己的本性。在舆论中，母亲被当作"一种宗教，一首衬托男性、教育儿童、使家庭幸福的鲜活的诗"[1]。

"二战"后，美国的社会生活渐趋稳定富足，大量的商品涌入市场，像吸尘器、洗衣机、煤气灶、电冰箱、电烤炉、冷冻机、烘干机、洗盘机、启罐器、食物搅拌器以及榨汁器等生活产品被发明生产出来，而此时，家庭妇女成了新

---

[1] 弗里丹. 女性的困惑 [M]. 陶铁柱，译. 哈尔滨：黑龙江教育出版社，1988：31.

产品企盼的最大的市场能量。消费的蛊惑、诱人的商品承诺以及化妆品的巨大魔力，都在企图将主妇打算储蓄的剩余资金从银行中强夺过来。市场要让每个人都忙于消费，许多商人担忧这轰轰烈烈的消费高潮是否会退潮，国家也十分惧怕出现新的经济萧条，只有狂热的商品消费的势头才是经济高涨的保障，这是国家和商家所共同渴求的。

这时，媒体对女性应该成为什么样的形象和应该具有什么样的理想进行了前所未有的设计。妇女杂志、广告、电视、电影和小说共同塑造了美国妇女的新形象。这个形象不但决定了当代妇女的生活，而且"策划"和"启动"了她们的未来和梦想。

20 世纪 60 年代初，美国《麦考尔》是妇女杂志中发展最为迅速的一家。它代表了那些拥有发行量的杂志塑造的美国妇女形象。它开辟了"医药新发展""育儿""锅碗瓢勺"等以食物、时装、化妆品、家具和年轻的女子的身体为内容的专栏。在这个漂亮的大型杂志里，女人的形象是年轻的、近乎天真的，是软绵绵的、女性味儿十足的、被动的，是非常愿意在卧室的。女人在这里可以树立的唯一目标就是追求男人。在杂志里，根本没有女人的思想观念和精神追求，更没有女性独立意志的立足之地。当时，在各类震惊人类的世界大事件的背景下，这家杂志的策划人却将五百多万受过教育的女性读者与世界大事完全隔开。杂志社的男性编辑是这样说的：

> 我们的读者是纯粹的家庭主妇。她们对当前社会广泛争论的问题不感兴趣，对国内外的大事也不感兴趣，只关心自己的家庭。她们不问政治，除非关系到家里的直接需要，如咖啡价格等。那么我们需要写什么样的文章呢？幽默的吗？这必须温和，她们读不懂讽刺文章。谈教育吗？这倒是个问题。她们的教育水平正在提高。她们一般都受过中等教育，许多人还上过大学。她们对自己孩子的教育非常关心，不过这只局限于初级教育阶段。你们为妇女写的东西，丝毫不能涉及观念或目前广泛争论的问题。这就是为什么目前我们出版的内容百分之九十是服务性的，百分之十是一般趣味性的。①

---

① 弗里丹. 女性白皮书 [M]. 邵文实，王爱松，译. 哈尔滨：北方文艺出版社，2000：41.

当时的四家主要杂志（《妇女家庭杂志》《麦考尔》《家政》《妇女家庭良伴》）中的女主人公多数是职业妇女。她们幸福、自豪，有冒险精神，很吸引人，既爱男人也被男人所爱。她们在护士、教师、艺术家、秘书、打字员和售货员等工作中表现的强烈个性是她们魅力的一部分。在妇女杂志中，始终受读者欢迎的"职业妇女"是女演员。但是女性形象在这些杂志中经历了引人注目的变化：从脾气暴躁、内心丰富的复杂性人物和精神与性的神秘混合物变成了性客体——有孩子般面孔的新娘或主妇。在那些虚构的故事中，形象开始分化：老的、生机勃勃的职业女性的形象，基本上是女作者和女性编辑塑造的；新的、当主妇的女人形象，基本上是男作者和男编辑塑造的。最终妇女杂志所热衷的内容还是落到了向女人们推销广告商所关心的日用品——家用器具、洗净剂和唇膏、香水等化妆品。广告更是理所当然地借助强调传统的家庭观念，来重新塑造战后美国社会所推崇的女性形象——理想中的妻子和母亲。广告一遍又一遍地重复：妇女应当满足于传统的家庭生活，成为合格的母亲与妻子。广告喋喋不休地表示男人渴望看到的女性形象：当丈夫在社会上服务，在办公室发号施令，在挣钱养家时，女性应该是为他守护家园的园丁，为他提供舒适的家庭服务，并带好他们的孩子。广告把女性劝解回家后，就能用形形色色的商品来填满她们的时间了，这样一来，市场商品流通的渠道就畅通了。广告商设计了一些美好的生活"样板"：那些令女性羡慕并愿意追随的形象——那些优雅、光彩夺目的广告女郎，她们衣着入时，作为"小妇人"，她们尽职尽责地投身于家庭，相夫教子，她们还兴致勃勃地擦地板、戴着手套按动家庭新设备的电动按钮，或者用新的灶具器皿在厨房里煎炸食品。

作为研究女性问题的专家，贝蒂·弗里丹统计了20世纪四五十年代出现在各类杂志和电视广告里的女性公众形象，她发现大众传媒中的女人均是为销售洗衣机、除臭剂、去垢剂、美容霜和染发剂而设计的。许多大公司不惜倾资数百万美元在电视上推出这种广告。不过，弗里丹说，这种形象的出现有力地说明了一个事实，即：美国妇女不再知道她们是谁。她们迫切需要新的形象，并找到自己的身份。广告界引进了动机心理学来研究妇女受众群体，借助美国妇女对她们将会是谁如此缺乏自信，推出"新形象"，用"她"去解决她们生活中的每一个细节问题。① 这样，一切又回到了推销产品的路子上。像这份 20 世纪 50 年代中期关于调制品的消费指导，它赤裸裸地写道：

必须全力推销调制品，使之成为女人努力发挥创造力的基础。

吸引女人必须强调的事实是，调制品帮助女人表现了创造力，减轻了繁杂的劳动。同时还必须强调，烹调技术的熟练掌握及其引起的乐趣，会让你觉得用调制品烤出的面包是最好的面包。

通过使用调制品，女人不仅能够在自己烤面包方面，而且在和家里一起度过更多的时间方面，证实自己是妻子和母亲。当然也必须让她明白，家里烤的面包比面包店烤得更可口。

或许这样做是可能的：用广告向妇女建议，如果不利用调制品的十二种用途，你就不会尽最大努力给家庭带来愉快。她对自己没有不失时机地让家里人享受吃十二种不同美味的乐趣感到有罪。千万别浪费你的技能；千万别束缚自己。②

1920 年，利比食品广告率先为他们的产品找到了卖点，那就是让广告表达对家庭主妇幸福和健康的关爱。在对她们的生活做了研究后，为赢得好感，广告故意矫情地重新评价主妇们的家务活动，承认她们每天的工作又困难又让人厌烦，并允诺新产品将改变这种状况。在那则"从来就没走出过家门的女人"为标题的广告中，广告人这样用心别致地说道：

她从厨房的窗子向外望去，意识到世界上还有更多她没见过的事物，这时会发生什么事情？……这让人心痛，她看清了自己，别人也把她看得很清楚，这突然间的一闪念真令她心痛。一个苦力，那就是她充当的角色。她只不过是这支妇女大军中的一员，这个世界欢快地与她们擦身而过，渐渐地她们苍老、憔悴，失去了往日的姿色。直到最后有天早晨她们醒来，认识到她们玩乐的时光已经永远地遁去，她不仅让家务劳动榨取了她的年华，也让它剥夺了自己的乐趣，更是让它耗干了青春活力。③

---

① 弗里丹. 女性的困惑 [M]. 陶铁柱，译. 哈尔滨：黑龙江教育出版社，1988：63-64.
② 弗里丹. 女性的困惑 [M]. 陶铁柱，译. 哈尔滨：黑龙江教育出版社，1988：201-203.
③ 西沃卡. 肥皂剧、性和香烟：美国广告 200 年经典范例 [M]. 周向民，田力男，译. 北京：光明日报出版社，1999：233.

最后，广告告诉家庭主妇，讨厌的家务劳动是完全可以免除的，只要去买一些罐头肉类的食品，这样她们就可以节约出时间去参加各种各样的娱乐活动，让自己的生活变得丰富多彩。由此引发了许多家电产品如电冰箱、吸尘器、电烤箱、自动洗盘机的广告，当然，它们仍然瞄准女性，让她成为诉求的直接对象：

这很容易，现在你冰箱里的冰块将被弗利吉代尔"制冷线圈"取代，这东西比冰还冷，而且永远不会融化。你立刻就会享受到电动制冷的全部便利。弗利吉代尔长久地保持干冷，在任何气候下保持食品新鲜、卫生，为你的餐桌制备精致的方冰和精美甜冰点，省去外购冰块可能引起的令人不愉快的麻烦，为操持家务增加极大的便利。而且弗利吉代尔价钱不高，在很多地方它的运转费用比冰还要便宜。

一种令人惊讶的制作烤面包片的新方法……你把面包片放到烤箱里去以后，根本不用盯着它，也不用翻转它，根本不会有烤焦的危险，而且每片面包都烤得恰到好处……你要做的所有事情就是：（1）把一片面包放到烤箱的槽沟里；（2）把两个控制杆按下去就自动接通电源，并设置好定时装置；（3）噗，烤好的面包片自动弹起，电流自动切断。

早餐的盘子……午餐的盘子……晚餐的盘子。盘子……盘子……盘子！它们在水池中堆积成山……它们"吞食"了您所有的夜晚……它们毁了您的玉手……那么，现在，就摆脱"洗盘子"所带来的忙乱与痛苦吧。为自己买一台新的索牌自动洗盘机吧。如果我们战后的生活真有奇迹，这就是其中之一！

清洗衣物的日子走了又来了，她不屈不挠地用她的"工作间"里仅有的"工具"奋斗着。而这些工具又很不合用，费时耗力。她挥舞着笤帚一英尺一英尺地扫过灰尘满满、肮脏分分的地毯，她的胳膊越来越不听她的指挥，她的腰像是要折断似的……胡佛会替她省力，胡佛会加速她的工作。

被困住了！假如没有一部价钱不贵又属于自己的车，那就是许多妇女的命运。买部二手新型车不一定就是辆新车。许多用过的车还没跑多少路，还有几千英里的里程在车里存着。狂欢作乐，嬉笑打闹，驾车奔跑，这样的一天就那么过去，面庞被阳光晒得变成棕色的妙龄女郎。①

广告词为销售时装、裘皮、首饰、香水、旅游胜地和烈性酒埋下了伏笔。可以想见，这个时代所谓获得解放的妇女，在商人眼里，只不过是市场上消费生活中的时髦、优雅物品、风流浪漫、奇遇冒险的买主。

商品销售必须求助于这种热望。所以，要告诉"她"——女人，她的生活将有更多的趣味和更多的享受；她即将感受的新体验也是她力所能及的事，她有权这样做。甚至可以更明白地告诉她，她需要上"生活课"。

显而易见，广告商就是通过求助于女性自己对生活的需要，来争取诉求对象的。譬如让她产生"打扫房子将是件很有趣的事"的感觉，就可以进行清洁用具的推销。他们为她设计了"生活"，让她觉得在选择产品上，她技术熟练，专业能力强，以此刺激她产生某种优越感，最终让她在产品中产生幻觉：她发挥了自己的能力，在主妇的"职业"中完成了"自我价值的体现"。通过借用她的"成就感"，使她购买更多的商品。各种广告"强调她在家里的中心作用""她正在成为专家而不是无聊、烦恼的'女仆'""家务劳动变成需要知识和技能的工作，而不是只靠拼体力和不间断的愚蠢努力就能完成的工作"，让更多的女人成为"盼望得到新产品的主妇"。推销产品者详细地对他们的想法进行了阐述：在劳动普遍获得解放的时代，主妇可用这种专业化保护自己在家里不致沦落到普通清洁工和低贱仆人的地步。

那时，广告运用市场调查等手段，刻意完成了两项功能：（1）帮助主妇获得地位；（2）使她以为，在探索新的、更好的工作方式时，她已经超过家庭的活动范围，迈进了现代科学世界。因此，各种家用器具和家用产品的广告，就是在致力于调动现代主妇以一种积极进取的精神努力发现这些家用产品，让她们以专家的眼光认为这些产品确实符合自己的需要。

要让家庭的"清洁工"——主妇感到，使用一些"专门"的产品等于提升了自己的地位。也就是说，如果她用第一种产品洗衣服，第二种产品洗碟子，第三种产品打扫墙壁，第四种产品拖地板，第五种产品清扫百叶窗帘，她不是万能的清洁工，不是干粗活的人，而是工程师、专家。

---

① 西沃卡. 肥皂剧、性和香烟：美国广告 200 年经典范例［M］. 周向民，田力男，译. 北京：光明日报出版社，1999：234-238.

大众传媒联手对家庭主妇的角色进行了美化。1949 年，《妇女家庭杂志》刊载的关于《职业：家庭主妇》的许多文章连篇累牍地吹捧如此的"专业主妇"。譬如，当一位妇女在人口调查表上不得不填上"家庭主妇"的时候，她产生了自卑感。于是与她对话的权威女性便哂笑她你的毛病是你根本没有意识到你同时是十几个行业的专家。她启发那位妇女：你可以填上企业经理、厨师、护士、司机、服装师、室内装潢师、会计、宴席承办人、教师、私人秘书，或者干脆填上慈善家……为了爱，你毕生都在奉献你的精力、你的技艺、你的才智、你的服务。当那位妇女抱怨说：我都快 50 岁了，可我从未干过我年轻时梦想的事——音乐，我浪费了我的大学教育。这时，权威女性大笑起来，说：不是正因为有了你，你的孩子才有那样的音乐天赋？在你丈夫完成其皇皇巨著的那段拮据岁月里，难道你未曾以一年三千美元的收入维持一个美满的家庭？……你是我所知道的最有成就的妇女之一。

然而，事实是美国妇女彻底"回家"后，却失去了归属感。为女性的这种丧失写出《女性白皮书》的贝蒂·弗里丹，收到了许多失落女性的来信，她们为岁月无情地在购物、繁杂的家务、美容店、时尚的交际，以及妻子、母亲、主妇的角色中流过而惆怅、焦虑、烦恼。很多女性在大学毕业后就一直待在"家"里，在倾尽心力为家庭，在按社会性别规定的义务做好"主妇"的时候，并没有获得任何成就感。太多的女人诉说了她们的苦恼，比如像这位女士谈到的糟糕的现实：

> 在我父亲死后，我的母亲完全放弃了作为一个个人的身份，然后将自己"无私地"奉献给了我们。她害怕走在街上。孩子们上街购物，因为"你们是那么聪明"，她常这么说。她自己则待在家里，缝补我们的衣服……离开我们，她永远不会是也不愿意是一个完整的人。在 57 岁时，我的母亲期望从她养大的孩子身上获取丰厚的报偿。可我相信，还没等到我成为一个饱受折磨、目光短浅的"女性奥秘（女性本质）论者"之前，我一定早已变成了瘫子、聋子、哑子和瞎子。①

---

① 弗里丹. 女性白皮书［M］. 邵文实，王爱松，译. 哈尔滨：北方文艺出版社，2000：29.

很多女性谈及，在经历艰难的抗争后重新进到学校、办公室、实验室等地方，在同时拥有家庭和社会角色后，虽然比以前更辛苦、更操劳，但是她们更感充实和快乐，仿佛恢复了青春。

四、经济阴谋

贝蒂·弗里丹发现：在美国，真正的事业是做生意。女人是美国生意的主要顾客。所以，主妇身份不朽。如果主妇市场开始衰退，经济就会失去继续发展的动力。

弗里丹认识的一位男士，就通过操纵美国妇女的情绪来为生意服务，由此他每年收入近百万美元。他告诉她，通过适当操纵，就能让美国主妇以为，通过买东西，她可以得到自己所缺少的身份、目的、创造力、自我实现乃至快乐方面的种种意识。在一页页的材料中，在那些所谓的深刻的研究中，弗里丹看到，当研究者们敏锐地感受到多数美国主妇身处空虚、无目的、缺少创造性、缺少性快乐的生活状态时，他们流露出了欣然。她发现，他们的研究结果：美国75%的购买力掌握在妇女手里。而女性又必将为此付出代价，美国妇女正在接受一种可怕的礼物：成为市场力量的牺牲品。①

弗里丹看到了一份完整的针对女性的市场调查。那是1945年，妇女杂志的出版者提供的关于妇女对家用电器的态度的调查。当时有一些公司，它们必须用推销消费品来代替签订军事合同，为了制定商务计划它们进行了这次市场调查。调查是在4500名受过中学或大学教育的中产阶级的主妇中进行的。通过调查，美国妇女被分成了三个类型："真正主妇型""职业妇女型"和"平衡主妇型"。

"真正主妇型"占了妇女人数的51%。调查者从心理学角度发现：持家是这种女人的主要兴趣。为家人保持舒适良好的家庭环境，是她最大的自豪和满足。她有意识或下意识地认为，她是个不可缺少的人，没有人能取代她的工作。她

---

① 弗里丹. 女性的困惑［M］.陶铁柱，译. 哈尔滨：黑龙江教育出版社，1988：197-198.

对家外地位的欲望，即便有也少得可怜，而且是由于环境或贫困引起的。她们是家用器具的最大市场，因为家务劳动证明了她的全部生存价值。

"职业妇女型"的人数较少，而且从产品推销者的立场来看，她们是些"不健康的"女人。报告警告广告商：阻止这类女人的数量增加，才能保证利益。报告还说，职业妇女不是理想的顾客，她们太挑剔了。

"平衡主妇型"是市场最理想的女人。调查报告清楚地写道：她们非常愿意接受机械化家用器具给予的帮助，因此，这种类型的女人才是未来发展潜力最大的市场的代表，让越来越多的女人变成"平衡主妇型"，将会给家用器具制造商带来利益。所以，要通过广告教育她们在没有变成职业妇女的条件下，鼓励她们当现代主妇，要对女性的社会兴趣和智力保持警惕，让她们把良好的持家艺术当作一个正常女人所追求的目标。

为了证实推销产品的这些理念，市场调查还对 250 名主妇进行了深度测验。在对四种清扫房间的除尘工具——手工的、电动的、自动的、半自动的测试中，市场调查的目的并不是为制造出最适宜于主妇的产品，而是让她们把各种产品都买回去，并在每一种产品中找到与她们在某个时刻的心理相宜的切合点，以此来完成推销。也就是说，并不鼓励主妇使用那种最合宜、最简单、最便宜的房屋扫除机器，而是让她们把各种类型的清洁工具都买回去。消费指导为市场立下了汗马功劳。因为那些代替人们干家务的新产品早就塞满了市场。所以消费指导对生意人或广告商来说事关重大。要做到既赋予美国妇女"成就感"，又让她们把家务劳动当成自己生活的主要目标，这就需要广告不断施展新的发明才能，以便在不知不觉中消解她们所受过的教育，消解她们的独立意识，消灭她们的个性空间，最终将她们成功地拉回家庭。让她们希望也能吃上自己做的蛋糕，希望节省时间、过更舒适的生活，窗明屋净，进行机械化管理，同时让她们在良好的家庭环境中形成成就感和自豪感。

在一份关于主妇做家务的市场调查答卷上，主妇这样表白：

> 我根本不喜欢做家务劳动。我是个很不称职的主妇。但有时受到激励，我也确实会把事做好……当我使用一种新的清洁材料时，如使用首次出产的玻璃上光蜡或硅制家具磨光剂时，就觉得真够刺激的，就会把家里所有的东西擦得明亮。我喜欢看到干净明亮的东西。如果我看见浴室清洁无比，

心情就格外舒畅。①

商人马上敏锐地从主妇的表白中发现了可以利用的东西：

> 她觉得家庭给她提供了安全。这种感觉几乎是宗教的。要使你的产品同她从这种感觉中得到的身心报偿一致起来。你的谈话要涉及她的"轻松愉快的宁静感"，"深深存在的成就感"，但要记住，她的心境也并不总是"愉快的"。她也有疲倦和有点呆板的时候。表面上的高兴不过是一种修饰和油彩，不可能反映她的真实心情。她对词句质朴、热情真挚的广告能做出非常有利的反应。②

后来，当社会上出现女性结婚年龄降至 20 岁以下的消息时，商人们兴奋起来，马上开始利用她们的不成熟。有一份市场报告这样写道：

> 49% 的新娘是十几岁的少女，十八岁结婚的女孩子比其他年龄结婚的要多。这样过早成立的家庭，造就了大量马上要在购买中承担责任和做出决定的年轻人。

> 但是，下面这个极为重要的事实具有心理学性质：今天的婚姻不仅是罗曼蒂克式爱慕的最高峰，当事人比过去更自觉，头脑更清晰。

> 在和一大批年轻夫妇和想当新娘的人交谈时，我们发现，他们谈话内容和梦想所围绕的中心，在很大程度上是他们未来的家庭和要购置的家具，是到商店买"一样理想的东西"，是讨论各种家用产品的优缺点……现代新娘深信婚姻具有独一无二的价值，深信只有在婚姻中才能找到真正的幸福，而且，深信只有在婚姻中并通过婚姻，才能实现个人命运。

> 但是，今天的订婚期只在有限意义上才是浪漫的、充满梦幻的、如痴如狂的。确切地说，订婚期有在物质上预演婚姻义务和责任的趋向。在等待婚礼时，男女双方加倍努力工作，为购置一定物品存钱，甚至根据分期付款的计划开始购置东西。

> 一方面是关于婚姻生活的重要性和美的近乎宗教的信念，另一方面是以家用电器产品为中心的展望。两个方面的新结合具有怎样的深刻意义？③

---

① 弗里丹 . 女性的困惑 [M]. 陶铁柱，译 . 哈尔滨：黑龙江教育出版社，1988：210.
② 弗里丹 . 女性的困惑 [M]. 陶铁柱，译 . 哈尔滨：黑龙江教育出版社，1988：210.
③ 弗里丹 . 女性的困惑 [M]. 陶铁柱，译 . 哈尔滨：黑龙江教育出版社，1988：211-212.

广告为此推出了"买东西获得幸福"的理念。对她们灌输"买东西不是富人和成人的特权",并告诉她们,买东西可以用各种借贷的形式,那是"正确的方式",是"别人进行享受的方式"。推销商甚至调动她对自己会"落后"的担心,以此把她引向购置家用产品。通过女性化的推销,比以往任何时候都更有效地把女孩子训练成日用品的消费者。美国那时的消费广告,全部预算中有75%是为吸引妇女花费。例如,纯银器具很难卖得动,推销商就向生产这种产品的制造商提出了这样的建议:

> 要不断向她保证,只凭使用纯银器具这一点,她就能信心十足地扮演新角色……它是她成功地成为现代妇女的象征。最重要的是,要使洗银餐具带来的乐趣和自豪感戏剧化。①

为了加快市场流通,指导消费还想出了"个性化消费"的新招,其实是为重复购买找到了理由,也就是,"选择不同,效果当然不同":

> 除了全家公用的汽车以外,还有一辆丈夫和妻子分别使用的汽车。一个人单独坐在汽车里,她可能得到自己非常需要的喘息时间,而且她可能把汽车当成自己的城堡,或当成征服自己的那种隐退的工具,或当成"个人的""只供自己使用的"牙膏、肥皂和洗发剂之类。②

推销者们认为,首先要生产更多的产品让消费指导变得更复杂,变得确实为"想当专家的"主妇所必需。如像洗衣物,并非只是简单地将衣物放置于洗衣机中,而是分门别类,而且还要分别放入根据不同质地的织品性能设计的清洁剂,这样就能让主妇感受到懂得在不同情况下该使用哪一种产品而产生的优越感。产品推销者就是要给主妇创造体验。

用指导消费者的观点,就是要吸引"在追求时髦时没有主见的女人","盲目追求时髦的女人"。他们反复地分析,精辟地推论出了美国主妇的需要,从女性的内心挫折,将其引入到消费,他们发现,如果女性的需要受到适当的引导,她就会因此买更多的"东西"。所以,他们告诉企业,是她们在为市场做贡献,因为如此的推销不仅将东西"卖给"了主妇,而且也"教育"了她们。他们分

---

① 弗里丹. 女性的困惑 [M]. 陶铁柱,译. 哈尔滨:黑龙江教育出版社,1988:213.
② 弗里丹. 女性的困惑 [M]. 陶铁柱,译. 哈尔滨:黑龙江教育出版社,1988:219.

析道：

推销商就是要不断找到调动市场反应的兴奋点，把潜在消费变成目标消费，扩大目标消费的群体体积，开拓更大的市场。在 20 世纪 50 年代，商人们紧紧盯着社会上的风吹草动，意欲在所有的变化中都能找到新的市场、新的卖点。

如果说，商业是女人的学校，那么，广告就是她们的教科书。她们对这些广告无限渴望：它们让她们产生一种幻觉，使她们以为自己在接触新的事情，在接触她们借以表现无限活力的东西。①

而且，广告对美国主妇大肆美化的技巧也越来越娴熟——因为广告商很清楚，这种主妇在角色中缺乏一种身份，由于这种缺乏使她非常热衷于购买推销给她的任何东西。于是，他们用这样的广告方式来煽情：

她是谁？她被弄得十分激动，犹如即将上学的六岁孩子一般。她考虑着在火车上……一千零一个细节。她也许是你，因为你很忙，需要穿一种特殊的衣服，因为你要报答生活。

你是这样的女人吗？你把你缺少的乐趣和优点送给孩子了吗？你给他们提供活动场所、帮助他们做事了吗？你是否在扮演人们期望你在教堂和社区事务中扮演的角色？你是否在开发自己的天赋，让自己变得更令人感兴趣？你渴望成为一个有一辆完全属于自己的普利茅斯牌轿车的女人，你能够变成这样的女人。如果你等候在属于你的而不是属于任何别人的美丽的普利茅斯牌轿车里，那你就去吧。②

因此，消费指导这样评价自己的工作，"我们已经帮助女人重新发现家庭是她创造力的表现。我们帮她们想到现代家庭是艺术家的工作室、科学家的实验室"。"在自由企业经济里我们必须开发对新产品的需要。""要做到这一点，就必须解放渴望得到这些新产品的妇女。""我们要帮助她们重新发现，做家务比同男人竞争更有创造性。这是能够操纵的。""我们向她们推销她们应该需要的产品，促使这种无意识加快向前发展。如果无所禁忌的女人没有必要在做饭和

① 弗里丹. 女性的困惑［M］. 陶铁柱，译. 哈尔滨：黑龙江教育出版社，1988：218.
② 弗里丹. 女性的困惑［M］. 陶铁柱，译. 哈尔滨：黑龙江教育出版社，1988：223-224.

搞清洁上花这么多的时间，解放她们就会变成一个大难题。"由于委托人想推销馅饼调制品，女人就只能希望待在厨房里。"厂商希望耍手腕让女人高高兴兴回到厨房——而我们向他们指出了正确的方法。"① 为了让自己赢利，也是为了让委托人赢利，消费指导者就在几百万假定幸福的主妇中开动脑筋，要她们明确意识到即便有了家庭、爱情和孩子，还有不能满足的复杂需要。

消费指导者洞察到，无论多么别出心裁的推销都不会满足主妇们越来越极端的需要，她们不可名状和无法满足的需要，已经通过商品推销被引向了买东西。需要正在被转化成肤浅的、简单的、聪明的、无耻的招贴广告和电视广告，成为可视的具体的物质需求，成为符号化的女性形象，它让越来越多的人一致承认，多数美国妇女除了做主妇外没有任何理想。

广告商要让女人们消费，让她们感到不消费就对不起自己，让她们寄情于各种各样的新产品，用购物来排解心里失落的感觉。广告并不要女性走出家庭走向社会，它只要女性消费，只去关注人们过去闻所未闻的产品。生产者只有一个目的：必须让收音机、电熨斗、烤箱、洗碟机、洗衣机、电风扇、电冰箱等商品快快地卖出去。各种广告都在诱导主妇们学会省时省力地做家务，借助新的产品，然后用省下来的时间去同孩子们玩耍，参加各种俱乐部活动，读书、看报、看电影、看电视，以及各种健身活动，商人们用尽方法哄骗她们，让她们不停地买，买了再买，变成市场永不枯竭的动力。

消费指导开始了由消费者主导市场革新的第一步。它所实行的针对市场的具体"指导"，今天已经为每一个厂商或企业所采纳。在当代，所有的公司或企业都清楚地知道，他们销售的不再只是产品，更是一种文化观念，许多不能随时代更新、满足消费者需求的企业，将找不到属于自己的位置。

今天，许多公司都在研究消费者今日的心理和明日将会如何改变心理感受的可能性。早在1974年，美国已经出现了专门研究改善现有产品以及为发展新产品服务的市场顾问公司，约有五百所这样的公司专门研究消费者的行为模式。在研究与预测的个案中，较著名的有：预测未来消费者对新鲜食物的需求倾向；送货到家服务的受欢迎程度；预测消费者对墨西哥食物的喜好；未来出生率的增长；四轮驱动汽车成功经验的原因；新可口可乐失败的原因等。各种客户把

---

① 弗里丹. 女性的困惑 [M]. 陶铁柱，译. 哈尔滨：黑龙江教育出版社，1988：225.

对消费者行为模式的解释和消费倾向预测用于他们的生产线。所以，各种对未来的预测和解释，已经渗透到一个个收银机、企业和每一个家庭。这就是分析今日的文化借以探索未来的信息。所谓"分析"文化，指的是尽可能地去接触文化的每一层面，为文化的整体现象找寻可能的解释，并因此获取直观未来的能力。

这一切，正如弗里丹告诉人们：美国作为商业国家，早已把一切事物都看成了生意。所以，当商人们认识到女人是美国生意的主要顾客，而且正是因为"主妇身份的不朽"，正是因为女人处在不能发挥自己的社会作用，陷入莫名其妙的渴求和失去能力的状态中时，她们才会买更多的东西。她说，虽然这不是政策性地针对女人的"经济阴谋"，然而，从前面的资料引述和分析论证，可以确认，在美国现实的生产、产品推销和营利性实业投资等生意中，组织经济的手段同国家的目标都在无意识中参与了愚弄女人的经济阴谋。

第五章 **05**

幻觉与欲望

一、千百年的习俗

布罗代尔在考察文明和文化时看到，18 世纪以来，法国女人对美的追求更加讲究。有的女人为梳妆用掉五六个小时，居然乐此不疲。那时贵妇们的头发十分讲究，常常需要理发师和女仆来帮助梳理。有时候，头发梳得老高，高到不近情理，使美人的眼睛看起来好像长在身子的中间。涂脂抹粉的程序也十分复杂，打底的油彩抹弄起来根本不顾工本。美人们需要注意的事项太多了，涂脂抹粉也有专门的"学问"。譬如，要到凡尔赛觐见，就必须抹色泽艳丽的胭脂。难怪当时有种说法："看你抹什么胭脂，就知道你是什么人。"还有，供美人使用的香水也名目繁多，有紫罗兰、玫瑰、茉莉、黄水仙、香柠檬、百合、鸢尾、铃兰等。每个坐在梳妆台前的法国女人都以为自己体现了世上最高雅的趣味，她认为凡是人们发明的化妆品，没有一种不归她专用。由此，《警世词典》用反感化妆的口气确证："梳妆乃是集中使用各种香粉、香水、胭脂。所有这些化妆品均有戕害人的本性，使人变丑变老的特性，对年轻、漂亮女人也不例外。通过梳妆打扮，人人掩饰身材的缺点，画眉毛，安假牙齿，改容换颜，直至脱胎换骨。"[1]

到了 19 世纪初，更有一起由爱美引起的匪夷所思的热闹。一个名叫皮埃尔·德拉梅桑热尔（Pierre de la Mézangère）的神父从神学院被赶出来，于是，他开办了妇女时装报，专门为工于打扮的读者服务。很难想象，对美奢侈的追求在那么特殊的背景下也没有停步。一边是隆隆的炮声，一边在推动爱美的时尚，而且居然有那么多人关注这些"无聊"的细节："苏格兰帽子已不太流行了；白草帽还能站住脚；衣裙下摆上的装饰不宜太花哨；有的装饰要高于膝盖；

---

[1] 布罗代尔 . 15 至 18 世纪的物质文明、经济和资本主义 ［M］. 顾良，译 . 北京：生活·读书·新知三联书店，1992：391.

绣球花、牡丹花、忍冬花近日来十分流行……"① 在那个动乱之际，这位前神学教师一点不亚于拿破仑，他完全控制了时尚，成了反权威时代被崇尚的权威。那些抛头露面的法国女人都要听他的：早晨起床，先把双腿染成粉红色，以便套上黑色长筒透明袜时显出袜子上的暗花。他常常对交际界的女性发出指令：1812 年 5 月 10 日，草帽必须是白色，装饰的羽毛是五至六根，取"垂柳似倒挂"状；15 日，草帽变成黄色，上面要配五六种颜色的苏格兰塔夫绸和五六朵捆成束的玫瑰花；20 日变了，塔夫绸过时了；25 日，绿衬底的白帽子；6 月 5 日，女人要戴绣球花；10 日，帽子上要系绸飘带；20 日，绣球花和绸带被淘汰了，代之以雏菊和黄红色的矢车菊……这些种种毫无理性根据的胡闹，如不是爱美之心太切，巴黎爱美的女人怎会蠢到居然由着这位神父随意安排。当然，女性的形态美的确太重要了。小仲马（Alexandre Dumas）《茶花女》的原型，玛丽·普莱西本是个无知、愚昧、笨拙的乡村小女孩，巴黎用三年时间让她完全换了样，她成了"一位把打扮、衣着和举止谈吐处理得如此和谐而又如此美观的女人，便是上流社会的名媛淑女中也难以找到"的美女，② 她征服了上流社会的名门望族公侯显贵们，她也成了小仲马内心不朽的偶像，同时更是现实中最令人向往的神话。那时巴尔扎克的那句话也十分响亮，"每个美女都是一位女王"。

所以，千百年来的"习俗"一直未变：对女孩而言，自出生之日起，漂亮就是大家赞不绝口的一个优点。父母亲戚经常用"美丽善良""活泼可爱"等词语来赞美小姑娘；相反强壮结实、魁梧高大则是男孩值得夸耀的特征。而且，对男人而言，年龄与皱纹也许反而使他们更加魅力四射。然而，对女人就会是抹不掉的伤痕。社会形成的习惯使女人比男人更需要青春。即便在今天也是这样。头发花白的男演员可以继续为观众塑造充满魅力的男性形象，但对女影星来说，人老了就不可能继续走红。欧美影视界对女性年龄的挑剔基本上是一样的，节目主持人中，超过四十岁的女性比起男性简直少之又少。这种差异在广告行业中也一样：近三十年来，3/4 的广告女郎年龄都在二十多岁，达到四十岁

<hr />

① 勒诺特尔. 法国历史轶闻：第三卷 [M]. 王殿忠，丁斌，译. 北京：北京出版社，1986：2-6.
② 勒诺特尔. 法国历史轶闻：第三卷 [M]. 王殿忠，丁斌，译. 北京：北京出版社，1986：96.

的只占总数的 4%。

自 20 世纪四五十年代起,女性被誉为"漂亮的性别",终于摆脱了数百年来被咒骂的"美丽等于邪恶"的命运,她们步入了现代文明。不过,在今天的时髦里,在今天她们参与的所谓的"游戏人生""无忧无虑"和"享受生活"的情趣里,仔细观察,人们对她们的态度并未有太大的转变。今天对她们体态欣赏的标准:身材修长的同时还得体态丰满,天真朴实之中还要略带挑逗与风情。而且,被推崇的种种所谓的现代美,其标准依然没有摆脱男性传统上对异性体态的要求——丰满的乳房、性感的臀部、诱人的姿态、挑逗的目光与饱满的双唇。不管女性的形象多么时髦和现代,但作为"女人",她们仍然是性的对象,是挑起异性欲望和幻觉的"客体"。

女性作为"漂亮性别",在大众面前公开角逐、竞争名次排位的选美发生在1921 年美国,后来又生发出环球小姐、亚洲小姐、南美小姐、印度小姐、香港小姐等地域性选美,此项活动一直延续至今。美丽的女人可以理所当然优越,她们与众不同的美貌成为踏上成功道路的阶梯,由此,"美丽"甚至已经成为一种神话,一种宗教。换句话说,就是作为"漂亮性别",女性必须是"美丽"的。所以,生活中我们看到,当小女孩还年幼的时候,当她刚刚开始接触玩具的时候,她就接触到了这种类宗教的熏陶:整套的梳妆台、芭比娃娃、小衣橱、化妆箱以及各式的化妆品,从此,"美丽"就在她们幼小的心灵里打下了性别神话的烙印。而且,社会对"美丽"的崇拜导致了以美貌为前提的职业,由此又引起了有的职业过分看重美貌,造成女性性别内部的差别、压抑和歧视。由于以美貌为前提的职业都是些炙手可热报酬丰厚的行业——电视节目主持人、演员、模特等,直接导致更多年轻女孩不愿劳而无功地与男性竞争社会重要角色。

尽管模特、明星、主持人是民主和商业文化的结果,它从一定意义上提高了女性的社会价值,表现了某种性别民主。然而,在提高的同时,又造成了新的束缚和新的不平等,并让许多女性无法进入竞争,无权享有充分发挥自己才能的机会。这样的现象也引起了人们的忧虑:女性容貌到底应该占据何种社会地位?

二、小说《禁忌》

　　美国资本主义消费的大众化是女性带动的。美国商业把女性作为消费对象进行全方位的社会鼓动，从而达到推销商品的目的，商业和经济由此被带动起来。它的具体行为即对美从内到外进行指导、鼓吹，以此来拉动消费。美国经济体制借助对美的标准的社会"阐释"，按阶段对女性进行有效的传达。

　　20世纪对"美丽"的推销，是历史上从未有过的一种文明现象，历史上从未有过任何一种文明可以与它的如此炫耀和夸大其词相提并论。一些推广与美容护理相关的文章让"美丽"放射出灿烂的社会光芒，于是一个巨大的商品接收市场就在大众不知不觉的情况下为商人们准备好了。然后，"美丽"在美容的建议下，在美的最新视野下开拓出来，在美的消费思维的具体指导下，最终成为实际的消费。推销"美丽"的整个运作模式为：工业生产——大众传播——大众消费。一种极其规律、极易产生效率的模式。

　　媒体对女性应该具有什么样的外表形象和应该具有什么样的理想进行了前所未有的设计。女性的外形因其与瘦身、苗条、青春、美貌成为"同位语"，它已经是强大宣传攻势下推行的一种"苛政"。

　　19世纪末，女性报刊在历经了几十年的出版发行后，其影响面已经不可估量。像美国的《妇女家庭杂志》、《潮流》（Vogue）这些著名杂志，发行量皆超过百万。20世纪初，美国的女性杂志是传播美容技术的主要社会工具。到了20世纪三四十年代，风靡于杂志和电影的女性曾经朝气蓬勃、勇敢无畏，富有冒险精神。那些令大众倾倒的明星，如著名的葛丽泰·嘉宝（Greta Garbo）、贝蒂·戴维斯（Pétit Davies）、罗莎琳德·拉塞尔（Rosalind Russell）、凯瑟琳·赫本（Kathleen Hepburn），她们扮演了一批女主人公，一批独立、果敢、充满激情，为了实现自己的目标或梦想不懈地努力工作。也正是从20世纪50年代起，美国开启了一个专门制造幻觉的时代。从儿童、学生、旅店招待、酒吧女郎到时装模特，只要她们的外形、气质正好与制片导演预想的时尚口味吻合，就有可能在转瞬之间一举成名，同时名利双收，成为大众"明星"。好莱坞就是这样让女电话接线员克拉拉·鲍（Clara Bow）以摩登女郎的形象成为家喻户晓的大明星。玛丽莲·梦露在从影前是性感模特儿，制片商看好她身体的票房价值，让她在影片中充分"暴露"。好莱坞让梦露成为"大众情人""男性兴奋剂"，在对她迷恋崇拜喝彩的喧嚣中，推销了男性评价女性的观念，将女性引向男性设想的一个非现实的、想象的乌托邦。

叶维廉在《殖民主义：文化工业与消费欲望》中分析了传媒时代的消费文化，他指出：为了向读者提供一种消遣，消费文学像产品一样被生产出来。在普遍高度商业化的气氛下，消费品如罐头吃完便丢掉一样，这就是完全商品化的特点。这种文学的特点是，取消了严肃的思想性，大部分是用煽情软性的文字、大幅度的挑逗性的黄色、轻松游戏的情调、抓痒式的抒情制作出来的。大众媒介在报纸杂志上有专门的方块空间，留给专门的写作人员使用。所有报刊上的这种方块都以男女之情为题材，为上下班的市民在每天路途上提供"瞬间"的"沉醉"。这些为大众消费剪裁的产品，其本质绝对是由消费所决定的。所以，"高度商业化所带动的文化，是由上而下的一种编制，把利益的动机转移到文化的领域，假文化之名，制造一种意识形态，使文化的一种内在消减或变质"，已经背离了阿多尔诺（Seeberger）所说，文化的真义并不只在向人调整，必须同时对僵化的人际关系提出抗议的原则。[①] 于是资本主义的美学和商品生产普遍结合起来，以最快的周转速度生产永远更新颖的产品，这种经济上狂热的迫切需要，赋予美学去创新和实验一种日益必要的结构来为这种新型的文化需求服务。

1979 年，朱迪思·克兰兹（Judith Kranz）的《禁忌》成为美国当年最畅销的小说之一。小说用了当时一家时装用品小商店的名字来作为书名。

这部小说令人爱不释手的奥秘在于它的名牌、金钱、商品和消费以及性爱是如此令人垂涎，强烈地刺激着读者的胃口，与美国人追求的消费时尚十分吻合。《禁忌》从文化上对当时的消费潮流予以了应和。朱迪思·克兰兹是这样为

---

① 叶维廉. 殖民主义：文化工业与消费欲望 ［M］. 北京：北京大学出版社，1999：362-364.

他的故事开头的：

> 比利……把她的彭特莱牌豪华汽车停在禁忌店前面，这店可是世界上最奢华的特制品商店。……她是一位单身女子，35岁，拥有价值两亿到两亿五千万美元的财富。
>
> 比利的茶色羊毛披肩由贵重的貂皮做里。……她总是戴着那对大家熟悉的宝石饰物，这是11克拉的硕大钻石，名叫金伯利孪石，是她的第一位丈夫送的结婚礼物。
>
> 她快步走着……一下敞开披肩，露出了颀长而有力度的脖颈。一位洋溢着亢奋不羁的性活力的女性，对个人风格具有至高无上的、绝对权威的意识。
>
> 她……经营着零售生意，操持着举世无双的最兴隆的奢侈品商店，财运亨通。禁忌店在她的财富中占的份额最小，但这并不是说商店对她无足轻重。……商店倾注了她的情感，又给她带来无穷乐趣。这深藏内心的愿望实现了。她用人的尺度衡量和剪裁这家商店，以便她可以看到、嗅到和触到它，拥有和改变它，使它渐臻完美。①

罗伯逊闻到了《禁忌》的美式消费动机：女主人公和商店，以及性爱、金钱等五花八门的东西同消费品混杂在一起。小说读起来犹如游逛一个新开张的商业街区，那个街区奢华堂皇、琳琅满目、鳞次栉比，宛若迷宫，令人眼花缭乱，目不暇接。罗伯逊说，像《禁忌》这样的流行小说的发行量通常以百万计，有精装本和平装本，还将被制作成电视节目，所以它当然是当代美国神话的重要来源。它运用故事形式，传达了文化中广为存在和易于接受的理念、解释、意象、隐喻、态度，在人们头脑中成为定型的形象。② 由于小说是虚构，所以只要人们喜欢，它就是"好故事"，更何况它的内涵已经家喻户晓，符合读者心中已有的信念和期望；然而，另一方面，它因为是"好故事"，也就极易消除读者的怀疑，因而成为或者至少暂时成为现实生活中现实的人们的现实性描绘。

罗伯逊说，美国人把个人自由和对个人幸福的追求视作生命本身，视作不

---

① 克兰兹. 禁忌 [M]. 王东，译. 北京：中国旅游出版社，2014：2.
② 罗伯逊. 美国神话 美国现实 [M]. 贾秀东，等译. 北京：中国社会科学出版社，1990：164-173.

可转让的权利，这些是由整个美国神话生成和滋养的。他说，像《禁忌》这样的小说，采用了个人自由和追求幸福的象征以及滋养美国个人主义和消费价值的神话，使故事具有强烈的吸引力。譬如小说开头出现了三位具有象征性的人物，他们并非故事中的人物，仅作为社会地位的象征布局，他们开着汽车，而且往往在违反交通规则的情况下行车。美国个人对汽车的操纵、在使用汽车时对成文法律和当局权威的蔑视等都成为社会中个人自由的最强有力的象征。特定的牌子，昂贵而"时髦"的汽车给个人追求幸福增添了成功的砝码，这一标志已众所周知。生产这些名牌汽车的厂家使它们成为象征，因为对世界各地商品的利用和支配是衡量当今美国人成功的一个标尺。罗伯逊说，一个追求幸福的自由的美国人——所有不受人身和法律束缚的美国人皆应如此，是流动的，过去、现在和将来都在流动，他蔑视权威，开拓前进，是名副其实的革命者。永动不滞、开拓前进，蔑视习俗和传统，是真正的美国个人的行为方式。这乃是《禁忌》在开篇强调和利用的理念、象征意义、神话和训条。而《禁忌》的女主人公比利，既是一位流动的、具有开拓精神的、一帆风顺的、腰缠万贯的美国人，又是有关在妇女时装设计业、时装用品业和电影业取得成功的复杂而神秘的"实用生活指南"。小说把商店和女主人公紧密地联系在一起，这位"洋溢着亢奋不羁的性活力，对个人风格具有至高无上的、绝对权威的意识的女性"，"对世界上一切商品和服务的消费胃口大得惊人"。同时，通过她开办的"举世无双的最兴隆的奢侈品商店"，既提供了商品服务，又成为消费的模特儿。这位魅力非凡、令人神魂颠倒的女人的崛起本身就是一种聪明的商品推销：她原是波士顿一个中产阶级家庭的极不幸福的人，而且，她的身体还过于丰满。早先，她因为吃得太多，所以发福了。那时她手头拮据，很不幸福。那时她是无所事事的美国社会的寄生虫。然而，后来她终于在超级美人和超级富豪中找到了无可匹敌的地位。她成了一个地地道道的美人："下功夫"去减肥，同时学会了一桩生意，开始了真正意义上的追求幸福——通过性生活、婚姻和消费商品而不是食物，而且她不断地流动，乘坐高速汽车和飞机，从一地到另一地，变得越来越美丽，越来越富足，她变成了现代意味的"漂亮女性"。她又一次"肥"了起来，但这一次不是指身体，而是指原来只有别人才有幸得到的财富。通过上述积极的努力，她成了社会上有贡献、有消费能力的"美女"。

通过她，现代美国生活中的问题——肥胖、消费、财富、贫困，以及性爱、个人自由和企业活动等，这些在美国的现实存在中所形成的形形色色的问题和矛盾，都从神话意义上得到了解决。

自20世纪70年代以来，美国的社会经济要求美国的个人走出家门，拼命挣钱，以最大限度的消费来调整资本帝国生产的商品，在商品的流通领域创造奇迹，从而推动整个社会财富的继续增长，促进资本主义社会的再度繁荣。"消费者"是美国个人在经济方面的现代称号。消费者是当代美国发展和进步的动力。美国人对货币和消费的迷恋程度不亚于半个世纪前美国人对机械和生产的迷恋。

所以社会每时每刻都通过媒体对女性进行深度的文化改造。譬如《禁忌》，它借助文化工业的力量，并以"进步"为说辞，小说中女性自强自立，但事实上是"相同性""重复性""均质性"的一种伪装，调动全体女性对财富产生贪婪的欲望和对商品近乎宗教的崇拜。作为"进步"的说辞，它还告诉我们：商业，在现代工业和技术的支援下，它的迅速发展，已给人们带来了前所未有的物质享受，带来了人们日思夜想的"幸福人生"，并且让人们相信，现行社会就是"幸福人生"的体现过程，必须相信它，不用再对现行社会的"秩序"质问和分析，不用以遵守服从来代替自觉。工业原先对自然的宰制逐渐转入了对人的宰制，而大众则在这种自我蒙骗中，被消费的枷锁锁定。《禁忌》中的"美丽女性"表面上看很个人主义，然而，进行深度分析，正是"她"阻止了自觉的个人发展。

这个被称作消费社会、媒介社会、信息社会、电子社会或"高技术"社会的时代，女性在一切媒体上展露着"全新的形象"：低胸礼服象征的性感同天真率直的性格、积极向上的生活态度联系在一起。于是纤弱与灿烂使性诱惑显得纯朴坦率，女性们风情万种却又敏感自尊，魅力四射而又柔情似水。同时，热辣漂亮的广告女郎出现在人们可接触的一切商品之上。一方面，广告把镜头直接对准了人的躯体和面部——到处可见嘴唇、眼睑、胸部以及大腿的特写镜头；另一方面，广告让人们看到这些美女正在享受迈阿密黄金海岸的阳光、希尔顿饭店最奢华的套房、令人销魂的爱情，以及财富的力量。

所以，像阿多尔诺曾说过的：在后资本主义时代，商品本身就是其意识形态。也就是说，按照这一观点，消费和保护消费的实践本身就足以使资本主义制度再生产和合法化，无论你信奉何种"意识形态"。这样，现在占据"意识形态"职能地位的就是内在的日常生活实践，而不是那些抽象的观念、信条、思想以及哲学体系。① 正如叶维廉所说，第一世界利用媒体——电影、电视剧、畅销书、教育节目，利用市场的政治化，利用广告的煽动性制造了一种新的语言——商品和消费活动所构成的一种国际化的意义符号系统。文化工业即所谓透过物化、商品化，按照宰制原则、货物交换价值原则、有效至上的原则来规划人类传统的文化活动，包括把文化裁制来配合消费的需要，把文化变作机器的附庸，把利益的动机转移到文化的领域和形式上，使得文化在先定计划的控制下，大量单调、划一的生产——是人性整体经验的减缩化和工具化。② 弗里丹认为，今天的女性其实仍然是工业文化大众传媒公开欺骗和牺牲的角色，她说："可以肯定地说，那里，我们中的任何人，即使是最激进的，也未曾意识到，那些向妇女们倾销洗衣机、烘干机、电冰箱和'二战'后汽车以获取巨额利润的公司，已在向我们夸张地吹嘘家务劳作的快乐，以期卖给我们更多的东西。"③ 毫无疑问，今天，购买行为本身也是一种政治行动，消费者唯有在确信商品对他们的生活有助或有益的前提下才会采取购买行为。大量出现在电视上的妇女形象带有令人难以容忍的凌辱性，它被用来向妇女兜售商品，而数不清的金钱被用于制作那些无聊的商业广告、连续剧、肥皂剧，而它们传达的信息无非是女人让人厌恶得无法忍受，除非她们买了那些化妆粉、除臭剂和洗涤剂。

---

① 詹姆逊. 快感：文化与政治［M］. 王逢振，等译. 北京：中国社会科学出版社，1998：125.
② 叶维廉. 殖民主义：文化工业与消费欲望［M］. 北京：北京大学出版社，1999：365.
③ 弗里丹. 女性白皮书［M］. 邵文实，王爱松，译. 哈尔滨：北方文艺出版社，2000：11.

三、被操纵的面孔和身体

19 世纪末，美与消费在谈论女性外表的方式中展开，杂志的编辑内容和形式都在以歌颂美貌女人的各种信息和图像来形成和建立对女性的定义，用女性本质的论调来规定女性必须是天生应该献身于美。美国 1892 年创刊的《实用潮流》，从一开始就推出了卓越女性形象，她们将美的信息传播给大众。也是在这一年，出现了第一批时装摄影作品。1901 年，美国《时尚》登载了在服装工厂实拍的画片。1913 年，西伯格（Seeberger）兄弟开始实拍身着盛装的美人，广告开始启用时装模特的时风。①

最初，杂志在谈论美时相当审慎，到了 20 世纪 30 年代初才逐渐放开。随着化妆工业的兴起，出现了更多的女性杂志，因而也有了更多的对"年轻美貌"的赞美和对寻找幸福和快乐的鼓吹。封面女郎年轻、美丽，她们经过精心化妆，在印制精美的版面上向大众展现着时髦，通过传播有关"美丽"的消费哲学，成为"魅力工具民众化"的途径，引动了 20 世纪规模最大的消费——大众流行时尚消费。

这些杂志在 20 世纪 30 年代开始鼓吹美容用品，大力倡导女性注意面部美和身体各部位的美。女性读者被告知：眼睛、嘴唇、眉毛有各自的护理方式；指甲当然更需要重视；皮肤还有很多考究的追求，用防晒油涂抹后，再晒成带着海滩气息的棕铜色；为了身材的窈窕要吃低热食品；等等。杂志告诉各个阶层的女性，追求美是女人的合法手段，是所有渴望抓住丈夫的心的女性的最佳方式，美是"女性的第一责任"，"在美容中，化妆传达出一种对其他人应该有的尊敬，一种礼貌，它甚至是一种有关廉耻的行为"，所以"像百分之九十九的

---

① 里波韦兹基. 第三类女性：女性地位的不变性与可变性 [M]. 田常晖，张峰，译. 长沙：湖南文艺出版社，2000：140.

女人一样你应该涂脂抹粉"。杂志上，撰稿人重新翻出波德莱尔在《化妆颂》中的沉吟："女人必须打扮，以让自己赏心悦目，化妆也无需遮遮掩掩，相反地应该展示出来，这根本不是一种矫揉造作而是心灵纯真的反映"，"女人在力图使自己变得更富魔力和超自然性时，在行使了自己的权利之后，甚至可以说是完成了一项责任"，女人应该记住，"现在美自由了"。然后引起了下面更富创意的话语："当然女人不美丽是可以的，但应该禁止她们成为完全丑陋的人"；"一个可爱的少女是一种偶然，但一个美丽的女人则是一种成就"；"没有丑女，只有懒女"；"任何东西都不能抵抗住个性"；"美丽有一半源于个性，四分之一源于化妆，还有四分之一源于自然"；"到后现代时期，只有美貌才能换来幸福"；"为漂亮的性别漂亮着"……"二战"后，美国妇女时尚杂志全面模仿法国妇女杂志，《嘉人》（Marie Claire）干脆说："你们全都很美，你们知道吗?"①

工业经济已经迫不及待地要把"美"变成"潮流"。在当代美国所有的女性报刊上，类似"潮流与美容"的栏目占用的版面，接近或超过了整个刊物的50%。杂志上，美人们完美的面孔和魔鬼身材对视觉进行着极富力度的诱惑。而且模特的形象也由过去的僵硬状态趋向更自然的神采。这些鲜明靓丽、富有朝气的美丽形象更加深入人心，成为全社会女性进行模仿的必然选择。对女性来说，既然有了化妆、美容、健身、保养等获得美的手段，她们就再也找不到理由原谅丑陋了，每一个女人都有责任通过努力获得一个诱人的形象。这种对美所进行的"民主化""平民化"，推动了以"美"为中心的大众消费——把它从过去上流社会的时髦以及中产有闲者的专利下夺取过来献给全体女性，女性美不再是少数出身高贵者独享的特权，而是一项女性群体自我拥有、自我创造的工程，是一场所有女人为争取"个性特色"的个人战争，确立了"自我塑造"既是现实的，又是可行的。

然而，女性美社会化的实质，也即所谓"美丽"的"平民化纪元"，要从两方面来看美丽的平民化"化"到哪一种程度? 所有的女性被纳入追求什么样的时尚消费潮流中? 应该结合这两个方面来考察其中的消费以及所谓的商业个性化的觉醒。

不可完全否认，把美变成"潮流"是吸引广泛的女性参与社会的行为。然

---

① 里波韦兹基. 第三类女性：女性地位的不变性与可变性［M］. 田常晖，张峰，译. 长沙：湖南文艺出版社，2000：144-150.

而也该考虑一个不容忽视的问题：这种参与者的角色定向使参与者的生活发生了什么改变？

女性的"美丽"不再专属于某个阶层是一种民主化，然而这种民主化并非不再存在任何问题。女人们垄断所有的美丽、魅力、趣味与典雅，"美"的舞台已经被她们完全控制。高级时装、女性报刊以及美容术的推广都说明了现代女性文化的加强，美在 20 世纪后期越来越成为男女之间的区别性特征。然而恰恰是这个现实，反映了美在两性之间更是表现了赤裸裸的不平等。

因为，像里波韦兹基在《第三类女性》中所分析的：在魅力竞争的游戏中，男人与女人所利用的武器并不相同，长久以来，为了赢得女人的欢心，男人们依赖的是财富、地位、威望、才智、能力、权力及性格；但女人们不同，她们的主要武器是美貌。对男性而言，权力、名望和金钱足可以弥补他们外貌的缺陷，但对女人来讲这些都不重要，财富不能补偿她们平凡的外貌，权力与威望也不会使她们变得迷人性感。因此，与过去一样，男性看重异性的仍旧是外貌。平等的呼声丝毫改变不了这种不平等，甚至连丝毫改变的迹象都没有。女性之所以把自己的容貌摆放在一个特别重要的位置是因为男人们看重它，并受到它的诱惑。在这种情况下，女性传统美学超价值的地位没有改变，平等运动的呼声、个人自主的进步以及化妆品市场的发展并没有结束女性的这种地位。①

一些理论家认为，"对美的崇拜"使女性获得了前所未有的社会地位，从此"平民化"运动进入一个新纪元。工业文明和媒体文明把女性历史性地带入了一个新的阶段——商业民主化阶段。当然这种民主化引发了今天普遍流行着的一种观点，即：女性对工作越有热情，她们就越注意自己的仪表形象；上班族女性化妆的频率远远高于没有职业的女性，她们用于梳妆打扮的时间更长，也更频繁地出入美容院和参加一些健身运动，必要时还会通过整容手术使自己显得比家庭妇女更年轻更有朝气。自此，职业生活成了促使女人们完善自我形象的一个额外因素，使她们为此花费更多的时间、精力和金钱，尤其是在女性占优势的职业中，外貌的地位就越发地突出和重要。职业生活非但没有减少不同工薪阶层的女性在容貌上的投资，反而使它有所增加。随着女性就业人口增长，她们不仅希望经济独立而且还要漂亮迷人，不仅工作出色而且还要魅力永存。

---

① 里波韦兹基. 第三类女性：女性地位的不变性与可变性 [M]. 田常晖，张峰，译. 长沙：湖南文艺出版社，2000：178.

　　这是对"美"近乎宗教的迷信。"美"仿佛是一剂万能灵药，可以弥合社会历史文化带给女性的一切创伤，成为女性通向自主、个性和平等的唯一路径。

　　美国女性杂志 20 世纪 60 年代以来的办刊理念值得质疑，对这些疑问进行思考显然是有意义的。因为女性杂志的办刊宗旨是听命于商业要求，它运用各种语言修辞，使女性被动地接受消费市场的支配。终于，作为一种强制性要求的"美丽"，得到了女性社会的认可。于是，"女性本质"成功地根植于女性的意识深处，性别传统的等级地位再次被巧妙地重构，"让女性复归本位"，让她们待在她们的位置上。媒体话语使她们价值体现和权利地位与外貌挂钩，并用外貌来作为衡量其价值作用的首要标尺。所以，那些女性杂志所传播的理想形象，实质上使女性变得更卑微，加强了她们对容貌、体形和年龄的恐惧，同时又造成了大批年轻女性幻想成为魅力代言人，并把容貌作为成功之本。事实上，浅薄的女性形象弱化了女性的内在精神。对美的商业推销给"时尚和美容"留下了大量的空间，于是，"时尚和美容"像一架毁灭个性和种族差异的机器，具有专制性的因循守旧，将女性牢牢地束缚在外部形象的魅力标准上。而且因为所有的审美标准均以西方标准为标准，使得它甚至具有某种种族歧视的色彩。从社会角色分配上看，女性的"美丽"并未给女性精神以实质上的支撑，并未给女性生活注入新的内容，并未给女性活动拓展出更广阔的空间。

四、抗衡上帝之手

20世纪初，出现了历史上第一次对肥胖身躯的非难。两次世界大战期间，流传着温莎公爵著名的口号："任何一个女人都不能太胖和太富有。"后来当西尔维斯特·史泰龙（Sylvester Stallone）在《时代》杂志上宣称，他喜欢骨瘦如柴的像得了"厌食症"的女性之时，[①]　美国的很多女性也纷纷宣布：她们最怕的事情就是发胖。到20世纪60年代，"细如树枝"的现代"明星"在电影银幕和"T"形台上相继出场亮相，她们显露的女性身体灵活、年轻、苗条，让那些肥胖、臃肿、衰老者惶恐。此时，妇女杂志不失时机地用长篇累牍的方式介绍平衡饮食的好处，推荐减肥食谱、健身方法和保养秘方。当然，乘此之机，减肥产品如潮水般涌入市场，于是，介绍如何节食的书籍也马上风行于世。1984年，美国大约出版了三百本关于如何节食的读物，其中有十几本成了当年炙手可热的畅销书。在法国，蒙蒂涅克（Montignac）出版的《我吃饭，我减肥》发行量为150万册，美国影星简·方达（Jane Fonda）、维多利亚（Victoria）、普林斯普（Princep）等也把保持美丽、苗条的方法写成热销读物，图书市场针对肥胖的读物数以千计地被印制出来。商人们精心策划了新的促销陷阱——"反脂肪"，他们对女性说："脂肪是罪恶的。"

20世纪以来，女性美容世界已经形成了两大原则——抗肥胖和抗衰老，它被女性世界普遍认可。20世纪80年代以来，美国越来越多的人不满意自己的体型，对自己体型及其整个外表俱感不满的女性更是逐年上升，比例竟达到女性总数的大半。她们中的一些人为自己的体重和腰腹部线条发愁，一些人则为自己的身高、脂肪和脸部轮廓担忧。人们不惜一切代价地减少体重，把保持体重

---

① 里波韦兹基. 第三类女性：女性地位的不变性与可变性［M］. 田常晖，张峰，译. 长沙：湖南文艺出版社，2000：117.

当作头等大事。1990 年，美国人在膳食和与之有关的服务方面花费大约 330 亿美元，其中大部分钱用在了减肥方面。20 世纪末，美国的年减肥费用达到了 770 亿美元左右。在 20 世纪 20 年代的时候，美国小姐身高 1.73 米，体重 63.5 公斤；1954 年，参加选美的选手平均身高为 1.71 米，体重降到了 54.9 公斤；到 1980 年，平均身高为 1.76 米，体重则只有 53 公斤。

虽然"反脂肪"运动也有男性加入，但它仍是女性的，从减肥食品到脂肪运动器，迷信它们的大都是女性。减肥，因为女性的参与成了世界潮流。

20 世纪 80 年代末，75% 的美国女性认为自己太胖，服用减肥食品的人上了 1 亿。1993 年，法国 40% 的女性想减肥，其中 70% 是为了美。80% 的美国女性和 50% 的法国女性都尝试过减肥。欧美女大学生中，63% 的人曾为减肥而节食，在 10—13 岁的女孩中，有 80% 的人宣称自己减过肥。

此时，减肥食品也形成了巨额利润的大市场。1989 年，美国的减肥食品工业获得了 330 亿美元的营业额，减肥保健门诊的收入已逾 100 亿美元。市场为减肥者们相继推出一代又一代低热抗饥饿食品，全世界每年约有 15000 种"轻型食品"推向市场，仅仅法国，每年大约就有 5000 种新型减肥食品面市。当节食在"应当减的地方"不能奏效时，商人又发明了减肥药膏，仅在 1993 年，法国女性就消费了 150 万管减肥药膏和脱脂药膏。后来又开始时兴更为直接的脂肪抽取术。在法国，每年约有 5 万例抽脂术，而美国，采用这种手段达到减肥目的的人每年则高达 40 万。在美容术普及的今天，施行手术的美国人中，女性人数约占 75%，法国女性比例更高，达到了 85%—90%。幻想永葆女性的"美丽"，美容外科整形业应运而生。据估计，美国每年有大约 150 万人进行隆胸手术，外科美容术每年获利 40 亿美元，法国每年也大约有 10 万例整形手术。[①]

除了化妆美容店、外科整容医术，随之而来的还有营业性的健身房、舞蹈班，女性把大量业余时间花在了形体课、体操课、健美操、慢跑和肌肉锻炼上，以此配合节制饮食，以期达到苗条。

苗条的标准越苛刻，女人们对苗条身材的梦想就越过分，连一些并不算胖的女性，也在惶恐着减肥。

女性对各种美容方式的跃跃欲试，是 20 世纪围绕女性制造的消费神话大获

① 里波韦兹基. 第三类女性：女性地位的不变性与可变性［M］. 田常晖，张峰，译. 长沙：湖南文艺出版社，2000：116–119.

成功的证明。只要你属于大众文化，属于某个集团的神话氛围，你拥有神话般的乐观主义，主观消费意识就会抓住你。更何况在民主化的今天，人人都拥有修复及重塑自己的权力，人人都有能力和义务来积极地参与对"身体的管理"。这是个体的新能力：从上帝之手接过了对自己身体进行有效控制的权力。

由"脂肪是罪恶的"挑起的减肥运动也引发了社会争论。争论中，女性应对上帝的自然法则逆来顺受的观点遭到了批驳，而诸如"隆鼻技术""抽脂技术"等，运用科技手段来使人的外貌形象更完美的行为被确定为是应该的。根据女性杂志上各类美容、整容主张，一些理论人士认为：不能把女性身体的苗条标准社会化视为非人性并丧失自我的单一化行为。因为苗条标准的树立本身并不与各种文化相矛盾，而且它号召女性掌握自我，与对待身体的马虎态度做斗争，确立了在躯体和岁月方面的主体地位。

如果说这些新出现的美容行为不是为了使自己成为自己身体的主人和所有者，不是为了纠正造物主的过失，不是为了克服岁月留下的痕迹，不是用一种改造了的身体代替上天赐给的身体，那么它们还能有什么意义？想保持年轻及苗条，从审美角度讲，是现代思维，它拒绝命运的安排，对人为努力抱着乐观的态度。与过去的社会习俗不同，对"美丽"的崇拜有不屈从命运安排、企图占有世界及自我的社会价值观。积极对自我进行修复和重塑，就是对人体进行积极的"身体管理"。

不可否认的是，伴随着身体标准的规范化出现了超常规模的民众观念的规范化：对于苗条的痴迷，节食及健身的大众化，对于减掉肥臀上赘肉的要求，这一系列的共同规范与追求个性化和主体人格化的要求发生了正面冲突。今天我们所见到的是女性对身体的思维模式的单一化。

有人认为，伴随着结实、苗条、年轻身材的规范化，女性成为自身形体主人的要求就越发强烈，女性便愈能承担责任，自我监督、自我表演得更精彩；美的标准愈社会化，女性的身体愈成为自主管理和对自我负责的象征。种种对"美丽工程"的拔高，似乎想要说的是，女性真的可以通过"自我重塑"的外科整容来挑战"无情岁月"，仿佛美容外科手术和美容用品真的能够克服身体瑕疵和岁月沧桑。

20世纪的"美丽"虽然不再属于奢侈，但它以不可轻视的流行趋势在女性世界制定了不成文的"法规"——使女性的身体屈从于更规范、更具强制性、更令人担忧的美学束缚。

里波韦兹基指出：事实上，女性已经以自我控制、有规律锻炼来符合苗条要求，以强制性标准对生理和心理进行了再创造。都市生活保险公司通过调查得到数据：29 岁的美国妇女，已有 12%—20% 超过了标准体重的 20%，在 39 岁中，如此超重，则达到了 25%—30%，而 49 岁的，百分比已上升到 40%。现在，越来越多的女性开始改变她们的饮食并进行严格的节食以达到减肥的目的，然而，80%—95% 的人最终还是恢复了原有的体重。① 显而易见，对苗条的追求越心理化，这种不可能长期保持苗条的现象就越明显。事实上，肥胖病例正在增多，那是人们熟悉的消瘦和反弹交替、节食和暴饮暴食交替的结果。所以，苗条法令导致女性产生了负罪感和忧虑，它只创造出少数的、自我控制合乎规范的躯体。当然，对身体苗条的要求造就了不少自我控制、自我监督的人，但是它同时也破坏了饮食文化，造成不规范的饮食行为和强迫性饮食行为，如此的"胃混乱文化"打开了通向冲动及无秩序的大门，也造就了无数体重反弹的身体。

"为美受苦"已经不再是问题。然而，通过媒介传播出来的女性最高形象的代表也经常表达出她们对无情岁月的恐惧，这些岁月的痕迹能引起她们的自卑、羞愧及对身体的仇恨。社会上愈是传播各种"美丽"标准，提出关于"美丽"的意见，女性对自己的身体愈是不满和充满敌意，很多女性因为无法忍受自己的体重而进行苛刻的节食，而且已经因这种节食受到伤害。三分之一的美国女性对自己的身体表示"非常不满"，全世界 90% 正常人的节食就发生在女性当中，12%—33% 的女大学生为控制体重采取了强迫自己呕吐、使用泻药或利尿剂手段。在美国，甚至七八岁的女童也为减肥而节食。"美丽"在女性的心灵里并不是明亮的，它给女性的心理留下了阴影。而且，"当女性必须进行饮食节制，必须用所有的方法来排除掉已吸收的热量，女性便改变了她们的身体及精神的健康状态。慢性的疲劳、心神不宁、月经问题、性欲衰退、对胃和食道的伤害、肠道问题、神经系统病症，凡此种种都是节食和使用泻药带来的恶果。再则，减肥方法的失败通常使女性的自尊心受挫，情绪消沉，产生负罪及羞耻感，以及对自己的厌恶情绪。在对外形美追求的后面实际上包含的是一种对女性进行

---

① 里波韦兹基. 第三类女性：女性地位的不变性与可变性［M］. 田常晖，张峰，译. 长沙：湖南文艺出版社，2000：115.

精神摧残的行为，这种行为就像一架恶毒的机器，使她们的自信和自尊陷入绝境"①。为自己的形象而感到自轻自贱、精神紧张且抑郁，这样的女人往往远离社会和政治，她们满足于一些无足轻重的工作，安于接受低于男人的工资。广告宣传的美丽加剧了女性对自己身体的不满。

无论从美学上还是从思想观念上，肥胖对女人比对男人更具有毁灭性。

苗条的标准并不能成为一种合理化理想，而且，作为总是伴随着不稳定的反弹苦恼的这项实践活动，人们总会在积极活动和懒于动弹、节制和过度、参与和放弃、控制和放纵中动摇。苗条的提倡导致相当多的妇女产生了负罪感和忧虑，但它创造出少数的、驯服的、自我控制及合乎规范的成功躯体。

广告不断地在为重塑身体而想出新招，推出新产品，提倡新型消费观念，同时它推动的消费世界又对人的愿望起着不断的催化作用，并创造了"所有想要的马上就能得到""享受、快速、方法简单"等允诺。它使消费者过度信任和渴望，它刺激了盲目消费，诱惑消费者抛掷金钱。所以，这项"美丽工程"的结果便是在镜子面前女性需要更长的时间，日常护理的烦琐、修饰美容占用了更多精力和金钱。

"美的暴政"做了些什么？接受美的社会规范使女性身体饱受暴虐。作为"美丽"的副产品，过度减肥变成了对自己的"暴虐"，它是一种"反常"的行为——对自己身体施暴，为了"美丽"自行施暴。因为对所有人来说，"美"是可能的，可以通过美容来克服身体的瑕疵和岁月的痕迹，用诸如抽脂、拉皮、丰乳、隆鼻、割双眼皮等外科手术，完成对自己自然面貌的改造。

虽然"瘦身"和"苗条"确实"反动"了以生殖为中心的传统女性使命，肯定了生育不再是女性生存的唯一目标，社会已不再通过生殖能力来确定女性的地位，瘦身和苗条在美学上反映出女性想从性工具及生殖工具的传统命运中解脱出来。然而，令人啼笑皆非的是，女性个人主义的发展与身体社会规范化齐头并进：一方面，女性的身体从古老的性、生育及服饰方面的束缚中解放出来；另一方面，她的身体屈从于更规范、更具强制性、更令人担忧的美学束缚。在媒体的话语中，"美丽"将进入的是消遣和娱乐，将以吸引"性"为目的，

---

① 里波韦兹基.第三类女性：女性地位的不变性与可变性［M］.田常晖，张峰，译.长沙：湖南文艺出版社，2000：134.

将成为进入婚姻家庭的途径，将是维持婚姻的技术，如此的"美丽"令人窒息。而且，越追求个性及真实性，身体文化也变得愈加技术化、唯心化；越追求个人自主的理想，身体的塑造就越发渴望适应社会时尚潮流的要求。当然，不可忘记的是，20 世纪的"美丽"潮流，是由"指导性消费"为社会供给精心设计的一场前所未有、行之有效的最为巨大的促销活动，它是经济行为的直接产品。它们精心设计出"美丽"的"陷阱"，将女性身体作为一个具有无数分支的新型市场来进行投资。"美丽"之下，是利润颇丰的"人体市场"。

"美丽"貌似解放了女性，其实它却具有不可低估的破坏力。女性在多大程度上已经被吸入自恋的审美漩涡？对"美丽"的信仰已经从精神和心理上将多少女性摧毁？肥胖、臃肿是不是折磨女性神经官能的问题？如果今天所有想拥有苗条形体的女性通过她们的身体表达了她们拥有坚强的意志、自我管理、高效办事、自我约束能力的愿望，那么，人的自然生理不可抗拒的脂肪、衰老、皱纹、肌肉松弛对人将又成为怎样的困扰？作为"漂亮性别"，女性的代价：既是美容化妆产品和美容外科手术的最大消费者，同时又要在心理上承受来自容貌缺陷的种种压抑。

五、羞辱和恐吓

　　1920 年，行为心理学家约翰·沃森（John Watson）博士从约翰·霍普金斯大学退休，到 J. 沃尔特·汤普森广告公司工作。后来，他被广告界认定是广告心理科学的奠基人。早在 20 世纪 20 年代他就声称，已经发现了预知人类行为和操纵人类行为的基本技术。他提示广告客商，不动声色地倾听大众的声音，发现人类最基本的内驱力，如爱情、恐惧和愤怒，并找到大众隐藏的动机和愿望，然后，一而再、再而三地使大众的某种动力因素与商家的产品联系起来。①

　　心理学的确在商业上显现了这管用的一招，那就是在广告中对女性心理施行恐吓，让其感到羞辱和难堪，以此来促使她们积极消费。

　　于是，在大众毫无知觉的情况下，每一个女性都被商业广告严厉地检查了，每一个女性都被心理暗示牵引着不由自主地自问：自己的呼吸、牙齿或是身体的各个部位都符合规范吗？这种自问最终当然会演变成内心的愧疚与焦虑，并变成自觉的消费。

　　J. 沃尔特·汤普森广告公司的广告撰稿人吉姆·杨（Jim Young），被指定为奥得欧诺除臭剂的创意策划人，面对产品的特性，他感到头痛。因为，维多利亚时代的人认为，人体的许多功能是难以启齿的。所以体臭，在当时是一个令人敏感的问题。"奥得欧诺"，意思就是"体臭，噢，不！"怎样才能不激犯众怒而又让他的除臭剂畅销？尽管 20 世纪 20 年代美国社交的规范已经放松了许多，尽管城市居民已经在注意个人及环境卫生，但是公众还是不能接受大谈身体的生理性内容，如像漱口剂、牙刷牙膏、体臭除味剂、通便剂等卫生用品，对它们大众还不习惯公开谈论。吉姆·杨在害怕冒犯正统人士的时候，突然有

---

　　①　西沃卡. 肥皂剧、性和香烟：美国广告 200 年经典范例 [M]. 周向民，田力男，译. 北京：光明日报出版社，1999：203.

了灵感，找到了一个理想的靶子，把本来并非仅仅属于女性的生理缺陷单独"栽"到女性头上。被奉为经典的这则广告明目张胆地用了这样的标题："在女人臂膀的曲线范围内"，然后，广告词更进一步地继续探讨这个"被过多规避的"问题。在广告撰写者那里，女人的尴尬仿佛是不存在的：

> 女人的臂膀！诗人不断地歌唱它，伟大的画家一直描绘它的优美。
>
> 它应该是世界上最精致、最优美的造物，然而不幸的是，它并非总是如此。
>
> 在对完美精致的追求中，有件令人讨厌的事情，可是这又那么真实地存在着。……因为这是被汗味困扰的人很少能自己觉察到的生理上的事实。①

广告好像特别关爱女性，好像对她们的处境十分关心，由于她们不知道自己很糟糕，它只好出面来调教。只要她们使用广告宣传的产品，就会变成更可爱更幸福更讨人喜欢的对象。从恐吓女性入手，让她为自己的生理"缺陷"忧虑，产品就赢得了销售的契机。

在一些推销香皂的广告中，香皂制造商为了卖掉产品，又不能直说这个国家的人澡洗得还不够，美国人的卫生习惯还需改进。这样，在20世纪30年代，力士香皂也是用女性来突破销售竞争的难题。力士用"这次能够消除女性内衣的气味了"，广告制作者宣传让身体的异味消除，使衣物、家庭环境更清洁时，借用女性来夸大产品的功能特点，在女性对自己身体的过分敏感中产品得到了有效的销售。

后来，有一种漱口的"呼吸除味剂"，它针对的更是社会避讳的口腔异味的纯个人问题。当然，它还是要用女性形象来介绍商品。1922年，密尔顿·弗斯利为兰勃特药品发明商的产品创作了一支当时著名的广告，广告打出具有警世效果的标题："常做伴娘，可是从没做过新娘。"广告人这样制造效果：

> 埃德娜的问题真是个哀婉动人的故事，像每个女人一样，她当初追求的目标就是结婚。她那个圈子里的姑娘大都结婚了，不过没有一个姑娘比她更优雅、更迷人或是更可爱。而当她的生日年复一年慢慢地快要爬到悲

① 西沃卡. 肥皂剧、性和香烟：美国广告200年经典范例［M］. 周向民，田力男，译. 北京：光明日报出版社，1999：215.

剧的 30 岁界限时，婚姻似乎离她的生活比以往更遥远了。她常做伴娘，可是从来没有做过新娘。

那是隐隐袭来的口臭使然。你们自己，就算是有也很少自己能意识到。而你最亲密的朋友也不会告诉你。①

广告还配上了一幅大龄妇女哀痛得几乎垂泪的摄影图片。

为了推销产品，先制造一个难题，虽然这是一个难以启齿的难题，广告借用女性形象作为突破口，再次把并非女性才有的难堪用女性的名誉公开出来，用所谓的故事来对女性进行恐吓，告诉她们，如果不使用这种产品，将来就会不幸。1925 年，新版的"常做伴娘，可是从没做过新娘"广告沿袭了过去的标题语，在以后的 30 年一直使用着。

福兰牙膏的广告甚至让一个男人悲伤地想："她的牙齿……没有变坏以前，她本是个漂亮女人。"卫生纸广告的构思，也把对"劣质卫生纸"的揭露转换成直接的女性的尴尬：

玛丽的教师告诉我，她在学校表现得烦躁不安，好像不能专心听讲，这让我很担心。

我问玛丽怎么回事时，她抱怨痒痒……这种情况很常见。劣质卫生纸会引起严重发炎。尤其是女人，由于她们的特殊的生理需求，要用柔软、吸湿性强的卫生纸……比如司格特卫生纸或华尔道夫卫生纸。②

广告是如此直截了当："玛丽坐立不安，无法认真听讲……"——"原来是劣质卫生纸。"

1927 年，洛德·托马斯广告公司为高洁丝（Kotex）的妇女卫生专用产品做宣传，"妇女最大的个人卫生问题的安全解决办法，80%以上的美国富裕阶层的妇女现在都使用高洁丝"，因为它能"完全去除体臭"。广告制作商从心理上掌握了女性在情感上比男性脆弱，更易受到伤害，于是利用这种心理特点，经常把女人最害怕的、唯恐让别人厌恶的"细节"挑出来，明知她们根本不懂得如

① 西沃卡. 肥皂剧、性和香烟：美国广告 200 年经典范例［M］. 周向民，田力男，译. 北京：光明日报出版社，1999：281.

② 西沃卡. 肥皂剧、性和香烟：美国广告 200 年经典范例［M］. 周向民，田力男，译. 北京：光明日报出版社，1999：285.

何承受压力，偏要刻意地将人类的生理缺陷硬接在女性名分上，并通过夸大其词的渲染后再直指女性，用恐吓来造成女性对自己的憎恶，让女性在压迫感中渴求解脱，以此来达到操纵女性购买欲望的目的。所以用恐惧情绪做广告，成为后来的广告手法之一。即便到了 20 世纪 90 年代，像"找到爱的女人""不再忧伤的女人""心理平衡的女人"，像"孩子们体质孱弱该怨谁""我孩子体格单薄得让人怜悯""因为喝咖啡耽误了……这个孩子一直没有得到公平竞争的机会。他们管他叫笨蛋"等看似肯定女性的广告语，其话语逻辑，也显示了压抑女性的痕迹，实际上，"找不到爱"，就会"忧伤"，就会"心理不平衡，"仍然作为广告上下文关系的语境压抑和折磨女性。

广告是一种社会话语。消费文化借助公众传媒对女性身体、心理进行了充分挖掘后，使之成为商业新的热销卖点。必须看到，在这种种广告的种种宣传后面，既有现代科技强制力量的显著特点，还可以发现日常生活的自我监督机制、社会专制的强制性力量。

所谓建立在新的思想方法和新的思维观念基础上的消费模式，无非在利用强大的宣传攻势，以合理化及规范化为由进行商品推销。

六、诱饵

20 世纪 60 年代初，男性魅力开始成为事业和社交的有力手段。报界对有关肯尼迪和尼克松的一次有名的会晤的报道，成为政界要人外表魅力的里程碑。从此，男性重新获得了"时装权"和"相貌权"，女性也比过去更看重男性的外表。

历史上，堂堂男子，并非从不过问外表的修饰。男人应该留长发还是短发？留不留上髭？曾经很是问题。查理七世（Charles Ⅶ）和路易十二（Louis Ⅻ），据说是受意大利新潮样式的影响，留长发，剃光胡子，而这种打扮考证起来分明又是对教皇裘利斯二世（Pope Julius Ⅱ）装束的效仿。后来弗朗·索瓦一世（François Ⅰ）和查理五世（Charles Ⅴ）沿袭此风，以至全欧洲都接受了这种式样。所以 1536 年，大法官弗朗索瓦·奥里维埃（François Aurivier）赴任最高法院职务时，他的大胡子吓坏了整个法庭，大家抗议他的胡子，要求他剃去后才可宣誓就职。1629 年，"人造头发"流行，不久，发展成假发。18 世纪初，君士坦丁堡甚至向欧洲输出"供制造假发的加工山羊毛"。1800 年，约为 1000 万人口的英国有 15 万人戴假发。路易十三、路易十四时期，胡子又被禁。直到 1968 年，长头发和长胡子重新登场。

工业革命以来，男性在时装和美容上的时髦被浪漫派艺术家的不修边幅逐渐瓦解。1965 年，男性在美容消费品中，化妆营业额只占总量的 5.7%；到 1995 年后总算达到 10%。1973 年，男性美容制品的成交额只有 2.66 亿，到了 1995 年，成交额超过了 30 亿。由此进入了所谓的"文化女性化趋势"时代。①"文化女性化趋势"是指男性不但关注他们的身材和时装，而且有他们的

---

① 里波韦兹基．第三类女性：女性地位的不变性与可变性［M］．田常晖，张峰，译．长沙：湖南文艺出版社，2000：173.

专用美容用品。今天，西方男性大约有 25% 使用润肤用品，20% 使用润唇用品。

可以肯定地说，是"美丽"带动了时尚消费，是女性被市场当作猎物，"美丽"成为诱饵，女人成为市场穷追不舍的对象后，为了使市场长盛不衰，为了使企业的市场份额增大，在企业间的角逐中，化妆品最先跨出"个性设计"的第一步，完成了其类型将无限度繁衍的突破。

化妆品市场早就针对消费者推出名目繁多、层出不穷的产品，广告宣传也让消费者建立起了"个性化"的观念：从肤色、肤质、年龄、职业、过敏类型、季节性等不同元素对产品进行了别有用心的搭配和组合。根据同样的理念，染发业取得了前所未有的效益，人们可以根据自己的喜好随时随地改变头发的色彩，以此来寄托表现个性气质的特点以及多变性。

从推销个性化的美容方式，产生了个性化消费的新理念，这就是突出自我，把个性特征作为商品的附加值，创造所谓的"超价值享受"。在推行这种主张的时候，商人发现市场的这一走向具有无限的潜力。

有时，文化的陈词滥调的确说明了最深刻的真实，我们接收到的各种社会信息，恰恰泄露了这个时代的需求。从流行音乐的歌词，可以听到大众的心曲，从影视的叙事可以看到时尚潮流的巨大动力。所以，美国妇女杂志的各种论调，已经酝酿着社会文化变迁的脉搏动率。从"现在美自由了""任何东西都不能抵抗住个性"等话语，确立了每一个女人都有责任通过努力获得一个诱人的形象，女性应该自我拥有、自我创造，为争取"个性特色"，建立所谓的"自我塑造"的思维方式。它与今天"走自己的路""做自己想要做的""更在意自己对自己的感觉"等口号，强调的是同一种自我价值的实现。这个时代，信息的发展及供给的多样化不可避免地包含了倡导消费个体的自主选择、决定及参与。当年轻及苗条作为一致的标准为人们所接受时，消费主体也就越来越被迫去关心形形色色的新产品，在提供给她们的一堆化妆、服饰、饮食及体育选项中做出选择。

宣扬以自我主张为核心，已经逐渐演变成了一种自我迷恋。每一个人更希望被注意，希望自己获得"我与别人有些不一样"的认可。市场上，一种更加独立化、差异化与个性化的自我表现的观念，由女性始，而后成为市场上各个社群、族群、阶层、年龄段、职业群、社区群落自我标榜的消费观。对人们来说，商品凸显"自我主张"，表示了允诺能够满足消费者个人化、个性化的需求——在产品概念，或是设计或是提供个人化服务方面得到满足。曾经，当第一批福特汽车从生产线上开出厂门，它们车身闪亮、线条优美，而且完全一模一样，那时，整个世界正式进入到规模生产的单一化之中，批量与单一化成了那个时代现代化的标志。与之相对的是，手工制品成了粗制滥造的代名词。而现在，由于人们渴望和别人不一样，人们又否定了单一化而追求独特的个性，寻找"专属于我的产品和服务"，寻找"专为我而设计的产品"，并且要让消费实现"为我进行自我表达的工具"的设想。于是，商人和他运用的宣传媒介又喋喋不休地宣称"自我"改变了商业体制的权力结构，主宰市场的优先权已经由制造商转移到了消费者；自我主张是绝对的利益行销，每一个消费者都占有一片利益，只有那些让消费者感觉到自我是独一无二的商品推销，才能获得成功和利益。

今天，广告异口同声地宣称：消费者只购买他们感到满意和独具魅力的产品。配合这种趋势，商家宣扬已经为消费者准备好了理想的制造体系，消费者个人的资料和喜好已经进入到信息库，商人正在运用今天的电脑系统完成颇富创造力的设计。

"幻影的快感"与它的美学对象，现在称为"后现代主义"以及它赖以产生的社会历史环境，毫无疑问是自由资本主义经济行为的制造物。媒体社会、"后"资本主义、开放的社会孕育了今天的消费自由主义。

当然，成熟的广告策略为延展广告效果留下了充分的余地。借助消费者需求的模糊，在产品和产品的文化主张上保留出足够空间。模糊性可使未来的选择面更广、更有余地，并使产品的文化主张适应于个体选择和市场的挑选规则。今天流行的消费局面就是这种模糊性仍然充满活力的惯性使然。仅就"美"的销售而言，就有体育用品市场、体育锻炼和健身训练场馆、节食减肥和美容抗衰等追求美的各种渠道，这就是所谓的美的销售的分散化。对市场来说，通向美的理想的道路越来越多。

第六章

06

谎言与幻象

一、暗示与市场

每时每刻银屏上各类化妆品的形象代言人频频亮相，以她们晶莹的肌肤、时髦的着装、非凡的风度以及异常的轻松自信，展示着富裕美丽的人生。这些形象仿佛展现了另一种生活的可能性：如果青春永驻，美丽长存，生活可以如诗如画，令人痴迷于其中，并在永恒爱情的回肠荡气中得到"做女人真好"的欢乐。它让女人看到美丽是生活的一道门，它可以被打开，也可以被关上。每一个女人，可以在它的里面，也可以被它关在外面。而且美丽就是如此"简单"，只需轻松地这样那样的涂涂抹抹。别小看这样的涂涂抹抹，像广告宣传的，它产生的效果简直难以估量。它不仅维护着美丽，更是对个人内在素质的改进和提高。只有容颜美丽，才可能有女人的现代生活，才可能成为时尚的女性。

每一天，女人得到多少这样的暗示？

它似乎给了女人什么叫幸福的标准。同时，它也指点着通向幸福的道路。商人们把幸福的"途径"巧妙地转换成了商机。消费连通幸福，这是最幸福不过的幸福，在消费的享受中获取幸福这将是最得人心的想象。

诸如此类的广告创意来得并不算太难。今日中国，正在把消费拉动经济作为发展途径，所以，广告在很多时候无须创意，因为在它的面前，的确不乏许多可资借鉴的现存样本。1918 年，美国乃至世界的美容用品消费就已经进入了第一个全盛期。从 20 世纪 20 年代起，美国的广告业就致力于改变女性的传统习惯，摒弃一切妨碍女性消费的成见。在各种各样新型广告的制作中，创意者刻意让女性魅力和美容减肥联系起来。美容、化妆、瘦身，这些概念被反复推广，它甚至成了关心丈夫和忠贞于家庭的基础。在那时，一则香水广告的广告词，已经把"让自己富有魅力"说成是"女性的第一责任"。广告大肆滥用着这样的理念：只要是女性，都应该"像百分之九十九的女人一样""必须涂脂抹粉"①，因为"在美容中，化妆传达出一种对他人应该有的尊敬，一种礼貌，它甚至是一种有关廉耻的行为"②。广告宣传甚至恐吓女人："素面朝天"是与女性气质不相容的；"脂肪是罪恶的"。从那时起，女性就成了直接围追的目标和对象。虽然东方与西方的女性会存在某些差异，然而，东西方女性最大的差异决不会出现在爱美上，不会在渴求浪漫爱情上，不会在为寻求生存的意义和价值而敢于进行大胆的浪漫想象上。对后起的中国美容市场来说，西方世界已经为我们提供了许多可资借鉴和克隆的营销样本。

在消费迷信中，还有影响深刻的种种保健产品，它们在建立和打开市场的时候，几乎相当于发起一场科技文化革命。广告语口号既响，概念也新。

1980 年，《纽约时报》上出现了一个概念："银行代表时髦"（指不再年轻的有钱人）。6 年以后，美国人向生理年龄的分界郑重挑战，重新拟定了年轻和年老的界线。此时，经社会学家指点，人们猛然发现："二战"后第一个婴儿潮中出生的婴儿，已经超过 40 岁。紧接着，统计数字又告知人们：1988 年，35~59 岁这个年龄段的人口总数首次超过了 18~34 岁的人群，这时，全美 45 岁和 65 岁以上的人数，已分别为人口总量的 31% 和 20%。同时，学者们还发现：这不是一个简单的人口数字的改变，由它的变化，已经引起了社会文化的转变。到了 20 世纪 90 年代，人们再不可低估正在崛起的所谓"一个年龄老化的老顽童族群"。仍在乐坛当红的"滚石"和"感恩至死"等乐队，它们的成员都已超过 40 岁；娱乐界的巨星保罗·纽曼也已经 65 岁；而康纳利（Sean Connery）就在 65 岁时，被《人物》杂志推举为"最性感的男人"；人们依然迷恋伊丽莎白·泰勒（Elizabeth Taylor），迷恋这位已近 60 岁的女性的美丽和热情。

人们谈论并思考着这样的话题：1989 年跑完马拉松竞赛的人中，40 岁以上的占 42%，他们中有不少年过 70 者，年龄最大的参赛者已达 91 岁高龄。在 20 世纪 90 年代，新婚新娘的年龄也从 20 岁升到 30 岁，高龄待产的孕妇越来越多。

人们还记得这些不再年轻的人群过去的慷慨大言：不要信任 30 岁以上的

---

① 里波韦兹基. 第三类女性：女性地位的不变性与可变性［M］. 田常晖，张峰，译. 长沙：湖南文艺出版社，2000：143.

② 里波韦兹基. 第三类女性：女性地位的不变性与可变性［M］. 田常晖，张峰，译. 长沙：湖南文艺出版社，2000：14.

人。而今天，他们说得更多的豪言壮语却变成了：其实人生到了 40 岁才是真正的开始。所以人的自然老化现象也被重新阐释，它被珍视为荣誉和财富的象征。于是，男人的灰白头发被视为"显赫"和"高贵"，连女人显得"沧桑"和"衰老"的灰发，也变成了新的审美。人们津津乐道于布什总统夫人雪白的头发，赞叹这种美丽的别致。

市场当然也关注着这一代"人老心不老"的消费者。经济上，他们具有强劲的消费实力；心态上，他们绝不会因为渐渐地年老而自惭形秽。利用他们保持的优越心态，定能创造新的商业机会。

这代人为市场提供了无数可能的商机。从他们将优雅地、慢慢地变老，意味着他们将投放相当的物力、财力、精力去抵抗年老，抵御与衰老相关的种种不快。当然，这里面就隐藏着使他们不得不花费更多金钱的动机。于是，他们在新的消费市场上接受了包括洗牙、矫齿、防止皱纹、抗御皮肤老化，以及所谓"心理增能剂"等新产品。

今天，人们迷信的神话之一，就是延缓衰老。媒体上的广告总是在推广各式各样的"秘方"，宣扬如何才能更美、更健康、更长寿，如何才能防止疾病、防止老化、避免早衰和早逝。今天，更多的人求助专家，以便能更好地照顾自己。今天，人们对待电视和其他媒体传达的广告信息，已从怀疑变成了轻信。人们对各种保健常识抱有近乎宗教似的迷信。

人们从各种信息渠道得知：苹果有毒（农药污染），低脂的鸡肉中含有沙门氏菌（饲料污染）。从多脂的牛排改成吃鱼肉后，人们又发现鱼类其实也因环境污染早已遭到污染。公布的环境调查报告渲染着受到工业破坏的大自然的报复，它使国民担忧着水源污染带来的疾病，恐惧着食品工业正在长期而慢性地毒杀消费者。

所以，在狂热追求健康的背后，自然是一个可待开发、潜力无限的保健食品市场。而且，当自我保健意识越来越深入人心，当人们被告知，他们生存中所依赖的水源、土质以及植物已经被杀虫剂、农药、化肥所污染，人们就会渴求和期待最天然的绿色食品进入市场。因而，20 世纪 90 年代，美国市场信息的抽样调查才会出现相应的数据显示：84% 的美国人希望购买没有喷过农药的蔬菜水果，当时，全美只有 1% 的农场不使用农药。由于上述原因，今天应市场需求而兴起的实验室农业已不再是新鲜而陌生的事物。于是，世界各地的超级市场上，无土栽培出来的纯净蔬菜和水果进入消费者的日常生活；还有低卡路里肉品——用遗传配种来改变牛肉的含脂量的肉业产品，以及在实验室控制的卫生保障下养殖出来的虾、鱼、家禽等纯净产品。20世纪90年代以来，人们已经普遍接受了新产品开发商为他们提供的所谓"科技化的健康食品"：低卡路里食品、无胆固醇乳酪、防止儿童蛀牙的朱古力牛奶、不含胆固醇的肥肉、无糖甜味剂、不含咖啡因的咖啡……

　　观察我们的生活，可以发现人们已经接受了药物和食品在区分上模糊不清的各式各样的营养制品：供给人体一日所需的矿物质维生素的饮液或药丸；醒脑静心、提神养身的情绪食品；治疗气喘病的草药饼干；医治偏头痛或抑郁症的甜品点心；种种为工作压力超常的人士提供的补充维生素和营养素制品。写字楼里流行着服用那些用牡蛎、鲨鱼、磷虾、海藻、海带等生物提炼合成的形形色色的"目的性功能"营养制成品。

　　广告的神话功能和它引起的消费奇观绝不仅仅是谎言，聪明的广告总是能为产品找到令人心悦诚服的卖点。

二、欲望与馅饼

　　如果有人说"天上掉馅饼"，人们当然知道他的意思是讽喻，知道他想说的是"异想天开"，认识到那恰恰就是根本不可能发生的事情。当人们这样说的时候，相当于在驳斥某种过分的"妄想"，讽喻那种什么都不做，等待着实属"虚妄"的幻觉成为事实。在民间出现这一讽喻的时候，世界还没有发明出飞行器，人们根本没法把"馅饼"借助飞机或者热气球带到那些欲望的头顶，然后进行大快人心的抛撒，颇有创意地满足人们"不劳而获"的物质需求。所以，"天上掉馅饼"的准确语义恰恰是天上根本不可能掉下馅饼。这一语言创造精当无比。天上可能掉下稻谷，掉下鱼，甚至掉下猪，就如我们从趣闻逸事中得知的那样，当飓风掠过稻田，掠过大海，掠过农人的猪圈，偶然间它也曾经把破坏和掠夺同时变成了馈赠。然而，天上恰恰掉不下馅饼，因为没有人为飓风准备下这一极富冲击力的盛宴。"天上"不能在语法上充当馈赠这份厚礼的"主语"。

　　然而，今天我们如果听到"天上掉手表"，甚至掉的是名牌手表，我们反而不会去联想它的什么讽喻不讽喻。今天的商品推销还有什么想不出来的怪招？广告的方式总是令人始料不及，你以为不可能，它偏偏就做出来了。"天上"这个制高点，当然也要被广告商占据，反正广告商后面还有业主——广告委托商，它们可以联手创造出更加令人瞠目结舌的奇迹。

　　"西铁城"的广告策划曾在澳大利亚的一家报纸上用1/2的版面向受众发布消息：西铁城钟表公司将用直升机在堪培拉广场空投上万块西铁城手表，这是该公司的一种馈赠方式。大家请放下手上的工作，请到广场去，看看那激动人心的场面，去碰碰运气，去捡吧。于是，在约定好的这一天，将信将疑的人们来到了堪培拉广场翘首以待"天上"的奇迹。果然，飞机如期而至，并从机舱抛出手表。人们捡到了从几百米高空摔下却依然完好、走时准确的手表。媒体

147

争相报道，再加上人们有口皆碑地传播着这则"广告"，这样，它就成了最轰动、最刺激、最有想象力，因此也是最有影响力的广告。

1983年圣诞节前夕，一架波音747从香港飞往美国。飞机为美国的一些城市送来了一批珍贵的"客人"——10万个"椰菜娃娃"。它们在美国掀起了惊人的抢购狂潮：新年前夕的城市居民为了买到布娃娃，通宵达旦地排队等候，在一些地方甚至引起打架伤人、贿赂售货员、发生暴乱等古怪现象。为了得到一个"椰菜娃娃"，一名堪萨斯州的邮差不惜用438英镑的重金购买机票，专程去到伦敦为女儿买回这种布娃娃；当时，连美国总统夫人也选用"椰菜娃娃"作为送给儿童的圣诞礼物。

此时，大量的广告宣传特别强调了这种儿童玩具是"有生命"的。广告渲染说，28岁的美国人罗巴士，用童年听到的童话故事构思了玩具的创意。并用童话中充满生态环境的亲切想象——世上的孩子都是从菜田里长出来的，为"椰菜娃娃"命名。在促销中，广告大势营造与产品品质相谐的亲情，特意以一种游戏式的"领养"手续替换了商业上的"购买"方式。商家要求，购买者必须签署"领养证"，保证好好照顾"娃娃"；每个"娃娃"还配有"出生证明"。如同真实中的婴儿，它们的"出生证明"上印着姓名、性别、手印、脚印，当然，这些"娃娃"的屁股上也盖上了接生员的印章。商家给"娃娃"设计的配件也很讲究，一切穿戴与初生的婴儿一模一样，连尿布都是当时市场上最流行的名牌纸尿布。更有甚者，每个娃娃都是"孤本"，它们的肤色、脸型、五官、酒窝、发色、发型、雀斑甚至眼珠的色泽都各具神态，千差万别，极富人情味和个性化。这样"椰菜娃娃"不仅成了孩子们的玩伴，也成了成年人所宠爱的"宝贝"。

当时的广告对美国的家庭进行了分类分析。分析发现：美国的家庭因子女的独立和自立，子女成年后不再与父母同住，致使老年人倍感孤独和冷清；美国的离婚率日趋见涨，离异的任何一方，包括由单亲的一方哺育的孩子，无不感受到一种孤寂无依、情感失落的痛苦。因此，广告让人们相信，"椰菜娃娃"正是这几类人最合适不过的"感情接收器"。当然，成年人更能玩味"椰菜娃娃"设计上精当无比的构思，玩味种种精致的细节。"椰菜娃娃"完全是按成人世界的思维套路设计的：用"领养"替代"购买"，玩味的就是成年人才能理解的"亲情"游戏——为它配置的"出生证明"恰恰是对成人世界的模拟。而且只有成人才可能了解在一个法治社会里"证书"与人的关系。同样，那些仿真的服饰及用品，也只有做过父母的人才能细腻地感受其间的意蕴。"椰菜娃娃"是经得起成年人的眼光打量的商品，它从成年人在现代生活的欠缺中找到了空前的消费渠道。因此，它也成了一种神话，像是印证了中国那句非常玄奥的老话：信，则灵；不信，则不灵。

所以，在商店里，"椰菜娃娃"由20美元涨为25美元，而到了黑市上，它的最高价格甚至涨到了3000美元。尽管如此，"椰菜娃娃"仍然供不应求。1980年它在美国的销售金额是5000万美元，到了1984年，销售总额增加到1.5亿美元，香港的玩具商美美地发了一笔横财。

"椰菜娃娃"之所以在玩具市场得手，是因为聪明的商人把现代社会普遍存在的"问题"变成了销售产品的商机。它的关键"一招"是，他们用一个可以被普遍接受的具体产品来应对他们所找到的社会问题。在"椰菜娃娃"的策划中，他们有意让小小的布娃娃来承接无可发泄的爱、无可寄托的感情、无可建立起来的交流。所以，这个人工制品终于用它乖巧而脆弱的形象充当起无所不能的"超级大使"，成为无数人翘首期待的一剂医治心理痼疾的"万能灵药"，它在轰动的氛围中粉墨登场。

"椰菜娃娃"用脸上的雀斑、手指脚趾上的指甲盖唤起了人们的情感幻觉，仿佛暗示着现代社会给人们心理造成的巨大缺憾和那些巨大的裂隙已经有了弥合的希望，最终把潜在的消费变成了目标消费。

当然，"椰菜娃娃"只是在时尚中趁着新鲜红火了一阵，给"信则灵"的消费者带去了游戏的寄托。然而，那一系列的仿真并不能持久地"变假成真"，作为玩具，它的"物"的被动属性和机械性能最终还是使游戏变得腻味起来，那些只能千篇一律的重复终于也"玩"到"头"了。当成人识破了由一系列烦琐包裹起来的仍然是"枯燥"和"无聊"，仍然还是一个人孤独的独白戏，他们走进的仍然是"皇帝的新衣"的骗局，"消费的上帝"走进了一个旧时的寓言模式里，他们迫切需要的精神寄托被聪明的商人嫁接到了一个可笑的"玩偶"上。一旦他们清醒，就会抛却对这种"游戏"的激情。

三、消费游戏

上述两则商品的销售"游戏"让人们看到了一样重要的东西：商业运作。通过它"不可能"变成了"可能"。天上掉下了比馅饼昂贵的东西；成人迷进了幼弱女童的"过家家"游戏。

《皇帝的新衣》的逻辑，普遍地存活在这类"变"不可能成为可能的事件里。

《皇帝的新衣》这则人们耳熟能详的童话曾伴随了一代又一代人的成长。在儿时的枕畔，母亲和祖母曾把它作为可笑之事用来教会我们发笑；然后在学校里，老师们又一次次提到它，他们想通过它来让我们知道什么叫作愚昧和愚蠢。在这面放大镜下，我们了悟到了人类的虚荣和虚伪以及人类的"可笑"。不过，除此之外，这则童话里还蕴含着其他一些尚待充分认识和理解的文化心理内容，它也是一则关于文化心理的童话。

在故事中那两个冒充裁缝的骗子之所以得手，是因为他们知道皇帝有"消费"新衣服的潜在需求，知道那些被骗的大臣和子民也有"消费""皇帝的新衣"的潜在需求。所以"裁缝们"在皇帝面前比比画画，表演着翻弄布料的动作，然后开始制造需求，他们是这样鼓吹他们的产品的：

> 如果你是一个圣明的君王，如果你当之无愧地统治这片国土，那么你定能看到这块面料有多么的美；相反，那些暴君，那些不配称王的枭雄，他们就什么也看不到。

> 如果那些是你忠信的臣下、卫士、子民，他们就一定能够看到这块布料多么美，多么的与众不同；相反，那些意图谋反者、那些即将暴乱的反

贼，他们肯定什么也看不见。①

　　这样，皇帝和他的臣属、子民就从"潜在买主"变成了"目标买主"，消费需求的目标变得十分明确：他们既要用"裁缝"提供的衣服来完成对"他者"的检验；同时又证明，自身已经经受住了检验。也就是说，皇帝需要用这件"商品"来验证他的属下；他的臣民同样需要借此来观察他们的主子以及同僚、乡亲。童话中的行骗者，其实是制造需求的高手，他们把现实中潜在的需求变成了显在的需求，并且转换成产品。现实中的国王疑心着他的臣下和民众，现实中的国臣国民不仅希望了解他们的国君，还希望同等地位的人获得互相间的认识和了解。童话中的行骗者其实并没有骗人，事实上，我们看到，他们把大家需要的"东西"借用衣服的名义拿给了大家。国王用金钱消费了一种"文化"，他借用对这件"物品"的消费，伪装成"合格者"，再用这个伪装的合格身份来验证他人。反过来，他的臣民也是这样。所以，在故事中，真正意义上的"骗"和"被骗"是不存在的，被骗者并非"什么也没有得到"，因为所有的被骗者都已经得到了欲望在幻觉中的满足，他们"消费"了一次"幻象"——国王和他的臣民都在消费中获得了成为"合格者"的幻觉。在《皇帝的新衣》中，商品的生产者与行销者不过是把"消费者"希望"骗"的潜在心理变成了显在的现实，那件不存在的"衣服"，恰恰让他们现实的内在欲望得到了一次真实的"裸露"。是"骗"与"被骗"共同支撑起游戏的构架，是"骗"与"被骗"在一种文化结构中相互配合，运用共同的规则，双方合谋，同时营造着"游戏"的欢乐。不在同一种文化和语境中的蒙昧稚童必然不能领悟这种游戏的欢乐，他用另一个层次的真实扰乱了游戏，惊破了成人的幻觉。

　　今天，有多少像这则童话中"裁缝"那样的"行骗者"？

　　商品市场上，广告人其实使用的还是古老的理念，而"皇帝的新衣"的古老手法正在被用来操纵消费者的心理，大肆地制造着今天的"谎言"，煽动着今天的欲望，并点化着"幻象"中的海市蜃楼。

　　媒体上明星异常活跃。除了在舞台上为自己的新歌挤进排行榜蹦蹦跳跳，还为瘦身减肥产品大做广告。明星把减肥的形象效果变得越来越具体。而且，

----

① 里波韦兹基.第三类女性：女性地位的不变性与可变性［M］.田常晖，张峰，译.长沙：湖南文艺出版社，2000：119.

明星在广告中显得闲适和享受，也仿佛更远离意识形态，成了纯粹消费。

广告大造声势，让潜在买主——女人们去注意：在她们的腰部和四肢内侧，肥肉正在堆积，小腹正在可耻地凸起，"橘皮"已在悄悄袭击她们的"美丽"。广告大声地恐吓着。广告让女人把自己的身体当作敌对的"他者"，调动一切心理的高度警觉来对付发胖——把它当作可能凶险地袭击她们的"敌人"。女人的眼睛已经被广告教会了如何对自己的身体进行苛刻的挑剔，让她们对任何微小的"细节"不肯"容忍"和"宽恕"。广告或是直接或是拐弯抹角地教唆着，让女人把腰身的优美当作高于一切的追求。同时，广告还用暗示和明示来表示，只要女人抓住了肢体上的"骨感"，就能避免淘汰出局。这样，女人们，不论胖瘦都被广告一网打尽，从潜在买主变成了目标买主。

这也是商家非常聪明的商业运作，前瞻性地把女性在社会生活中遇到的错综复杂的问题和这些问题引发的焦虑、紧张、迷失转化成了一种消费、一种产品、一种可以被广泛接受的时尚。荧屏上那些青春不老、婀娜多姿、功成名就的"超级女性"，令多少人产生了美好幻觉，并将自己的幸福、成功、生活的价值和内涵寄望于商家的广告许诺。"身体"成为一种新的神话和迷信，而减肥仿佛能够弥合理想和现实的反差。

数据更能让人看清这类"超级幻觉"赢得了一种如何的心理认同效果。20世纪80年代末，美国有近一亿人食用减肥食品；1993年，法国女性中1/4的人想减肥，这一年，她们共消耗了150万支减肥、脱脂药膏；每年，法国大约有5000种新型减肥食品被"研制"和生产；全世界上市的各种"轻型食品"已逾1.5万种。①

今天女性们毫不忌讳地宣布：她们最怕的事情就是发胖。对于苗条的痴迷，对于减掉身上多余臃赘，对于改变鼻子和眼睛的形状，对于把浑圆饱满的脸形"打造"成尖棱瘦削的薄脸，女性为了面貌形象不辞苦痛，她们的痴迷近乎疯狂。然而，暗中推动她们的，绝对是神话和迷信，是神话和迷信的功能在起作用。

全世界的女人都有被商家煽动起消费美丽的心理，而被煽起爱美欲望的女性又是那么容易轻信商家的承诺。

---

① 里波韦兹基. 第三类女性：女性地位的不变性与可变性 [M]. 田常晖，张峰，译. 长沙：湖南文艺出版社，2000：116-117.

虽然，即使是使用美容产品的女性也经常对美容产品吹得天花乱坠的承诺大感怀疑，然而，这并不影响她们继续相信新的承诺和试用新的产品。

对待美容产品的态度用不着去接近真理。只要你属于大众文化，属于某个集团的神话氛围，你拥有神话般的乐观主义，那么主观消费意识就会抓住你。女性对美容新产品的跃跃欲试与幼稚、蒙昧并无太大的关系，它更多的是自我"神话"的问题。它是围绕女性制造的消费神话大获成功的证明。在广告及其大众消费文化的"帮助"下，女性已经建立了这样的信念：人人都拥有修复及重塑自己的权利，人人都有能力和义务来积极地参与对自身"身体的管理"。它也成了女性个性化的内容之一。似乎现代女性作为独立个体有了一种新的能力：从上帝之手接过了对身体进行有效控制的能力。这是现代女性希望获得的一种"人权"。

四、病毒传播

"在那浪漫的一刻，我们各自捧着自己的最爱，交换着彼此的最爱。""极品的哈根达斯冰激凌为什么能让全世界为之倾心？重要的一个因素就是哈根达斯绝对不含任何人为成分。""哈根达斯提倡'尽情尽享，尽善尽美'的生活方式"，是一种"豪华和奢侈的享受"，"是一种新的生活方式和文化"。上面的引文，是这种产品的广告和产品经销者对它的言说。当然，如此的"言说"绝对不会白说，广告和产品营销者用那些美妙的"言说"来树立它的品牌价值，然而，树立品牌价值的目的就是要让享受它的人去大把掏钱。于是，在中国，这个于1921年诞生在纽约布朗克斯一个美国家庭作坊的冰激凌，如商家所料赢得了他们预期的市场。"爱我就请我吃哈根达斯"已经成了广告诱发出来的流行语。

有人称哈根达斯为一种"病毒"，这个比喻有意思。在青年消费群体中，哈根达斯成了验证爱情的一种游戏。当然，哈根达斯的经销商早有先见之明，他们知道中国市场上有许多好学的"小学生"，他们是美国文化和美国品牌的崇拜者。哈根达斯总经理在自信地介绍他们的成功经验时，一语道破了"天机"："市场就像一所大学校，消费者也是学生，要经历从无知到摸索到对比直至成熟的过程，一旦他形成了固定的消费习惯，我们就可以说他'毕业'了。""相信在13亿中国人中肯定有一个百分比的人群认识到什么是高品质的生活，并希望得到超出一般消费者需要的高品质的生活。"消费哈根达斯的人当然相信它是极品，当然相信它的魅力。当哈根达斯的各种广告营销活动充当着"教育者"，向受众连续不断地灌输着它所倡导的消费理念的时候，终于它获得了追随者——一些像受病毒感染的进行"病态"消费的"时尚"追求者。因为如果哈根达斯推销的是优越感，它就有效地迎合了那些需要获得优越感的人群。

广告是现代市场的一种有力手段。广告的力量决定了广告费用的持续上升。正是广告在拉动消费中所起的重要作用，才会有以下不可低估的广告费用数据。

美国国内广告媒体费用在 1996 年达到了 667 亿美元。覆盖全美的大型电视广告媒体费用在当年创下了 144 亿美元的纪录。其中报刊媒体和地方电视的广告费用分别为 112 亿和 142 亿美元。广告费用居于各大企业首位的是通用汽车公司，在它 17.14 亿美元的投入中，仅仅电视广告资金就达到 6 亿美元；紧随其后的是宝洁公司，它的广告投入总费用为 14.5 亿美元。

中国自 20 世纪 80 年代改革开放以来，承认市场的客观规律，引进市场竞争机制，引起了社会变革。社会变革带来的巨变之一：我们视野中的广告，已从过去的"陌路人"，变成了今天的"常熟客"，而且人们对它在商品促销中所起的作用、对社会经济活动所产生的影响的认识也越来越清楚。在中国广告业发展的 40 多年中，广告与经济同步发展，人们开始注意到广告与市场经济的内在联系。虽然没有理论为广告和市场经济的这种互动关系清晰地勾勒其轮廓，没有理论对广告现象和经济形态的关系给予历史性和专业性的定论。

借刺激消费而生存的广告以高额的投入制造着一枚枚攻破人们心理防线的弹丸，它已经在人类文化史中显示出前所未有的巨大能量。

很久以来广告一直隐蔽在大众消费快感的身后，掩藏起它作为社会大众心理操纵者的真实身份。而且，人们沉溺在消费的快感之中，完全忽略了时代和社会因它而起的根本性巨变。与现代社会经济结为一体的广告，已在不知不觉中帮助人类社会的生产结构完成了根本变革，已在不知不觉中左右了资本主义国家的政府职能，左右了它的法律所倡导的自由精神，甚至左右了它国内外的重要政策。在意识形态方面，广告以它创造的社会消费形态几乎彻底改变了人类社会的文化传统。

广告决定着市场和商品结构，它促成的商品结构已经出乎意料地、不被察觉地改变了人们的文化态度。广告让人们消费着它在追求自身的经济实利时而倡导的各种观念。

正如詹姆逊（Jameson）所洞见的：晚期资本主义对所有的社会群体产生了历史性的、独特趋势的影响，这就是通过普遍商品化和市场体系的腐蚀行为来产生的影响。① 它以提供信息的方式进行了一系列的符号轰炸，最终为社会制造出了大众消费文化的价值观。很多年前，温斯顿·丘吉尔（Winston Churchill）曾对广告有过既通俗又入木三分的概括，他一语道破了广告与社会发展以及每一个社会成员的关系，他说："广告滋养了人们的消耗能力。它创造了对更高生活水准的需求。它在一个人面前树立了追求目标：包括他本人和自己的家庭都有一个美好的住所，更美好的衣着和更精美的食品。广告鞭策了个人奋斗并促进了生产力的发展。它把从来互不相关的事物撮合起来使之繁衍。"② 如果说丘吉尔是以一种客观的积极态度来评价广告的作用，那么，美国历史学家大卫·波特却在用文化反思的语气提醒人们对广告现象给予警惕。他是这样把广告从它的隐身处拖出来放置到人们眼前的，他指出：一个人可能已相当广泛地阅读了有关公众舆论和大众文化的文学作品以及宣扬美国的大量宣传品，但是，他有可能不知道，如今广告宣传在其社会影响程度上的强度，不知道广告的影响力已经在与学校、教堂等传统机构相比美了。广告主宰着宣传工具。广告在公众价值取向、道德准则、行为标准的形成中起着巨大作用。所以，在对社会起控制作用的有限的几种机构当中，广告其实也算得上一个，尽管社会的分析家们在很大程度上忽视了它。③

广告刺激物质消费的方式比比皆是。坐在家里，只要打开电视，广告就会让我们知道服装中最有价值的品牌，知道女人全身上下里里外外都是等待着花钱去清除和打理的瑕疵，知道在我们的内脏中有许多令人忧心烦恼的垃圾和毒素，知道可以与哈尔滨的冬天有个约会，知道可以在三亚的冬天享受沙滩阳光浴。广告用电视屏幕可以展示的诱人画面终于把人们从家中"骗"到了户外。也就是说，不论你的目的是出门购物、上餐馆吃饭、到咖啡屋和小茶屋去消闲、到健身房去寻找运动之乐，还是干脆背着背包去旅游，总之，你离开家门，上了路，来到了户外，然而，马上你又将遇到和一直将持续遇到更多的广告。每跨一步，都会引来新的路牌、霓虹灯、灯箱、橱窗、过往公交车的车身、彩旗、布标、热气球、鲜花拼字、充气塑膜……从眼花缭乱的市区到人烟稀少的公路、

---

① 詹姆逊. 大众文化的具体化和乌托邦 [M] // 快感：文化与政治. 王逢振，等译. 北京：中国社会科学出版社，1998：114.

② 邓恩，等. 广告与商业 [M]. 崔岩峙，等译. 北京：中国工商出版社，1981：4.

③ 邓恩，等. 广告与商业 [M]. 崔岩峙，等译. 北京：中国工商出版社，1981：5.

铁路沿线，只要是人迹可到之处，广告都不曾放过。广告用制造幻象与谎言来刺激物质欲望，并促使物质欲望转换成需求，以此完成创造市场的功能。广告有效地利用了人类普遍存在的物质欲望，套用了人类借助谎言与幻象支撑物质欲望的惯用伎俩。制造谎言与幻象是人类非常古老的一种特殊爱好，也是人类满足心理需求的一种简单而有效的方式。

第七章

07

后现代主义

一、前卫

生命应该浪费在美好的事物上。

每个人都可以做生活的艺术家。

生活就是生活，工作就是工作。

我不在家，就在咖啡馆；

不在咖啡馆，就在去咖啡馆的路上。

冬日，阳光从窗户外溜进来，

一种暖洋洋的情绪在心里悄悄地滋生。

这里有美，有艺术，有生活，独独没有压力。①

这是一个叫"高级灰"的都市族群的文化宣言。它们的自我阐释：高级灰，中产阶级的别名，北京中央商务区的中高级白领。灰，是一种中性的色调，它内敛不张扬，沉稳不浮躁，有力量而不炫耀，个性而不随流，优雅而不流俗。这样自赏的族群当然是非常重要的消费群，他们是大都市商业文化的标志之一。且看别人在估价他们时的小心翼翼和羡慕之情：

高级灰，自有维系存在的理由。他们有自身的生活形态、消费心理、思想状态、价值观念；他们有文化，有审判鉴赏力；懂得享受生活，有生活情趣；有独立的思想，有自己的生活态度；他们的休闲以旅游、读书、听音乐、看影碟、会朋友、体育健身为主；优越的物质生活条件却以长期超时、超负荷工作为代价；多数人已不是第一次置业，再次买房是为了提高生活的质量；与比较固定的媒体接触，如《三联生活周刊》、互联网、凤

① 赖伟. 文化构筑东润枫景品牌［J］. 国际广告，2001（7）：16.

凰卫视等。

　　高级灰族群——生命可以浪费在美好的事物上。①

　　这种恣肆欢乐的生命形态和从容自得的消费能力，最受今天的传媒欢迎。媒体用视像让人们走进了那些白领们的家，受众跟随电视镜头进入了"高级灰"族群的生活。一个明星让人们看到了她的个人收藏：各种各样来自世界各地的特色精美小玩具；她的指甲油，几十只漂亮的小瓶子，按她的解释，有时候是为了它们独特的色彩，有时候是为了瓶子的造型；人们还看到她精心装饰的宽敞的套房，流进房间的阳光和与阳光一样多的音乐。人们看到白领丽人生活的富裕和从容，像阳光一样美好和明亮。另一位集歌星、名模、时装设计师等多重身份于一身的明星，也向人们敞开了她的家，那更是用前卫艺术品位装饰起来的家。从红色墙面的制作，到墙壁上的那些挂画，以及沙发、木柜、小地毯、壁镜、茶几、首饰盒，东方到西方的艺术品位为她提供出设计的基本元素，总之，她让她的套房在时空中穿梭：在埃及风情的卫生间，世界各地的香水在精美无比的玻璃瓶中晶莹着它们含蓄的暗香，像一个个懒洋洋甜滋滋的梦，飘飘忽忽的，不掺水分的浪漫；而她的起居室中那只红色大木柜，更是使她的品位上了一个档次，那像一件红棉袄似的家具，把青砖黑瓦、东方旧梦似的美丽搁在了家的一个角落，在追求美上更是细腻入微，很有细节和层次。她们的确演绎了生命如何被"浪费"在美好的事物上。高级灰——简直成了经济实力的阐释。

　　无独有偶，在中国还"崛起"了一个"X一代"。这种称谓，是从国外舶来的，在国际上它早已成为流行语。它是18～28岁未婚的年轻人的代名词。国际市场营销专家认为，全世界的这代人，具有一种与他们特定的心理和行为模式相应的消费特征。虽然他们与大众市场上典型的消费群体很不同，而且他们在市场中所占份额也有限，但是他们的任意性支出的份额却很高。所以，他们的购买能量极大，而且他们对整个时尚消费的方向具有相当强的影响力，经常左右着消费的发展方向。中国的这个群体也被中外跨国商人盯住，成为他们眼中的商机，他们希望通过抓住他们来掌握市场。

　　一些相关的做市场分析的专业人士调研了"中国X一代"，在通过对六大

---

　　①　赖伟. 文化构筑东润枫景品牌［J］. 国际广告，2001（7）：16.

城市中的 24 个抽样群体进行调查后，这个群体被归纳为：

（1）这些人多数以自我为中心，缺少社会责任感。

（2）这些人大多数受财富和金钱的驱使，这几乎是多数人权衡利害的主要砝码。

（3）年轻男士的问题并不比年轻女士的简单，因为他们须承受来自各方面很重的压力。

（4）他们总觉得钱不够用，他们每月支出常超出允许的限度，这并不是说他们对价格不敏感，他们也并不是高价品的追求者，但他们如果看中某种商品，常会忍痛接受市价。

（5）总的来说，较他们年长的一代对他们很有些不以为然的看法。①

任何消费都是一定文化的反映，"X 一代"所具有的文化积淀，其中既有美国的遗踪，又有现时西方青少年流行时尚的痕迹。中国都市里的"X 一代"有他们自己标记性的风格：他们喜欢把衬衫下摆放在裤子外面，上面又套件更短的外衣，故意以此"衣冠不整"，男孩们喜欢留着乱蓬蓬连着鬓角的长发，有的在脑后把头发捆扎起来，追求一种"不同凡响"的潇洒与"酷"。

国际上常常把年轻的人群按照消费特点来进行划分，由此分出一些群落。这种区分其实更为暴露了商家的迫不及待。

盯着青少年一代的丰田汽车公司，他们在美国的销售分公司就在青少年一代身上打主意，动脑筋。他们估算着，2020 年，美国每年会有 400 万人到达准许驾车的年龄。认准这一点，汽车制造商们已将这些孩子作为大献殷勤和围追堵截的对象。丰田汽车营销部的史蒂夫·斯特姆相信：社会中正在兴起一代人，一代正在成长，即将离开青少年的行列，成为成年人的人，他们是不可多得的商业机会，因为，他们的人数比婴儿潮的一代人多得多。

几乎所有的汽车制造商都在跟踪着年轻积极、生活方式多样求变的一代人，商人们追随在这些未来的买主的身后。在对他们进行了反复分析之后，商人们发现将会有五个与青少年相关的十分关键的连接点：音乐、时装、娱乐、体育和科技。

市场已从单单对女性的兴趣扩大到了更多的社会群体，很多商人已经把营

---

① 童汝爽. 从研究所谓"中国的 X 一代"说起 [J]. 现代广告，1997（4）：25.

销的方略对准了"年青的潜力"。《国际广告》《中国广告》《现代广告》都用大篇幅来介绍国外如何打造青少年市场，介绍针对青少年市场展开的种种营销活动，讲述市场对这些年轻人群的兴趣。

　　市场转移其实是从 20 世纪 70 年代开始。在嘈杂、无序的 20 世纪 70 年代的日子里，美国在"二战"后出生的一代人，也被称为"婴儿潮"的一代人，他们中有许多人完全变成了舒适地终日懒散在家的一代人。

二、嬉皮士

罗伯逊在《美国神话 美国现实》中说，作为一个行业的广告和咄咄逼人的推销术虽然都不是 20 世纪 20 年代的发明，但二者结合起来成为自 20 年代以来美国消费勃兴的基本推动力。后来，电视进入了战后的美国家庭，从 1945—1960 年，此期间，广告每年的总费用都以三倍的速度增长。"主妇"成了营销瞄准的第一个"族群"，当主妇消费已成定势，战后的一代——被称为"婴儿潮"的一代成长起来，他们看着好莱坞男女明星们的电影长大，追随着各种风格的流行乐队，跳着伦巴舞、摇摆舞、踢踏舞以及疯狂的抽筋舞、琳达舞渐渐长大。这代人有比前辈更多的金钱与时间，更在乎享受生活，广告业为日益富裕起来的这代人精心培育了一个独立的消费市场。这些在埃尔维斯·普雷斯利（Elvis Presley，又称猫王）的摇滚中发泄着反叛快感的青年，成为收音机、唱片、电唱机、青少年杂志、化妆品、流行时装推销的首选对象。前"嬉皮士"——"垮掉的一代"因诗人金斯伯格（Irwin Allen Ginsberg）的名气和影响力成为一种时尚，他们的山羊胡、居家拖鞋、黑色服装成为一种标志。商人看准这种"无缘无故的叛逆"将会在美国社会中继续存在下去，将会是一种永远不会衰退的时尚风潮。20 世纪 60 年代直至很长一段时间，流行着他们非此即彼的口号：

> 我们要么结婚，要么不结婚。
> 我们要么从上午九点工作到下午五点，
> 要么我们不工作，没有什么别的可说。
> 要么买福特牌汽车，要么买雪佛兰牌。

要么买巧克力冰激凌，要么买香草冰激凌。①

商人们都把年青一代的购买力作为自己的市场目标，而那时候，青年人又都呈现出某种共同的格调，虽然反叛，却难免单调。

终于，20世纪80年代后打开了僵局，反叛这块大蛋糕被切成碎块，每一块被涂上不同的颜色，再插上独特口号的标语彩旗，每一面旗帜上宣扬的是一种个性——它使个性化的后现代消费营销有了同样的特色。如奈斯比特对这种消费格调的形容，"在今天这个巴斯金·罗宾斯（巴斯金·罗宾斯是专门销售冰激凌的联营商店）社会里，任何东西都至少具有三十一种不同的格调"②。人群被切成碎块，商人向不同的群体唱着夸张的赞歌，让他们觉得他们是唯一正在享受的人，因为商人说他们是与众不同的人。所以，如果你想买一辆超小型汽车，你可以从126种不同的品牌中随意挑选，而曼哈顿的一家灯泡专卖店则"备有两千五百种电灯泡"，你如果要吸烟，可以在两百多个牌子中挑选。只要人们迷信消费的个性神话，市场就能把货物送到每一个人的手里，它会利用社会的某些潮流痛快淋漓地耍玩化整为零的游戏。

市场永恒的紧迫感促使广告业不断扩展自己的业务，大众传播媒介在出现的那一刻起，就被充分地调动和运用，它不知疲倦地为经济增长和大工业的继续生存创造出更大的需求——更多更广的消费大众、更大更有潜力的消费市场。这时的广告曾经使消费者因为"感到恐慌而抢购"。

20世纪20年代，布鲁斯·巴顿（Bruce Barton）成为当时当红的广告作家不是偶然的，他在那时就说出了市场的"真相"："我们大家都在谈论'供给和需求'的法则，但用词的顺序已颠倒过来了。在非基本必需品方面，供给总是先于需求。"他还以《耶稣最伟大的CEO：无人知晓之人》——一本基督传记，提出了一个惊人的观点：基督就是第一位出色的推销员。那些接受基督教的忠实教徒们，则是基督所生产的宗教消费者——基督制造了对基督教的大量的需求，然后基督徒在信仰中进行着宗教的消费。他通过"私利实用"的措辞来表

---

① 奈斯比特. 大趋势：改变我们生活的十个新趋向［M］. 梅艳，译. 北京：中国社会科学出版社，1984：237.
② 奈斯比特. 大趋势：改变我们生活的十个新趋向［M］. 梅艳，译. 北京：中国社会科学出版社，1984：234.

达被消费的宗教概念。① 现代广告所运用的口号、象征和神话也是一种对"私利实用"的允诺，允诺会让人感受到现实的匮乏，从而使潜在的消费者感到自己被剥夺了，只有赶紧消费，以便找回丢失的和被剥夺的，这样市场需求就被创造出来了。

从 20 世纪 20 年代开始，广告客户和广告人就在大众信息媒介上广泛地运用广告口号、广告语来蓄意编织一些内疚感、羞耻感、悔罪感之类的故事，女性常常裸露在这种压迫下，"脂肪是罪恶的""不化妆是可耻的""金发女郎更有无穷乐趣"，他们千方百计利用人们的社会抱负、社会压力和性在广告上大做文章，把受众逼到匮乏的意识角落，使之产生被剥夺感，对市场燃起复仇般的兴趣，于是，找回缺失的"私利实用"的消费兴趣高涨，实际的需求就在这一过程中被制造出来。

广告的种种"作为"与工业化的国家对市场看重是一致的。

1929 年以来，美国的经济萧条让失业和贫困人口增加，它使人们看到，大规模的工业体系还不完善，如果工人们无力消费，就会产生"过剩"的危机，这样一来，经济根本无从进一步发展。那时，美国总统、州长亲自倡议，要企业家想出刺激消费的高招，增加社会消费，以便使经济继续发展。国家要人们意识到，在使美国经济运转起来这一方面，投资和生产的必要性比不上消费。大萧条的经历生动地告诉人们，"小人物"有钱花对整个经济的运行具有根本意义。

罗伯逊说，罗斯福（Roosevelt）在 12 年的竞选总统和连任总统期间，把生产者个人的神话朝着消费者神话的转变。罗斯福明确地告诉美国人，"一味建设更多的工业工厂，创造更多的铁路系统，组建更多的控股公司，可能是有益的，但也同样可能是有害的、危险的"，"我们目前的任务不是发现或开发自然资源，也不一定是生产更多的商品"，而是"为过剩的产品寻求和重建国外市场，解决消费不足的问题，调整生产使之符合消费需要，更公平地分配财富和产品，促使现在经济组织服务于人民"。他的顾问讲得更明确和具体，"我们的当务之急是为每一个个人和每一个群体提供工作的机会和消费其他工作成果的机会。在

---

① 奈斯比特. 大趋势：改变我们生活的十个新趋向 [M]. 梅艳，译. 北京：中国社会科学出版社，1984：233.

此过程中能够扩大购买力，而购买力的扩大与商品生产的扩大是协调一致的"①。这时，许多"个人"认识到，个人对社会的义务和责任就是尽可能快地消费社会生产出来的商品和提供的劳务。而且，只要个人消费，经济就将繁荣，生产就会继续，就会有充分的就业机会和生机勃勃的资本王国。"二战"后，很多一次性产品被发明而且被推广、被神化，就是由这种经济政治带动的。广告让人们看到，这些新产品用完即丢不但方便，而且比回收、去污、维修后重复使用更经济。这样，一切东西都在连续不断地被发明和生产出来，它们性能更优异，使用起来更方便。发明创造上的"争先恐后"也使产品陷入了大淘汰的窘境，有的产品才刚刚生产出来，就已过时，这在美国经济史上被称为"有计划的浪费"。罗斯福在美国历史上成为神话般的人物，因为在人们的记忆中，这个形象是大政府的缔造者，而这个大政府是以小人物的生存为中心的。支撑起这个说法的根本基础，则是他作为消费社会缔造者的形象，是他创造了美国的现代社会——消费社会，他是大众消费时代的真正缔造者和推动者。

后来美国的许多青年之所以宣称"独立"——独立于家庭、独立于师长、独立于教育体制，甚至独立于政府、权威和"传统习俗"，他们之所以能够游离于社会，做自己的事，之所以有个性，有反叛性，包括反对政府和制度，正是因为 20 世纪 60 年代的提倡消费所带来的社会富裕、个人财富，个人生活获得了安全保障。人们之所以能够从容不迫地追求独立意识，正是一个全民"富裕"的社会给予了强有力的支撑。

---

① 罗伯逊. 美国神话 美国现实 [M]. 贾秀东，等译. 北京：中国社会科学出版社，1990：253.

三、幽居族

尼采（Nietzsche）极其郑重地向现代人宣称："他"——人类，自由地落入了虚无主义的无底深渊。

美国式的反叛和个性，很大程度就是在张扬这种自由的虚无主义。虚无主义曾经是思想性很强的哲学，它的任务是要摧毁某些东西，并且用另一些东西来代之。它也是一种精神危机，因为这种新的意识本身充满了虚幻，而且，正是由于它，旧的信念又不复存在了。如此局势将人们带回了虚无。由于既无过去又无将来，人们面对着一片空白。不过美国式的自由虚无主义不像德国，美国式的反叛是在相对主义的相对性中萌发动机，然后全面增生，与消费主义贯通一气，美国的经济就得益于这种文化特性，它成为商业不断地进行观念复制的依据。

战后，美国"垮掉的一代"用颓废主义来反叛社会，抨击政府在经济繁荣的政绩下陶然于乐滋滋的自得，声讨它自居于地球"球主"的行为，指责它对全世界的事指指点点，率性干戈。从他们起，年轻人都喜欢自由自在地议论和批评，不过，后来的年轻人的批评范围也从很政治的对抗，转为不再专门政治化的对抗，并用十分情绪化的发泄来表示对整个社会的正统规范通通不屑一顾。

对此美国芝加哥大学教授，政治哲学思想界影响很大的艾伦·布鲁姆（Allan Bloom）说过：美国式相对主义的价值理论以自己的一套礼义廉耻观，极大地解脱了囿于善恶去判别人类行为的长久专制，免除了既要追寻一端又要避免另一端的那些无休止的探索和努力。譬如，像战争年代和性压抑这样一类问题，用善恶去衡量是难以处理的。而引入了各种灵活易变的价值观时，使人沮丧的局面便立即解除。只要对价值观做出一点小小的必要调整，个人就完全无须为自己的所作所为感到内疚和不安。这种力图摆脱种种限制，憧憬安适极乐世界的热望，恰恰是地地道道的美国人对德国思想的最高境界进行的实用主义的调和。①

布鲁姆很重视尼采的观点：现代民主的日常活动是人类在文明形式下的重新野兽化。为了不去面对现实，人们回避思考人生，没有人再去崇信什么，每个人都在疯狂的工作和疯狂的玩乐中度过一生。布鲁姆看到，流行着相对主义的时代，帮助美国人遮挡了他们精神意识上的平庸，他们用创造自己的"生活样式"，取代了对人生价值观的精神层面上的追问和思考。对美国人来说，一个具有"自己生活样式"的人，旁人是不可与之相比的，所以，当他有自己的"样式"的时候，他就有理由享受他的尊严，而且他还认为，任何人都可以根据这种理论建立自己的样式。

布鲁姆发现了伍迪·艾伦的喜剧，认为它最能揭示出美国相对主义价值观的病症。布鲁姆指出，美国风味的虚无主义的那种舒适自在表现了一种"政治滑头"，就表现了典型的美国式折中：

> 齐利格是一个无论你期待他是谁或怎么样都行的人。和富人在一起时，他是共和党人；与黑手党在一起时，他是土匪；与黑人、中国人或是妇女在一起时，他又是黑人、中国人或妇女。他自己一无所是，只是由他人所决定的角色的一群堆集。他不可避免地需要心理治疗，他的犹太风格本身却毫无价值，他的价值是由当下世界潮流所规范的。在由自己的真实本能引导而确立自己的价值时，他成为一个自主取向的人，并恢复了健康。②

尼采式的相对主义价值观会使人陷于精神错乱与迷茫。不过，美国不习惯悲天悯人，悲剧意识在美国没有市场。于是德国悲苦精神被美国化——反叛精神变成了摇滚。追求某种迷人的、神经质的、富有性感的、超越伦理行为的以及颓废的格调，正好表达了某种令人不安的朦胧渴望。

后来美国人又开始迷信弗洛伊德（Sigmund Freud）的精神分析。这时，美国人的判断就转向了自我，开始神化那个"自我"——一个神秘莫测、自由驰

① 布鲁姆. 走向封闭的美国精神［M］. 缪青，宋丽娜，等译. 北京：中国社会科学出版社，1994：145.
② 布鲁姆. 走向封闭的美国精神［M］. 缪青，宋丽娜，等译. 北京：中国社会科学出版社，1994：149.

骋、至高无上的中心。他们用由这些语言所决定的生活方式来追寻他们的幸福。他们谈论那个虚无缥缈的东西——操心忧虑、自我实现、扩张意识等，声嘶力竭地追寻那个每个人都知道自己所具有的内在东西——"自我"。美国虚无主义是一种情调，一种忧郁与变幻不定的情调，它是没有深度的虚无主义。它更表明了人在本性和欲望方面的混乱。人们面对心灵的变化多端和相互冲突时，不再相信原有的自然秩序，当然，对处在这种状态下的"自我"来说，传统也已经崩溃。这样，"灵魂成了一个供定期换演节目的剧团使用的舞台——有时上演悲剧，有时上演喜剧；今天是爱情，明天是政治，后天是宗教；一会儿是世界主义的一视同仁，一会儿歌颂农村，团体主义，残忍无情。对于所有这一切，人们既没有原则也没有意愿去赋予它们以等级秩序。所有的时代和区域，所有的种族与文化都可以在这个舞台上演出"①。

布鲁姆还说，严肃思考在美国年青一代身上已荡然无存，因为贫乏的教育窒息了他们的热望，他们身上所萌动的意识，充其量不过是一堆毫无秩序的平庸和混乱的欲望，他们是一群自我主义者，但不是采用唯利是图的邪恶方式，也不是采用那些明知意味正义、高尚是什么却又自私地拒绝它们的那种人。

每一代人都与上一代人敌对。曾经，反叛的一代用横扫一切的姿态宣称，现存体制代表着落后的保守主义，接着便向社会结构发动旋风般的进攻。然后，从 20 世纪 70 年代开始，人们又一改前一阵子的花里胡哨，轰轰烈烈的充满革命氛围的城市被有条件的中产阶级抛诸身后。

幽居族，作为一种文化的抵抗者就是用幽居来表达对城市——这个象征符号的讨厌。人们已经忘记，多年前印有"我爱纽约"的手提袋曾经是一大时髦。大众传媒上，这时的人们不断地看到，那些抛弃城市的人们对新生活的赞美：

"这里简直是乌托邦，是上帝的天堂。"弗罗伦丝·威尔顿说。她十二年前与丈夫一道离开纽约市，来到宾夕法尼亚州，居住在傍山的一块一英亩半的土地上。

——《新闻周刊》1981 年 7 月 6 日：《美国的小镇热》

"我在这里挣的钱也许不如那边多，但我得到了更美好的生活。"罗纳

---

① 布鲁姆. 走向封闭的美国精神 [M]. 缪青，宋丽娜，等译. 北京：中国社会科学出版社，1994：145-163.

德·阿姆瑞恩说。他新近由芝加哥搬到了伊午诺斯州一个小社区。

——《美国新闻与世界报道》1979 年 11 月 26 日：《是什么吸引美国人回到乡村》

"城里人到这里来，抱着'无论这里怎样也比那边好'的态度。"詹姆士·戴维斯说。"他们厌倦了犯罪，厌倦了种族问题，厌倦了苛捐杂税，厌倦了所有的钢筋水泥建筑和人口稠密的居住区。"在这个问题上他的体会最深。五年以前，他放弃了作为密歇根州温切斯特军工厂驻萨吉诺代表的工作岗位，来到密执安的下半岛定居。

——《纽约时报》1981 年 7 月 8 日：《众人逃离城市病，密执安的乡村热》①

当"幽居族"这个名词首次出现时，就引起了无数美国人心灵的震撼，后来它不但成为全美性的词汇，也成了国际性通用的词汇。当外部环境日趋险恶的时候，人们心中涌出了一股回归原动力，渴望寻找一个安全壳或城堡来保护自己，以使不致再受不可预知的外在世界所危害。这不可预知的世界对人们的损害包括经济衰退、艾滋病、噪声污染、家庭危机、种族问题、文化冲突、宗教矛盾，等等。幽居是为了隔离这个喧嚣的世界。为了保住和平舒适的日子不受威胁，人们就必须防御和控制，幽居几乎就是人们在动荡的环境中可以自行控制的温室。

"幽居"也会成为商机。商人们看到，在 20 世纪 80 年代美国人拥挤地聚集在高科技的"洞穴"里，20 世纪 70 年代被预测到的孤立化已经成为现实。

人们在普遍的厌烦中发现：在家中才感到安全，回到家才找到了自己的天堂。他们可以在家里做一切：使劲地拳击枕头、尽情地发泄心中的不平衡、重新装修自己的房子、躲藏在家里。每一个人都在挖掘自我的城堡，这就是"幽居族"时代的特点。

所有这个群体中的成员都成了隐居的消费者。商家为"幽居族"趋势提供了另一种消费热点，录像机购买量和录影出租量直线上升，专为"电视沙发族"制作的快速食物和外卖行业也快速膨胀。1988 年以前，60% 的美国家庭拥有一

---

① 奈斯比特. 大趋势：改变我们生活的十个新趋向 [M]. 梅艳，译. 北京：中国社会科学出版社，1984：127-128.

台录像机；家庭微波炉所制的爆米花每年达到了近三亿美元的销售量；外卖餐厅的销售额大幅攀升；邮购服务在 1990 年总销售额上升至 2000 亿美元，10 年里增长了 144%；出现了电话聊天热线服务；专门的猫狗出租服务；家庭录影带文化盛行；宽松牛仔裤的再次出现；上班的人们匆匆地从办公室准时赶往家里。结果是又一次"婴儿潮"出现，从 1960 年以来，美国每年的出生率高达 420 万人。

对外部世界的恐惧让武装的幽居族、流动的幽居族、社会化的幽居族产生了自我防御的心理。

人们为求自我保存这一基本目的，在幽居中寻求支撑。这时，时代需要的不是兄弟般的友爱、信任、希望、理解，而是人类关注自我权益的理智思考与勤奋劳动。人人都关心自己，无暇顾及他人。于是，人类此刻所面临的问题在一定程度上可以简化为：在大自然和人类社会中如此脆弱、易遭不测的人，必须寻求一种自我保存的方法。这是人人真正之所要。所以，只要商人们能够与他们配合，让他们得到食品、衣物，寻觅到遮风避雨之所，他们就能彼此保护，人们因这种需要又结成了彼此间的依赖。

四、喜欢

1893年，美国的第一辆汽车在马萨诸塞州斯普林菲尔的德耶兄弟的工厂里被生产出来。那时，汽车是少数有钱人才敢问津的高级"玩具"。后来，亨利·福特生产了普通人买得起的汽车，当然，他的朴素型车辆开始也要卖2800美元的价钱，高档的更要卖到8千到1万美元。1909年，规模生产削减了成车费用，价格降到950美元，8年后，降至360美元。

自1925年起，从福特的流水线车间里，每10秒钟就能开出一辆新车。福特不仅生产了大量的小汽车，他还发明了最有吸引力的生产方式之一，一种付给工人高工资，把产品价格降到最低限度的"流水"式生产线。福特的工厂付给工人的工资比一般工厂高出两倍多，雇员也开始购买私车，他的工厂慢慢地影响着其他企业，工人的工资待遇普遍改善，购买汽车也逐渐成为社会时尚。

1908—1909年间，威廉·杜兰特（William Durant）吞并了几家汽车公司后成立了通用汽车公司，1911年，公司由金融家辛迪加接管。杜兰特则建立雪佛兰汽车公司。到20世纪20年代，它的精品车型超过了福特车。

起初，人们只把汽车当作交通工具。但是，购买车辆经过广告的宣传变成了一种特殊而奢侈的消费，产生了超出仅仅把它当作交通工具多得多的消费附加值。广告已经越来越多地施展它的诱惑力：豪华轿车与温文尔雅的形象代言人进行搭配——暗示了一种至高无上的权威感；封闭型轿车则与幸福休闲的假日快乐小家庭相联系——让人发现一种社会成就感；高速跑车则配置精神勃发的热恋爱侣——显示着时代最新潮的风尚。

1916年，麦克斯威汽车广告在广告词中特意说明："开上了车再付款"，此时，赊购汽车从1912年开始，已经成了大众新的购买方式。1925年，全美已经有3/4的汽车是用分期付款的方式来支付款项。1926年威利斯·欧佛兰汽车广告打出醒目的广告词："特别优待已经超越'有马阶级'的购买汽车的人。"1937 年，有一幅用裸体女人来吸引人的广告，广告语为："你的车不是最一丝不挂一尘不染的。"

1939 年的纽约世界博览会，以"明天的世界"为主题，把汽车和未来叠合在一起。当时，通用汽车公司的"未来展望"让参观者看到，在人们的未来生活中，汽车将成为重要角色。参观者坐在移动椅子上，椅子沿甬道慢慢转动，人们预先看到了 1960 年后汽车和公路的新样本。扩音器同时告诉人们：

> 1960 年美国到处都是皮肤晒成棕色、精力充沛的人，这些人在二十年中已学会了如何玩乐……1960 年的美国人每年有两个月的假期，他们休假时开车沿宽广的高速公路到山林地带。公路边上是四条时速 50 英里的车道；居中是两对时速 75 英里的车道；正中间是两条时速 100 英里的高速车道……造得像雨滴一样的汽车……只卖 200 美元一辆。①

"二战"以后，汽车是美国繁荣的象征。1949 年，全美的汽车售出量是 500 万辆。新型的汽车不仅是一种交通工具，更是一种生活方式的证明，以至那时的名言之一为："开什么样的车，做什么样的人。"

1955 年，通用汽车公司的凯迪拉克的一则以"他们今晚都会买凯迪拉克"为标题的广告告诉人们："当他们开着这辆车中之车时，他们会发现自己成为所有人瞩目的焦点。而这又多么令人骄傲啊！"

20 世纪 50 年代末，戴高乐（Charles de Gaulle）授予法国以性感著称的女演员碧姬·芭铎（Brigitte Bardot）法国最高荣誉。而她又与标致牌小汽车一起，同时享有法国当时最大工业的出口商品形象代言人的美名。

几个世纪以来，人们为生活悠闲而追逐财富，追逐财富也成为获得这种生活的手段。随着西方国家变得更加繁荣，生活悠闲终于开始成为人们主要关心的问题。悠闲成为娱乐，人们发现生活的目的现在变成了消遣。

美国还发明了以后席卷全球的影视消费。而电影又发挥了它多方面的功能——它是窥视世界的窗口，又是关于白日梦、幻想、逃避现实和无所不能的欲望最终得以实现的示范，它发挥了它巨大的感情力量。电影作为通向世界的

---

① 西沃卡. 肥皂剧、性和香烟：美国广告 200 年经典范例［M］. 周向民，田力男，译. 北京：光明日报出版社，1999：310.

窗口，首先起到了改造文化的作用。青少年不仅喜欢电影，还把电影当成了一种学校。他们模仿电影明星，讲电影上的笑话，摆演员的姿势，学习两性之间的微妙举止，有了电影以后，与其说他们遵循着"他们谨小慎微的父母的生活方式"，不如说他们过着"自己周围的另一个世界的生活"。电影美化了年轻人崇拜的事物，并劝告中年男女要"及时行乐"。于是，"人们一面嘲笑道德观，嘲笑电影上男女主角老式的'善心'，一面开始注重物质上的享受"①。

后工业时代的美国，电影工业已成为出口创汇第二大产业，不可否认，它也是市场上最赚钱的商品。《侏罗纪公园》创下了9.16亿美元的票房纪录和10亿美元的相关产品收入。为了使1997年的《失落的世界》再获重利，斯皮尔伯格的梦幻工厂和环球电影制片厂在影片宣传和开发相关产品上煞费苦心。他向70个厂家授权生产有关的电子游戏、服装、人物模型、恐龙模型、装饰品等，以及与电视剧同名的卡通剧。这样，在它还没上映时，就得到了由奔驰汽车、汉堡王等海外公司提供的2.5亿美元的海外广告赞助费入账，除此之外它还得到了柯达和很多食品饮料公司的赞助，这些公司纷纷开发了相关产品。

然后，电影干脆直接为企业推销产品，这也成为广告的形式之一。当"007"最新影片《明日帝国》出炉时，人们看到了大量赞助品融入影片之中：皮尔斯·布鲁斯南（Pierce Brosnan）扮演的詹姆斯·邦德，他驾驶的飞车，是阿维斯租车公司的汽车；他骑的摩托，是宝马牌的豪华特型车；他向观众亮出了爱立信移动的手机新款；他开怀痛饮着斯莫诺夫牌伏特加；而且，导演还让他用银行卡结账。布鲁斯南还让喜力啤酒大出风头："007"驾车冲进了喜力啤酒的运酒车中，喜力牌啤酒从车中倾翻出来，易拉罐飞起来，银幕上到处是"炸开"的"喜力"品牌字样。而后，皮尔斯·布鲁斯南的形象还被印刷成千千万万张招贴广告，出现在全球的喜力啤酒零售点的销售大战中。

体育和球星也成为广告的"卖点"。欧美20~45岁的高收入已婚男子不太读书看报，只看电视，特别是卫星转播的体育节目，体育频道男性观众收视率为62%。著名运动员的影响力非同小可，大品牌的企业纷纷"收购"他们的形象。耐克就请来了美国著名撑竿跳运动员丹·奥布莱恩（Dan O'Brien）、世界著名球星阿里（Ali）、"女飞人"杰姬·乔伊娜（Jackie Joyner）、短距离赛跑名将

---

① 贝尔. 资本主义文化矛盾 [M]. 赵一凡，等译. 北京：生活·读书·新知三联书店，1989：115.

迈克尔·约翰逊（Michael Johnson）做广告。耐克公司的形象代言人群星闪烁，它借助人们对运动员近乎神话般的崇拜，使品牌的含金量持续提升。

1994 年，意大利倍耐力的一则户外轮胎广告引起轰动。画面上，美国短跑明星卡尔·刘易斯（Carl Lewis）脚蹬红色高帮鞋，弯腰弓背站在起跑线上，广告语像这位运动场上的名将一样赫然："力量无非来自控制。"1995 年，刘易斯为倍耐力再上电视，"力量无非来自控制"的广告口号进入了千家万户的电视屏幕。20 世纪 90 年代初，倍耐力的亏损额一度高达四亿八千八百万美元，到达破产边缘，刘易斯 1994 年"加盟"它们的广告后，倍耐力交了好运，一年所生产的产品在半年里就销售一空，到 1996 年，盈利达到 7.32 亿美元。1997 年 3 月，倍耐力的电视广告再换新人，由奥运短跑金牌获得者法国的玛丽亚·佩雷斯（Maria Perez）来重新演绎倍耐力产品，由她来传达"力量无非来自控制"的广告理念。从受众普遍的"只要我喜欢"的心理，找到了拉拢消费者的鼓吹点。美国特快通信公司消费总裁肯尼斯·史那特（Kenneth Schnatter）说："为了名望的名望无非是句空话，名望是要以价值来衡量的，名人所代表的不仅仅是名望，他们代表的是成功，是达到最佳点的成功。"[1]

商品跟随着广告，广告跟随着人群，或者反过来说，就是人群迷信着广告，广告神化着商品。

世界经济的全球化出现了许多跨国公司和世界品牌，从 20 世纪 60 年代起，很多美国的品牌已为全世界的消费者所熟知，像柯达、IBM、美孚、吉列、施乐、宝洁；像可口可乐、麦当劳、肯德基、百事可乐；像李维斯、波顿、第五街、阿迪达斯、鳄鱼，早已成为大众口中的时尚词汇。

现代人说的千年盛世背后隐藏着自我精神无限的狂妄自大。因此，现代人的傲慢性就表现在拒不承认有限性，坚持不断地扩张。现代世界早就为自己规定了一种永远超越的命运——超越道德，超越悲剧，超越文化，而这种种自以为是的超越的幻觉，是必须借助消费的享乐，亦即消费的现实性来达到。汉堡王说："你想怎么吃就怎么吃"，"由你自己决定"；欧莱染发剂说："因为它值得我用"；丰田说："我所给的，是你所要的"；耐克说："尽管去做吧"；歌星迈克尔·杰克逊为百事可乐说："新一代的选择"；而像"成功的自我"，已被

---

① 赖伟. 文化构筑东润枫景品牌［J］. 国际广告，2001（7）：36.

90%的汽车广告重复使用。

　　有人说："对于美国文化来讲，广告业好比是一面镜子。"① 在全球化的时代，这则百事可乐广告的广告词不仅映照着美国文化，也从某个方面映照着人们想象中的生活：

> 生活有了全新方式
>
> 它就是保你精力充沛的百事
>
> 它会赠予许多宝贵财富
>
> 给那些乐观生活的人
>
> 这是百事新一代
>
> 向你走来，使你强壮
>
> 放杯百事在你身旁
>
> 只要你生存，你就应享有它
>
> 你在生活中要做很多事
>
> 百事也会赠予你许多
>
> 你的一生中要做很多事
>
> 百事也会赠予你很多②

　　每个人作为消费者的心理都被这则广告包容了，每个消费者潜在的话语都被它揣摩透了，这就是："只要我喜欢！"

---

① 西沃卡. 肥皂剧、性和香烟：美国广告 200 年经典范例 [M]. 周向民，田力男，译. 北京：光明日报出版社，1999：421.

② 西沃卡. 肥皂剧、性和香烟：美国广告 200 年经典范例 [M]. 周向民，田力男，译. 北京：光明日报出版社，1999：427.

五、术语、观念和符号

消费正在继续着由来已久的"时尚竞赛"。从美国开始，向世界各地扩散的"中产"境界，使市场称呼人群的话语词汇异常丰富。像新生一代、某一代、"X一代"、"钥匙儿童"等称谓，就将青少年分割成一个个消费群体。市场甚至还分有老年美国人、同性恋者、黑人、有色人种、亚裔美国人的"支系"，对他们还有具体针对经济收入、文化教育、生活经历等细节进行的分类。像雅皮士——都市的专业人士、富裕的银发族，乐皮士——有高等学历享受高级生活方式的黑人，三明治中年人等。

对20世纪90年代来说，所谓过去的良策，也就是20世纪50年代公认的经商秘诀之一，"商家要瞄准中产阶级夫人"已经过时。上述数不胜数的人群类型在商家的消费运作中出现了，商家已经不能只满足于社会某个层面的消费，它们正在调动市场的全方位热情。所以，像"黑色是美丽的""它虽丑，但它可以把你带到任何你要去的地方""我们挑出毛病，你们获得精品""无论你身体里长了什么形状的胃""强悍的人才做得出鲜嫩的鸡""同一景象，同一声响，同一销售""真正的好东西""尽管品尝""无与伦比""我们使世界变简单了""舔一舔，活蹦乱跳"等广告语的出台，其理念就是服务于不同的人群。

美国思想家大卫·理斯曼（David Riesman），在他颇有影响的《孤独的人群》中谈道，现代社会已从"传统引导的社会、内在引导的社会进入了他人引导的社会"。在"他人引导的社会"中，人们既失去了传统规范，又失去了自我的内在精神，处在向同辈看齐，认同和顺从他人，处在失去目标且又承受着压力的双重矛盾之中。①

---

① 詹姆逊. 后现代主义与文化理论［M］. 唐小兵，译. 西安：陕西师范大学出版社，1987：52.

　　人们的社会认同必然导致兴趣集团的出现。因为人们的交流往往是在兴趣集团内部进行的，人们在这样的集团中思考问题和采取行动。通过交流，他们或是让别人接受自己的思想和行动，或是自己改变原有的思想和行动。在某一确定的兴趣集团中，总是只有一种类型的信息才能得以交流，因为只有这种类型的信息对这一人群才是合适的、有意义的和可以被理解的。

　　如果说特殊的兴趣集团的兴起产生了一些东西，那就是指小众化的诞生和对大众的分割。小部分人结合在一起来对抗孤立，这样的团结甚至染上了政治色彩。我们熟知这样的一些团体：反吸烟、反酒精、反肥胖、反暴力、爱猫、爱狗、爱户外运动等团体。

　　在日益分化的小众团体成为趋势以后，商品市场也会做出相应的调整。在纽约的第七大道，美国流行服饰中心有很多专为"自我主张"群体的设计——给予消费者最新流行式样和个人化的设计，在那里，每一件衣服都是依据个人身材尺码剪裁的，每个人都能在这里得到唯一的一件独特设计的服饰，身着这种标记性时装的人，属于少数特殊团体。

　　20世纪50年代美国曾经形成了中产阶级趣味。那时，文化不再是对严肃问题的讨论，它实际上是要宣扬那些按照中产阶级的趣味，经过裁剪和组装，专门供人消费的一套生活准则和生活方式。那时，甚至连文化批评也成了一种势利者的游戏，他们追随广告商、插图画家、室内装饰师、妇女杂志编辑以及纽约东区同性恋伙的种种发明，把时髦的娱乐奉为圭臬。所以，种种"混合"的游戏在中产趣味中被推出，由于每一种"新奇"都难免时过境迁，为新的趣味所取代，因此又引发了那个时代的所谓新式游戏——"时尚竞赛"。人人都在谈论入时，人人都在追随入时，而所谓"入时"就是指走在时髦大众之前。贝尔解释"中产崇拜"时用了麦克·唐纳的话："大众文化的花招很简单——就是尽一切办法让大伙儿高兴。但中产崇拜或中产阶级文化却有自己的两面招数：它假装高雅文化的标准，实际上却努力使其溶解并庸俗化。"① 20世纪90年代以来，精美的产品包装、造型独特的产品设计、对产品外观超过对内容的讲究，大型的广告活动，这些东西早就不再新鲜，也将一一失去曾经有过的效用。20世纪90年代以来，大众的消费开始注重"售前"与"售后"的服务，而这块市

---

　　① 贝尔. 资本主义文化矛盾［M］. 赵一凡，等译. 北京：生活·读书·新知三联书店，1989：91.

场又要按不同的兴趣集团进行划分和设计。

1984 年，出现了"雅皮现象"。一批 25～35 岁的年轻人，在 20 世纪 80 年代的富裕繁荣中获得了机会，特别是金融业造就了许多年轻的银行家、律师、工商硕士和证券经纪方面的高薪人士，他们充分享受到了经济繁荣的成果。这些"雅皮士"具有年轻化、城市化、专业化的特点。跟随他们的时尚应运而生的是美食店、高档酒店、时装精品店、高价公寓……他们被称为"超消费群体"，"有无尽的胃口购买众多物品，而且新物品一上市就会有人响应"。

1991 年，随道格拉斯·库普兰德（Douglas Coupland）的小说《X 一代：在加速文化中失重的故事》的出版、轰动，"X 一代"又成为美国一个新的令人瞩目的人群。他们在 20 世纪 60 年代中后期出生，是"婴儿潮"时出生的那代人的孩子，这时他们的年龄已在 20 岁左右。他们与其父母辈很不同。父母幸福的"美国梦"在他们看来已成为望尘莫及的"故事"，如今的物价再不可能如"过去"那样低廉，收入更不可能与"以前"相比。1993 年，这个人群的人数占到了全国工作总人数的 23%，不过他们的所得只是父母在他们这个年龄时的 1/3。这个"群落"的人有一种"反叛"性，他们不相信电视，只读一些与众不同的杂志。他们为城市增加了一道新奇的景观：年轻人身穿松垮的牛仔服、T 恤衫、带帽子的休闲服、法兰绒衬衫、长筒靴，同时，他们还留着长发，身着破旧毛衣，不修边幅，"微观邪恶主义"的"流浪者外形"。从未被冷落的牛仔装再度爆热，其款式的发挥也突破了"有史"以来的想象。为迎合他们的爱好，不仅仅有刻意的"做旧"，还有做出的破洞、扯开的裂口，这种新颖的"装饰"是为了衬托某种潇洒——一种反雅皮的姿态，以此来对雅皮价值进行带有蔑视的调侃。一时间，人们可以看到汽车、杂志、音乐、服装、化妆品、体育时尚——各行各业都在以这群有商业价值的群体为"重点"服务对象。

有意思的是，1991 年，随着"49 岁正好！"这句口号，一个年龄老化的老顽童族也在此刻正式崛起。仍在乐坛上的滚石乐队和感恩至死等乐队的成员都超过了 40 岁，保罗·纽曼 65 岁，《人物》杂志认为 65 岁的康纳利是最性感的男人，没有人会怀疑伊丽莎白·泰勒仍然美丽和热情。1989 年，参加并跑完马拉松竞赛的人中，有不少已年过 70，最大的参赛者达到 91 岁的高龄。在 20 世纪 90 年代，新娘的普遍年龄从 30 岁升到 40 岁，高龄的待孕妇女越来越多。人的自然老化现象也被视为荣誉的象征，白发被视为"显赫"和"高贵"。

商人们看准了这是一代保持优越心态不会放弃的消费者。这个族群的人需要"专家"的帮助，以便好好照顾自己。而且，钱在他们手里，支配世界经济和财富的魔杖在他们手里。

这一代人为市场提供了商机，于是媒体的广告就告诉他们各种各样抗衰老的秘方，告诉他们如何才能更好、更健康、更长寿，如何防止疾病。他们在新市场中接受了各种各样的新产品：宠物、玩具、体育设施、矫正齿列、防抗衰老、心理增能剂、豪华轿车、温泉疗养、豪华旅游等高消费产品。市场从未放弃在他们身上赢利。华特·迪士尼（Walt Disney）、盖普、麦当劳从未怠慢过这个成熟的消费族群。所以，在制作广告时，迪士尼为成年人展现了他们的所需，盖普也把为少年儿童服务的市场分出一部分来为这批中年消费大户服务，麦当劳甚至制定了一个2兆美元的新品种计划，为这批中年人推出专属汉堡包。让他们优雅地、慢慢地变老，就意味着让他们花费更多的金钱。这个时代产品或服务总是在考虑如何符合特殊品味的集团需求。

贝尔很重视汉娜·阿伦特（Hannah Arendt）的观点，阿伦特曾说：过去的社会对文化的向往是出于势利心理。尽管它曾经詈骂、贬低文化，并"将文化产品变作社会商品"，可是那时它并不"消费"文化。大众社会"正好相反，它不需要文化，只需要娱乐，而娱乐行业提供的好处正如其他消费品一样，目的是让社会享用"。所以，贝尔说："我们的技术文明不仅是一场生产革命，而且是一场感觉的革命。这种文明的特色——称之为'大众社会'或者'工业社会'，可以通过很多方式来理解。"①

---

① 贝尔. 资本主义文化矛盾［M］. 赵一凡，等译. 北京：生活·读书·新知三联书店，1989：135.

第八章 08

新目标

一、欢乐总动员

20世纪90年代初，中国城市中的孩子们都喜欢摆弄一些心爱的玩物——塑料小人、小猫、小动物。这些小玩意儿当然都有自己的名字：奇莱格（Chillagh）"变形金刚"中的菲比（Phoebe）、希墨洛斯（Hymelos）、俄刻阿努斯（Okeanos）、叮当猫（Pokonyan）、唐老鸭（Donald Duck）和米老鼠（Mickey Mouse）。这些玩具让孩子们爱不释手。

当时，中国城市工薪阶层的工资收入不过三四百元，而那些不起眼的玩具，每套的价位因配置不同，从不足百元到数百元不等，对经济并不宽裕的普通中国家庭来说，价钱实在不菲。然而，商店里家长在为孩子们购买时却仿佛不存在经济压力，出手大方。人们不禁纳闷：像"变形金刚"这种来自西方另一种文化环境的儿童玩具，这种与中国广大城市居民的经济承受力极不相符的"奢侈品"，怎么会如此走俏，它竟然奇迹般地走进了东方的中国，融入了孩子们的天地。

奇莱格打入中国市场是玩具商首先看到了中国有3.7亿名6~16岁的少年儿童，并且了解到中国人口控制政策造成了中国家庭的特殊结构："4+2+1"的家庭模式。了解到在中国家庭中，"1"，就是三口之家的独生子，就是家庭中的"小皇帝"，全家的中心，大家全都围着这个"1"转：孩子的父母、孩子的四位祖辈老人。只要对这些"小皇帝"进行适当的诱导，用行之有效的"攻心术"来挑起孩子们的占有欲，财富水到渠成。

所以，在20世纪80年代中后期，中国的电视媒体不但播放有关"变形金刚"的系列动画节目，而且外国商人还利用中国与世界市场的"隔阂"，利用中国对外面世界商贸行情的"无知"，在动画节目中夹带了玩具推销的广告，这些贴片广告一边用极富鼓动力的方式"教唆"孩子们一定要拥有电视片中的"玩具角色"，一边还打出了玩具的售卖点和价格。而当时，这些动画片的出口国，它们国内已有立法，明令禁止动画片连带向儿童推销玩具的广告，如有违禁行为，必追究法律责任。

当时，中国儿童娱乐消费片极其有限，但是中国审片制度十分严格，不过，"变形金刚"的故事选题很对中国胃口。它避开了国家间民族间现实政治制度的分歧，针对普泛社会构成中的问题，不带现实批判的色彩，不宣扬今天的任何一种政治制度，借助科幻题材和神话题材，谈论世界合作、民族平等、家庭价值、个人价值；探讨地球未来的问题、宇宙的问题、人类的问题、地球能源的问题、自然灾害和气象问题等；肯定了勇敢、正义、进步、探索的精神。由这些永远新鲜和刺激的主题，再加上引人入胜的故事情节、极富想象力的视觉设计，更显得创意非凡。

以"变形金刚"为角色的动画大片终于在央视和一些地方台的动画时间与儿童见面。它甚至获得准许，可以在节目中间插播 30 秒"变形金刚"玩具的商业广告。电脑制作的有关"星球大战""外星人"的动画故事让儿童大开眼界，儿童认识、了解、喜爱并痴迷着剧中神力无边的英雄，甚至把它们当作最心爱的朋友来想念。在这样的感情基础上，广告的叫卖，声声落到了实处，1992 年，全国 20 个城市销售了价值 700 万美元的"变形金刚"，所有的男孩子，都有自己的最爱。

这种现代思维的广告策划，把制作商业娱乐片作为广告活动的第一步：避开意识形态的争议和分歧，卖现代观念，卖和平、进步、发展、平等、进取、正义，以一种世界公平主义的大文化色彩获准进入中国市场。当然，接下来的广告形象渗透效果极佳，让孩子们对"产品"产生了"亲切感""美好感""信任感""熟知感"，这是一种有效的"攻心"术，商品的形象"印"在了儿童的潜意识里，然后，那些塑料"小人"征服了中国儿童，玩具商一举获得了巨大的商业成功。

1996 年，美国好莱坞用高投入制作了电脑高科技动画"动作"片——《玩具总动员》（Toy Story）。影片借用《安徒生童话》（Andersen's Fairy Tales）中的《坚定的锡兵》（The Hardy Tin Soldier）为叙事架构，来了一次儿童玩具"总动员"。这部被媒体热炒的大片，虽然被宣扬成"不仅是为儿童的，也是为成人的"，然而，影片无一点新意，更无一点生动感人的内容细节，浅显地谈了一点人类的骄傲、人类的虚荣、人类的竞争、人类战胜挫折和失败，更多的却在图解，一大堆玩具牵强附会上一些意识形态，然后开始了征服全世界的征程：把全世界的少年儿童拉进影院。让他们熟悉各种塑料玩具，发现玩具世界的创新，发现电动玩具的各种功能，企图用虚拟影视画面的动感预热新一轮的儿童消费。

二、忠诚度

　　罗威集团的广告获得了 1996 年戛纳广告大奖、国际汽车广告大奖，可谓罗威精品。在制作上，广告布置了一个巨大的场面：由一个婴儿面对 2000 名婴儿听众构成的"政治答辩会"现场。在这则广告中，发言的婴儿站在演讲台前，用咿咿呀呀的语言说道："公民们，听着，我们有这个权利，要求行驶安全，要求提供给我们所需要的一切。不是一边有保险杠，而是两边都有……我们要求有自己的空间，盛满玩具，跟在家里一样。我向大家推荐的就是这样一种汽车。"银幕上还打出字幕："我们的权利。"

　　对如此幼小的婴儿来说，如果说他们真能理解任何关于汽车类型的具体细节，那是"天方夜谭"。不过，成人世界看到的是这则汽车广告在众多汽车广告中的耳目一新，看到了那么多新的生命和那么漂亮的模仿秀。广告制作者当然知道这将产生怎样的效果，这就是要让家长们为孩子们提出的可爱理由理所当然地考虑"他们的要求"，广告让人忘记它在向成年人推销汽车，忘记做购买决定的是成人，是孩子们的父母，忘记广告制作者真正的诉求对象是成年人。广告偷换了概念，把推销产品变成了让买主发现自己需要什么，甚至是缺少什么，营造购买的迫切性，这样，需求就被成功地制造出来。广告的诉求产生了最理想的说服效果。

　　不过这则广告还不像看起来那样简单。从另一方面来看，它又的确是做给孩子们的。孩子们在银幕上看到了"自己"，看到了同汽车在一起的自己，看到了"自己的"同伴聚在一起，听到了"自己的"同伴的声音，听到了"要""一切""玩具""有权利""需要""拥有"等词语。广告已经在向他们强行输入一些意识，在婴儿学习语言的阶段，在婴儿刚刚与这个世界接触的时候，就把"要"和"需求"等意识，和他们最早理解和认知的"玩具"一词放在了一起。"有权利""需要""一切"，这些词语包含的理所当然的"欲望"，被藏在了简单的语音形式中，这样，他们单纯的意识空间，即将被这些词汇的声音和银幕强大的视觉影响力共同占据。不可忽略的是，物质和欲望就这样直截了当地对儿童的思维意识开始渗透。商人迫不及待地想让孩子们尽早理解"拥有"和"需要"，先让他们学会说，然后成为一种理所当然的行为和思维。

广告巧妙地盗用了儿童的名誉，表演了一出所谓的"自己教育自己"同时还间接地教育父母的大戏。毫无疑问，这样的制作必然使它成为孩子最喜欢的广告。孩子们看到了自己，并在"自己看自己"中，找到真正的认同对象。这是它非同小可的意义。广告的售卖目的弄得那么隐蔽，它向直接的诉求对象——成年人隐藏了让他们消费的用意。

无独有偶，1996 年戛纳精品中还有"麦当劳·摇椅篇"（McDonald's-The Rocking Chair）。广告中，宝宝在摇椅里，镜头对准宝宝的脸，宝宝咯咯咯地正笑着；然而，宝宝忽然哭了，咧着嘴哭得好伤心；然后，宝宝又笑了，笑得好高兴；可是他又哭了……这是怎么了？原来，宝宝在秋千的摇椅上晃荡，窗外有一个麦当劳的标志牌，当摇椅荡高的时候，宝宝越过窗棂，看到了麦当劳就咯咯咯地笑了，而摇椅回落到低处，宝宝看不见那个标志牌后，就咧开嘴哭了。这则广告，品牌的熏陶来得更早，从孩子的婴儿期广告就开始将麦当劳的印象灌入他的意识，早期教育的概念变成了广告的商业运作。广告让孩子学会去"要"，虽然此时的"要"比较含蓄，他"要"的不是直接的商品，他"要"的是品牌，尽管现在他还不懂，他想"要"看到的这块招牌价值高达 330 亿美元。在 1996 年，这块招牌曾经位居世界品牌之首。

广告把"品牌忠诚营销"的对象——忠诚的消费者提前定位于孩童，让它在宝宝们的思维中占据一个特别的空间。

品牌忠诚营销是 20 世纪 90 年代中期西方最新的营销理论，是继规模营销、目标营销、全球营销后的一种营销手段。所谓品牌忠诚，是指消费者的某种行为、心理过程，也即消费者在购买决策中，多次表现出来的对某个品牌的倾向性行为和反应。

"品牌忠诚营销"的理念强调了广告与消费形成的互动依赖的关系。品牌忠诚营销理论认为，通常人们把品牌看作资产，然而，实际上品牌真正的资源是消费者对它的忠诚。如果没有忠诚的品牌消费者，品牌将等于一个几乎没有价值的商标或公共识别符号。所以，品牌忠诚营销的目标是赢得维护品牌的忠诚消费者，而且在品牌的营销运作中必须同时提高销售量和品牌的价值。从品牌忠诚营销的观点看，销售并不是营销的最终目标，而是与消费者之间建立持久、有益的品牌关系的开始。建立品牌忠诚度，就是把品牌购买者转化为品牌忠诚者的过程。

商界的商业营运不得不跟随市场的变化而有所改变。人们置身于一个商品丰富、物欲膨胀的时代，它既给了消费者无数的选择机会，同时又给了消费者无数的疑难和困惑。譬如，你打算买一双鞋，然而，在商店的柜架上却有上千个品种在等着你，供你欣赏、选择。太多的选择余地反而使你无所适从，于是营销者用品牌来吸引你。品牌忠诚营销，就是用商品的品牌来套牢你。

商家向年幼的孩子灌输品牌的印象，目的是创造终生消费者。

大品牌伯顿公司，也把广告对象放在了儿童身上。为了让孩子们接触到广告宣传，它们巧妙地把广告做成电脑游戏"下雪日"（Snow Day）的动画片头。孩子们一玩电脑游戏，就会看到这个故事。

广告动画故事讲述了学校里发生的事。一群小学生正在教室里昏昏欲睡。忽然，校园里的广播响起来，孩子们听到了校长的声音，校长在广播中通知：下雪了，孩子可以提前放学。不过，在离开学校回家之前，大家必须穿好暖和的衣服。于是孩子们在教室里开始穿戴，穿上"盖普"的服装——运动套装、运动鞋，戴好"盖普"的帽子、耳罩，围上"盖普"的长围巾，再带上"盖普"的棒球。这样"盖普"就成了主角。这群"盖普"孩子来到了户外，他们堆雪人，玩雪球，用滑板滑雪，快乐地走在回家的路上。"下雪日"的电脑游戏设计者使伯顿滑雪板公司非常满意。他们说，产品在游戏中得到反反复复的"重复"，是最令企业开心的，伯顿滑雪板在游戏中的重复，就能够培养9～12岁的年轻消费者建立对自己品牌的感情。而且品牌游戏公司宣称，在孩子们玩腻这个游戏之时，动画片头早就已经重复了上百遍，这样，品牌也就已经与孩子们接触了上百遍。所以，当孩子们玩了"下雪日"游戏后，就成了"盖普"孩子，变成了"盖普"一族。盖普儿童店还把"下雪日"的游戏光盘随同商品一块赠送出去，以便年轻的消费群体在营销中像雪球一样越滚越大，而且他们的品牌意识将会得到进一步强化，这才是商家真正的用心。

电脑公司找到了向孩子们宣传品牌的突破口后，许多电视电影的制作商也纷纷效仿，像《克拉丽莎》（*Clarissa Explains It All*）、《生姜说话》（*Ginger Talks*）、《蒂娜》（*Tina*）、《凯茨琳的方式》（*Kathleen's Way*）、《尼克之夜》（*Nickelodeon Night*），这些儿童片都在借用儿童演员和儿童故事来向儿童演示品牌消费。

所以也就有了孩子们喜欢的品牌食品、品牌饮料、品牌零食。孩子们被暴露在一个以营销和消费为导向的社会里，除了专门针对他们而进行的"合围"宣传外，还有随时随地的各类广告也在闯入他们的思维领域。

在把孩子们培养成消费"新星"的商业运作中，广告主的反应极度灵敏。1999 年，美国针对 4~12 岁的孩子投放了 120 亿美元的广告费。小到食品、书籍、服装，大到航空公司、旅游胜地，他们用"天罗地网"来对孩子们进行"合围"。亨氏公司制定了以 12 岁以下儿童为"消费的超级明星"的战略战术，借用心理学的理论，针对这个年龄段的兴趣特点，专门制造和生产"兴趣"，把"头号消费者"网进自己的市场。2000 年秋天，亨氏推出了番茄酱。新产品用塑料瓶来包装这种颜色浓绿、饱含丰富维生素的调料。瓶盖包装还特制了超细喷嘴，孩子们可用它来制作"喷画"，尽情地在热狗和炸薯条上描画漂亮的图案。同时，这家企业还推出了两则电视广告，示范番茄酱像玩具一样好玩，来表现享用番茄酱的乐趣。亨氏公司给番茄酱的销售加热升温，使它沸腾起来。分析家估计，做了这样的改进后，可让亨氏的市场份额增加 5 亿美元。番茄酱摆上货架后，12 岁以下的儿童成了产品的头号消费者，亨氏通过把番茄酱玩具化，并在广告中用儿童来做形象代言人，让他们宣扬商品的个性，使它变成了个性化的食品。

针对未来的消费巨星，还出现了专卖店、专门的电视网、专门的网站以及各种捆绑式服务。广告主把功夫用在儿童尚未建立起个性的时期，从这时便开始培养他们对品牌的忠诚，以达到把他们塑造成自己终生消费者的目的。

"喝了娃哈哈，吃饭就是香，妈妈，我要……娃哈哈"；"乐百氏，好营养，鸡鸭鱼肉味道香"；"高乐高棒极了"；"益生长，益增高，快快服用生命一号"；"悄悄豆，我要悄悄吃"；"妈妈，我要小叮当"，这些是在中国被听熟和听腻了的儿童广告口号。广告正在挑动儿童的欲望，让儿童去"想要"，去"就要"，去"还要"，去"要了再要"。

三、不可估量的对象

在美国，很多商人发现，今天，可以把青少年作为新的目标市场。通过对这个消费群体进行深入研究，他们发现过去那种老的广告方式早已对今天的孩子们失效，或者效果甚微。在新的时代、新的生活条件下，孩子们的生活方式早就发生了巨大的变化，因此广告也要有所变化，必须找到一种新的进入他们的方式。广告公司发明了"游击战"和"病毒传播战"，以此来"合围"新一代的消费群体。那些青少年营销专家们说：现在的美国青少年，一天至少要把6小时花费在玩电子游戏、听音乐、上网以及用电话和朋友聊天上，他们根本不看电视广告，不看的原因并非他们天生不相信广告，而是他们根本顾不上关注广告。孩子们太忙了，在玩电脑游戏的同时，他们还要向外发送信息、听音乐、看电视，时不时还要与朋友聊聊天，一天24小时，硬被他们塞进了28小时的内容。所以太多的信息从他们眼前掠过，无形中淡化了广告可能发挥的作用，这样就造成了他们对广告漠然的态度。当然，发现了问题就能找到对策，这样，就出现了针对性极强的"病毒营销"：让青少年彼此间谈论品牌，交流对产品的感受，互相推荐自己所喜欢的东西，借助口碑来进行传播。在美国，还出现了许多与产品的营销和消费有关的儿童俱乐部，虽然这些俱乐部声称：保证让孩子们参加属于"他们自己的"活动。

不过，美国的消费者协会发现，形形色色的儿童俱乐部组织中，也许有一些是真正的俱乐部。在那里，孩子们可能会结识到新朋友，与有共同兴趣的伙伴在一些活动中合作，既得到娱乐，又增长见识。然而，消费者协会的调查也发现，当孩子们成为俱乐部成员后，可能会同时获得会员卡、密码环和其他有助于培养对某种产品或某个节目忠诚度的象征物，进而被纳入营销活动之中。今天，在任何一种新型的儿童俱乐部里，孩子们都可能遇到广告主的硬性推销，获得载有销售目录的杂志、折扣券和其他刺激购买的奖金或奖品。尽管俱乐部通常对广告信息遮遮掩掩，孩子们总是被邀请去参加一些保证是他们自己的活动，然而，各种精心设计的活动，无非是一些圈套，实际都是一些诱使他们去购买各种商品的诱饵。广告信息往往披上了"来自你的俱乐部的建议"的外衣，使孩子们无法拒绝和抵挡。

很多儿童俱乐部都是由像福克斯、翻斗车玩具、汉堡王、迪士尼等与儿童市场有关的大公司支撑和赞助，是赞助商通过俱乐部向儿童提供会员优惠卡、杂志、获奖机会，以及对相关产品进行宣传的广告、产品赠券和产品优惠券。福克斯还为俱乐部制作了《地球运动场》，介绍极限运动，并打出广告语："走到室外，经受摔打的考验。"耐克公司也把极限运动推荐给孩子们，让他们观看滑雪、冲浪、溜冰。这些企业和公司与俱乐部建立起所谓的"分享"关系，实际上是为了完成营销的捆绑计划。动画片《火箭的能量》（*Rocket Power*），推出了有"索尼游戏站"字幕片头的光盘、服饰及日用品公司授权的产品，借助儿童观看影片，来完成跨媒介营销。

对此，汉堡王美国部的营销副总裁理查德·泰勒（Richard Taylor）更是一语中的。他说，吸引孩子们的注意，需要从时间到空间全方位的渗透。所以，当食品商还未考虑到在电视节目中与孩子们分享时光的时候，在 1998 年，尼克国际儿童频道（Nickelodeon）就已经与汉堡王在 8 个搭卖合作广告里建立了密切的联系。他们的策略是传递附加值的信息。他们清楚这样一个事实：孩子们来汉堡王的连锁店，其中的原因之一是因为这里有尼克洛顿儿童电视网的玩具。

广告主还把对青少年群体进行消费宣传的希望放在电视网上。他们知道，今天美国 9~14 岁的观众，已经占据了福克斯电视网观众总数的 53%，所以很多消费品广告主都想把电视网作为延伸品牌影响力和渗透力的最佳媒介。福克斯电视网销售部副总裁巴巴拉·贝克达尔（Barbara Beckdahl）谈道，1999 年第二季度，在电视网的影片放映之后，带动了夏季商品消费的热旺势头。

在美国，"教室广告"也成了不可避免。美国的惠特尔公司为 12000 所中学提供了免费的电视设备和闭路电视免费入网。不过，免费当然也是有条件的，校方一定要保证让学生收看 2 分钟的广告。除此之外，学校每年还会收到公司向学校免费赠送的大量包书封皮，这些封皮上，印着像耐克、尼克国际儿童频道、宝洁等公司的产品广告。此外，美国的电话电报公司也会来到学校，向各个班级散发树立品牌形象的教室招贴画。

美国的互联网当然不会放过网上的儿童，不会错过营销的机会。所以在那些诸如"儿童通信广场"的网页上，4~8岁的儿童成为广场的目标对象，那些"广场"向孩子们发送"儿童现金"，同时收取孩子们的个人信息，只有交出了"广场"索取的"资料"后，那些"儿童现金"的赠券才能够兑换成奖品。当儿童被"广场"迅速地卷进网上"游乐场"后，就会遇到各种针对儿童制作的产品介绍，那些专为儿童设计的广告五花八门，它们劝说孩子们在网上购物。当然，商人还会让书籍继续扮演重要角色，让它成为影响孩子与家长的宣传工具。大磨坊食品公司销售出了几百万册《捧！》品牌的书籍，从《算术》到《游戏》等趣味学习用书。父母和孩子之间的互动，是《捧！》品牌的核心。后来其他食品公司又推出了《凯洛格趣味算术》《品牌算术》《奥里奥算术》和《金鱼趣味算术》等学习用书。

正像人们看到的那样：儿童成了一群妙极了的广告对象。他们总是要看大量的电视节目，他们会花许许多多的零花钱，他们和妈妈一起逛街时会不断地要求为他们购买最新式的食品和玩具。

为了制造销售旺季，营销者们还针对儿童设计了一些关于品牌的"神话"般的体验，借助"神话"的影响力来宣传品牌。他们把青少年的偶像作为与孩子连接的"接触点"，把他们所追逐的体育明星、流行歌手、青年影星们的某些个人爱好夸张成消费怪癖，再把这些怪癖包装成证明某种身份的奢侈，人为地制造时髦，不时地引爆时尚，炒成最热的卖点。

青少年的逆反特性也被挖掘出来加以利用。广告商设计了诸如"苗条吉姆反叛渴望之旅"，虚构了青少年的梦想：与噩梦般的父母对抗，一出以幽默、富有叛逆色彩的少年爱情剧。设计出了一些令孩子们兴奋不已的广告标题，如"总统先生宣称'反叛渴望之旅'是一个全国性的灾难"。

20世纪末，大陆和台湾俱被哈日、哈韩飙风席卷，无厘头的冷笑话，"脑筋急转弯"式的幽默。如"有一天，巧克力和西瓜赛跑，结果西瓜赢了，打一种食物！答案：巧克力酥"也被广告商克隆成无厘头广告。爱立信手机把推给18岁以下少女专用款的广告拍成了"教室变成聊天室"，用一位迷倒众女生的"偶像派奶油老师"，以"理想教室""理想教师"来幽默"令人无聊打瞌睡的地方"，把课堂变成了恣意玩耍的游乐场。还有"小心点"牌子的方便面，它的

"食品篇"也用了无厘头式粗放的幽默。屏幕上小女孩正在低头吃她的方便面，秃头老板大发脾气，叫骂道："猪头！笨！小辣妹，你妈生你这个脑袋是做什么用的？"而小女孩则理直气壮地说："长头发用的！"广告还用了"普通人，别乱泡"的标题。"小心点，女性用品篇"（Be Careful, Feminine）更是直接地让女中学生说："我爱吸血鬼（我爱吸血棉片），不做胆小鬼。"这些广告都是用同一种创意理念，借用一种青少年逆反的特性来赢取孩子们的注意力，拿准了与少年儿童相关的心理，专门为迎合他们的无意识冲动创作。当然，如此只为吸引青少年而使用的路子也确实令人担心，儿童将被广告的这种公然的"下流""无赖""痞子"如何引导？它真的像他们说的那样，"无所谓好坏，纯粹是一种文化现象"？

可口可乐也提供了一个这样的例子。该公司得到了它的目标消费者——美国青少年的一个调查结果：他们正处于青春期的骚动之中，对未来有一种强烈的失落感；他们最关心的是暴力、艾滋病和就业；同时对广告宣传有一种根深蒂固的抵触情绪。以此为基础，可口可乐公司为它新推出的 OK 汽水设计了独特的品牌个性，其广告词设计成了这样的对话："嗨，我来自马萨诸塞州，我不同意你说的一切，你太不了解我了。你怎么知道我最近一个月是如何过的？我的确不如意。不要对我说你不知道的事情，我讨厌这样的人。"OK 汽水外包装上还印着禅语一般的句子："OK 汽水是什么意思？一切又是什么意思？"同样别具一格的是其易拉罐的设计共有四种，理由是现在的青少年更喜欢有自我选择的余地。易拉罐设计之一：一个男孩，一脸茫然的表情，松弛的肿眼泡，旁边是一群同样垂头丧气的青少年，他们有的正沿着一条空旷的街道往前走，有的正抱头沉思，背景是远处的两座废弃的工厂。易拉罐上端印着一句话："OK 汽水敬告：别傻了，不要对什么事都刨根问底。"画面表达的是对世界的厌烦情绪，还是想理解却又无法理解这个世界的苦恼？我们不得而知，但这就是个性。这种个性又因每个消费者不同而理解不同，追求"有一千个消费者，就有一千种个性"的效果。为了迎合青少年，可口可乐把"厌恶感"和对厌恶感的理解做成了广告。

儿童受广告影响的严重后果使人们极为担忧。希拉里·克林顿当选为参议员后，也用这个问题来赢取民心。她代表很多人的愿望提交了一条法案，授权美国联邦贸易委员会制定禁止针对儿童，特别是 5 岁以下孩子的"不公正的"

市场行为。在欧洲，像希腊、意大利、波兰、比利时、爱尔兰、瑞典等国也对如何限制针对儿童的广告展开了讨论，并研究如何禁止向 12 岁以下的儿童实施广告诱导。

不过广告商不会善罢甘休，他们找到一些借口，为儿童广告大肆申辩。他们有意冲淡广告的作用和广告可能引起的影响，反过来把责任推给了家庭和学校，他们说：要保证保护孩子不受商业销售的侵扰，那么家长和老师就要承担起应有的责任，他们应该告诉孩子们关于一个商业社会的现实情况，就像教会他们如何安全地走过一条马路一样。让孩子们知道为什么电视广告中的小朋友看起来那么快乐，而现实中又是另外的一个样子，而且让他们理解为什么他们不能拥有广告上的东西。就在各种争论声中，他们正在形成不可估量的市场影响力。他们指导着他们的兄弟姐妹朋友知己，传播着有关服饰、音乐、运动等生活的时尚知识，交流着有关娱乐、快餐、小食品和个人用品的信息。

四、享乐主义

　　美国著名《礼品》杂志 1996 年指出，美国儿童商品及其市场出现了 12 大趋势：

　　·儿童人口快速增长。据美国人口普查局估计，到 20 世纪末 4～15 岁的人口将达到 4800 万。

　　·儿童种族的结构开始变化。拉美、非洲和亚洲的儿童人口增长速度超过白人。

　　·家庭的结构发生变化。单亲家庭比例越来越大。

　　·儿童的影响力增加。父母越来越听从小孩的意见来购物。

　　·儿童购买力增加。儿童可以自由支配的钱越来越多。1993 年，4 万名 6～17 岁的儿童人口共控制了 3200 万美元的购买力。

　　·儿童零用钱增加。半数以上的儿童仍需要向父母索取零用钱，而且零用钱的数量越来越大。

　　·零食仍是儿童的最爱。儿童大都将零用钱花在购买软性饮食、糖果和零食上。

　　·儿童开始尝试用邮购方式购物。越来越多的商人开始使用直销信件、电视广告、寄目录等方式推销儿童用品。

　　·未来市场潜力大。目前年消费额达 10 亿美元的儿童用品及服务市场具有很大的潜力。

　　·电视影响力大。影响儿童市场的最佳传媒是电视。美国儿童半数有自己的电视，电视对儿童的消费行为有很大的影响力。

　　·喜欢使用折扣券。6～15 岁的儿童对折扣券兴趣很大，60% 的儿童都使用折扣券来购买儿童玩具。

·从小培养长期性的消费者。有意进入儿童市场的业主应以长远观点考虑行销计划。①

为了争夺市场，商人们召集了各方面的专家来对儿童未来的改变进行综合评测。所有的评测结果都显示：今天和未来，儿童将拥有更为巨大的购买力。评测还让人们看清楚了最有消费潜力的人群：9~12 岁的孩子们，他们被当作今天消费群体中的超级明星。这个年龄段的孩子已经掌握了数以十亿计的可供他们支配的美元，并对父母如何支配家里的开销拥有发言权。

2000 年，美国 9~12 岁的青少年有 145 亿人，一年中他们花费了 40 亿美元。商人们看到 9~12 岁这个年龄的"人群"不仅在未来的市场上意味着更多的购买力，事实上，现在已经形成了一个大市场，所以如果企业花时间去迎合这些年轻人的需求，一定会取得巨大的成功，多出几倍甚至几十倍、上百倍的商业回报。所以，在美国，有许多专门针对 9~12 岁儿童的专卖店。比如，女孩连锁店的生意就很火。在这里，商店通过时尚的服饰、音乐、首饰等产品，经过训练的店员与购物者直接交流，不再像过去那样是陪着她们的母亲说话。

李奥·贝纳广告公司的莱丽女士说，今天的女孩还很小就显出了对时尚的兴趣，女孩丢弃了玩具，迷上时装与化妆品。所以，在市场适宜于 9~12 岁年龄段孩子的化妆品、首饰、服装和生活类产品正在增多。沃尔玛特时装还专门针对 6~14 岁女孩设计了非常时尚的服装。而且，这种品牌还在沃尔玛特全美境内的 2600 家店内推出。

麦克·内尔儿童营销顾问公司的调查报告显示：4~12 岁孩子的收入在过去 10 年里逐年递增，增长了近 15%，达到 317 亿美元。1999 年，平均每个孩子每星期花掉 16.3 美元。这些挥金如土的孩子，只把他们收入的 8% 用于储蓄。商人们看到，每年 4~12 岁孩子对父母们的 5650 亿美元的消费施加了影响。他们的意见关系到买车、买家具、去迪士尼乐园或是去新型游乐场等这些家庭中的大笔消费支出。

为了商业利益，广告主已经盯住了 4~12 岁之间的少年儿童群体，他们用各种各样的宣传攻势来诱导消费。麦克·内尔儿童营销顾问公司给出了这样一个数据：1999 年，美国针对 4~12 岁年龄段的孩子群投放了高达 120 亿美元的

---

① 朱振国. 美国儿童商品市场 12 大趋势 [J]. 国际广告，1997（2）：18.

广告。

在1997年，一项题为"全球少儿研究"的分析曾显示了一个数据：世界儿童消费能力有可能突破200亿美元。当时，接受这次调查的是6个国家的2400名儿童，其中7~12岁的儿童消费大户在美国。美国的孩子通常只将全部"收入"的21%节省下来，与他们相比，日本和中国孩子的"储蓄率"要高得多，达到了62%。那年，各国儿童的"年收入"总额排序如下：法国17亿美元；英国23亿美元；德国32亿美元；中国66亿美元。孩子们的消费内容基本上是一致的：零点、饮料、糖果位于消费名单的前列，接下来是玩具和娱乐活动。不过，调查者发现，中国孩子有些例外的地方，他们的大部分钱花在了学习用品上。针对这一点，调查结果指出：中国是还可以挖掘的潜在的玩具与教育产品的消费大国。因为中国儿童是家庭中的"小皇帝"，他们似乎可以得到他们想要的一切。然而，仅仅过了三年，在2000年，单看美国一国，青少年的消费额就已经直逼1550亿美元。[1]

2000年，北京美兰德信息公司在北京、上海、广州、成都、西安五大消费先导城市进行了一次儿童消费市场调研，结果表明，五座城市中0~12岁的儿童平均每人每月消费高达897元，五市儿童月消费总额约40个亿。其中上海的市场最大，超过16亿元；北京和广州分别为9.6亿元和7亿元，平均每月为1009元。调查还显示，尽管食品与服装消费占儿童消费总支出的64%，但教育支出已占到相当比例，成为儿童消费的新热点。儿童消费的基本家庭特征：高收入家庭重教育，中收入家庭重吃穿，低收入家庭给零花。[2]

今天，中国都市的大多数中学生几乎都能如数家珍般地给你报出一大串名牌服饰、手机、家用电器、零食点心的牌子。这种现象当然也使世界上一些著名的服装厂商把目光转向中国的学生。现在，并非只有家庭富裕的孩子才仰慕名牌。攀比、讲究排场之风气，已使一些收入有限的父母无法满足子女，而孩子们在中学阶段就已经有了由物质拥有的差别导致的心理反差：一方面是优越感，另一方面是压抑感；一方面是居高临下不屑一顾，另一方面是接近病态的自尊和自卑。

商品营销利用孩子们的天真烂漫来获取暴利。广告吸引孩子们注意有形的

---

① 晓佳. 小孩子，大财神 [J]. 国际广告，1997（7）：44.

② 晓佳. 小孩子，大财神 [J]. 国际广告，1997（7）：44.

物质产品，忽略了与物质相对立或冲突的良性的人际互动关系，以及有益于孩子们健康成长的价值观念。

在美国，单纯的儿童节目几乎不存在。动画节目把儿童玩具、儿童食品作为节目的有机部分，儿童广告与儿童节目的界限越来越模糊。因为很多卡通节目的策划者，是怀着利用卡通人物来完成促销的目的，并以儿童玩具和儿童用品为基础来制作节目，他们根本不考虑孩子的家庭是否能够支付如此大的开支，更不考虑重复购置造成的浪费。

据统计，美国 2~11 岁的儿童每周有 25 小时花在看电视上，每人每年平均接收到约 2500 个电视广告。① 儿童大量接受广告信息已经引发家庭内部的矛盾和冲突，大量的广告信息已经对儿童正在形成的价值观念产生了影响。当儿童持续地暴露在广告所创造的购买和拥有的压力环境之下，也许将滋长极端物质主义，以及只顾自己和只注重短期利益等心理行为。加强孩子们所谓的"自我意识"以及独立性，实际上只教会了让他们多消费个性化的食品，最终把他们教成未来个性化消费的大户。贝尔说，所谓"自我意识"，这是个典型的身份问题，一个墨守传统的人通常回答说："我是我父亲的儿子"，今天的人则说："我就是我，我是自己的产物，在选择和行动的过程中我创造自己"②。这种身份变化就是现代个性化的标记。只有通过这样的"个性化"，产品才能不断地变化，而只有不断地变化，企业才能不断地生产和不断地扩大规模。因为只有不断的需求，才会有永不枯竭的市场。企业采取各种各样广告形式渗透到儿童的生活方式中去，以使产品与儿童产生更强的联系。现在，广告的目标不仅仅是让消费者试用某一商品，而是让他与品牌建立终生的消费关系。

早在 20 世纪 60 年代，贝尔就看到："销售活动变成了当代美国最主要的事业。"美国的销售业"本身直接与节俭习惯相冲突，它强调挥霍"；销售活动"反对禁欲主义，它鼓励讲排场、比阔气"。这种以销售为前提的文化，将"不再与如何工作，如何取得成就有关，它关心的是如何花钱，如何享乐"。贝尔说："事实上，50 年代的美国文化已转向享乐主义，它注重游玩、娱乐、炫耀和

---

① 符国群，高丽. 美国儿童营销活动及其规制 [J]. 中国广告，2001（6）：36.
② 贝尔. 资本主义文化矛盾 [M]. 赵一凡，等译. 北京：生活·读书·新知三联书店，1989：137.

快乐，并带有典型的美国式强制色彩。"① 这个享乐主义的世界充斥着时装、摄影、广告、电视和旅行。这是一个虚构的世界，人在其间过着期望的生活，追求即将出现而非现实存在的东西。而且，一定是不费吹灰之力就能得到的东西。享乐主义时代最适宜的文化方式是流行艺术。流行艺术所崇拜的偶像来自日常生活。家用物品、影视形象、食品和衣服等流行艺术的特征就是要获得享乐。在今天，如果未能得到欢乐，就会降低人们的自尊心。因此享乐主义时代是市场的时代。

市场的享乐主义正在儿童身上发挥着功效。

人们相信，许许多多的因素使得儿童变得非常成熟，认为科技发展等诸多的因素，推动着儿童冲进成年期。然而，今天影响儿童最多的是信息。不过在广告这种有商业目的的信息爆炸中，被它催熟的儿童令人担忧。儿童会在广告中学习不该学的东西。有的广告打着品味特色青春的招牌，在 9~12 岁的女孩中开拓口红、眼影、指甲油等产品的市场。有关食品的广告信息已经使一些孩子的健康成为问题。譬如，儿童肥胖症、儿童营养不良症、儿童过多地摄入垃圾食品等，已经在威胁着人类，也许它会引发明天的危机。

当代精神分析大师弗洛姆（Fromm），他在专门研究人类破坏性的时候谈到了人的个性人格的形成。虽然他对传统论的人格形成观不太赞同，传统论认为，性格发展在 5 岁或 6 岁就已结束。然而，他的不赞同不是反对和否定，而是在传统的机械观点上进行了一些客观条件因素的补充。他说：

> 当一个人生下来的时候他绝不是没有面目的。他的气质与其他秉性不但受遗传因素的决定，而且胎儿期发生的事情与他诞生时的状况也会对他的秉性有影响。这些可以说形成了一个人在诞生之际的面目。然后，他接触到某种特有的环境，父母亲和他周围其他的重要人物，他对这些人的回应，而这些人也影响他性格的进一步发展。在一岁半左右，婴儿的性格比生下来的时候已经确定了很多。然而，还是没有完成，性格的发展还是有好几种可能的方向，要由施展在他身上的影响来决定。六岁的时候，我们可以说，性格更固定了，但仍旧不是没有改变的能力，但要有新的、重要

---

① 贝尔. 资本主义文化矛盾 [M]. 赵一凡，等译. 北京：生活·读书·新知三联书店，1989：138.

的环境激发他这种改变。一般说来，性格的形成与固定是按价计税（"按价计税"，价钱越高，税率越重。用在此处是说，性格发展越趋于固定，改变越难）式的；一个人生命开始的时候，有某些素质使他向某些方向走，但他的人格仍旧有延展性，在有限的框架里可以有许多不同的发展方向。生活中的每一步都在把未来发展的可能性减少。性格越固定，新的因素越需更大的冲击力才能在前进和方向上产生基本的改变。到了最后，改变的余地已经变得那么小，只有奇迹才能使他发生变化。

这并不是说，童年早期的影响不比后来的事件影响更大。但是尽管它们影响更大，却不完全决定一个人。要冲淡童年深刻的影响，后来的事件必须更强烈，更富于戏剧性。大部分的人性格似乎从未改变，因为他们的生活都是老早就编织好了的，没有自发性，他们一生可以说没有任何真正新的事情发生；他们后期的生命只不过在肯定着前期的生活而已。①

针对儿童的广告宣传是不公平的。广告宣传的很多东西令人不安，除了孩子最容易上当受骗，除了卖东西和消费，广告难道可以不为儿童个性人格的完成负任何责任？在只为追求利润的今天，儿童已经被商家纳入市场的消费者群体之中，作为商人倾销商品的对象，他们不可避免地裸露在商业竞争的广告大战中，这些在广告轰炸下的孩子，也许已经为看不见的"暴力"所伤。

获 1995 年戛纳广告金狮奖的作品，美国《百事可乐·救生圈篇》（*Pepsi-Life Saver*），它令人惊心动魄：

大海边的沙滩上，一个大女孩和一个小男孩玩耍着。套着绿色救生圈的男孩拿着一瓶百事可乐走开，他边走边专注地打开瓶盖，然后，用吸管吮吸。他吸得太集中精力，以致几乎闭上了眼睛。他吸得太用力，于是在电影胶片上吸力的引力产生了变化，孩子被可乐瓶吸了进去。拿可口可乐的女孩在远处看见，被这个场面深深"吸"住，她不由自主地跑了过来，她也想尝尝这魔术般的饮品，也想去到瓶子里。

这则广告的惊心动魄在于，男孩一头扎进瓶子不但不让女孩害怕，反而增强了产品的"引力"，反而会引起更多孩子的注意力。广告找到了激发孩子欲望

① 弗洛姆. 人类的破坏性剖析 [M]. 孟禅森，译. 北京：中央民族大学出版社，2000：399-400.

的妙不可言的"鼓吹点",借用儿童世界的好奇心,用儿童喜欢的异想天开的逗趣,让产品尽显神奇。小孩才不怕被装进瓶子里!他们才想进去呢!可以说,广告是摸着儿童的心理来编排的。它比喻性地宣扬了产品的感染力,而且让感染力成为视觉的,然后再变成新的感染力。人们仿佛听到了"就要、只要百事可乐"的广告语。

不过,这则广告对成人世界,对日常并不在意这两种"可乐"在做些什么的人来说,也应该成为震惊。这些东西原来是会"吃"人的。不是孩子在"喝"可乐,而是可乐在"吃"孩子,孩子们正在被物化,正在被一点一点腐蚀。"可乐""吃人"的确是事实,今天,它已造成了不会喝白开水的一代,儿童的舌头已被饮料麻痹,感觉已经木钝。这是从生理角度看,更可怕的是属于心理感情方面的变化,而它又是无法看清和无法估量的。"救生圈篇"还让人看到,你以为你让孩子套上救生圈就安全了,然而,在生活的汪洋大海中,其实你的孩子一点防范措施都没有采取,不是他们在喝可乐,而是可乐在吞噬他们,今天的广告和今天的商品,它们正在参与"吃人"。

1990年,全球十大品牌中,位居第一的是拥有儿童消费者最多的可口可乐;孩子们最喜欢的麦当劳排名第三,1996年,麦当劳排位升至第一,可口可乐留居第二。今天,可口可乐的品牌价值又回到了世界名牌的排行榜之首,它的消费者主要是儿童。这一状况告诉人们,世界上最红的品牌不是成人的,是儿童撑起了今天商品品牌最大的一块。

贝尔曾经谈到由传媒文化带来的社会变革,他说:在一个成分复杂、社团众多、地位流动的社会里,广告起着多种"中介"作用。美国大概是历史上第一个大规模将文化变革融合于社会结构的国家,许多社会问题的产生,完全是因为这种变革快得令人晕头转向引起的。在社会地位的变动和失去了以往的依托后,缺乏现成经验指导的人们,不易获得如何把日子过得比以前"更好"的知识。于是电影、电视和广告就来为他们引路。在这方面,广告所起的作用不只是单纯地刺激需要,它更为微妙的任务在于改变了人们的习俗。《妇女杂志》《家庭指南》以及类似《纽约客》这种大众刊物上的广告,开始教人们如何穿着打扮,如何装潢家庭,如何购买名酒。一句话,教会人们适应新角色中的生活方式。最初的变革主要在举止、衣着、趣味和饮食方面,但或迟或早它将在更为根本的方面产生影响,如家庭权威的结构、儿童和青年怎样作为社会上的独立消费者、道德观的模式，以及如何体现社会成就。

美国经济曾经让女性成为最大、最重要的消费者，为了"说服"她们消费，传媒用广告和类广告大肆宣扬"女性本质"。而诸如"女性的位置在家里""女性必须美丽""脂肪是罪恶的"等论调，严重地压抑了女性。在那一时期，为国民经济的连续高涨，女性付出了代价。女性以丧失她们的社会位置为代价，以女性精神官能病患者的增多、失落和无所归依等痛苦为代价，以女性家庭生活的破裂为代价，甚至以女性身体遭遇到美的暴力为代价，换取了社会的繁荣。女性作为弱势群体成了商业和经济制度的牺牲品。然而，相对儿童而言，女性应该算是强者，那么，针对儿童而发起的消费宣传，儿童将以什么样的代价让社会满意呢？如果一个社会的发达，要以毁掉儿童为代价，那么，这种发达究竟是文明还是野蛮？

广告正在渗透儿童的生活，正在以一种引诱和压抑交替、关怀与娇宠不悖的方式向儿童渗透。

第九章

09

20世纪后期

一、性、牛仔裤和摇滚

1995 年 3 月，卡文·克莱（Calvin Klein，现译为卡尔文·克雷恩）在夏秋之际刊播了系列牛仔服广告，引发了一场几乎波及整个美国的关于保护未成年人权益的论战。到了 9 月底，公众舆论引起了政府重视，美国联邦调查局和美国司法部联合行动，对卡文·克莱引起争议的广告进行调查。克林顿（Clinton）总统任命的司法部大律师珍妮特·雷诺（Janet Reno）亲自领导了这次行动。卡文·克莱用的模特有的仅 15 岁，政府根据有关法律条文让律师来判断那些广告是否含有猥亵的意味。美国政府没有对卡文·克莱的广告最后定论，但是动用联邦调查局来审理此事——对服装广告进行如此兴师动众的调查，据说是第一次。①

卡文·克莱聘用了两位为麦当娜制作写真集的创作人员来制作他的这批系列广告。卡文·克莱的系列广告喜欢用黑暗而简陋的木板房为背景，配上粗纤维的地毯和木梯之类的简单道具。广告让大量的镜头在少男少女的身上慢慢移动，在近乎黑白的光影中，画面中的人物以一种迷醉的神情开始动作，他们的动作迟疑，他们的眼光游离。卡文·克莱广告的性暗示是存在的。波姬·小丝（Brooke Shields）在 15 岁时就为卡文·克莱的系列广告做模特，她曾在广告表演中对公众这样讲："知道我和卡文牛仔裤之间有什么吗？什么也没有。"② 在杂志上，卡文·克莱牛仔服广告明目张胆地用少年色情来引起轰动。画面上，一个少女躺在木条板的墙壁上，她短短的牛仔裙刚刚遮住臀围，她正沉迷于某种陶醉。就这样暧昧、可疑和挑逗。

卡文·克莱当然预期到将会引发的舆论。

① 程坪. 美国政府调查卡文·克莱广告［J］. 国际广告，1996（2）：55.
② 程坪. 美国政府调查卡文·克莱广告［J］. 国际广告，1996（2）：55.

从 1980—1995 年，15 年中卡文·克莱频繁地越过公众划定的传统和道德界限，尝试将粗鲁与迷人进行组合，并使之产生最惊险的效果。他一直在公共道德的禁区边打擦边球。这一次，他引爆了公众争论，引来了既义愤又迷惑的指责：

> 卡文是个脏兮兮的老头。

> 卡文是一个利用美国人好谈论性来引起刺激的滑头商人。

> 这些广告让我心惊肉跳，神经紧张。粗纤维的地毯和 20 世纪 70 年代式样的木板墙，让我想起那个色眯眯的老头在干什么。

> 他到底要干什么？我承认曾经被广告诱惑过。后来，当我知道她多大时我又觉得恶心。

> 我 17 岁的女儿恼火透了。她欣赏少年性感，但不是少年色情。

> 我是很支持卡文品牌的，但作为母亲，看过他的广告后，我不会再买他的任何东西了。

> 我曾经是他售价不菲的职业女装、女内衣的买主，但我再也不会买了，这些广告让我恶心。

> 在卡文的电视广告中，暗色调和声音风格明显地是在模仿一种场面。系列广告中充满了性的行为或暗示。①

在调查的打分中，按 1~10 的数序，确定 10 分为色情时，许多人打了 8 分，认为卡文·克莱的广告有明显的色情内容。《纽约时报》上撰文说卡文·克莱是个为公众提供少年色情的家伙。然而，同样在这期报刊上，又公告卡文·克莱在麦迪逊大街新开了连锁店。卡文·克莱早就料事如神地知道他的行为还能引发其他的声音，一些言论既为他开脱，又与他的想法投合：

> 这些广告有点色眯眯，而且令人不安，但还不是真正的色情。

> 如果少年模特穿着 T 恤站着就意味着色情的话，那么，电视剧《海滩救险者》又算什么？

> 那些认为这是色情广告的人，肯定从来没有见过真正的色情。真正的色情才是我们不应叫孩子接触的东西。

---

① 程坪. 美国政府调查卡文·克莱广告 [J]. 国际广告，1996（2）：55.

广告和时装关系密切。眼下就是卡文·克莱。穿起来帅的牛仔服我就买。

我觉得很好玩，我不明白人们为什么要问那些愚蠢的问题。①

在大量的调查中，人们发现争论引起孩子们的不满，他们认为这是大人们在小题大做。《广告时代》在纽约、芝加哥、圣路易斯、旧金山、孟菲斯等城市的商店做调查，一些受访的孩子说：对卡文的广告论战，反倒促使他们产生去买来试试的念头。他们还说：如果卡文给出的价钱合适，而他们的身材也合适的话，他们肯定也愿意出现在这类广告中，那会很帅。在调查中，在对卡文进行正负面影响的作用问卷时，得到的回答几乎对半，认为影响不坏的为47%，认为负面影响大的为53%。而且不断有人重复着一些观点，就是"管他好坏，做了再说"，"任何公关都是好公关"，"反正我不会去买，不过他的确达到了扩大知名度的目的"，"任何时候，广告产生的知名度超过了购买度，则说明受众在增加。如果你没看过这些广告以及针对他的新闻，你会去找来看，所以卡文最终赢了"。卡文的广告招数是"出色的营销策略"，因为"你必须承认，跟往常一样，媒体和公众都被他吸引了"。②

人们也记得几年前卡文·克莱的那些言论："我想干什么，什么也拦不住我。"尽管他在公众舆论起来以后故作惊讶道："有人把广告理解偏了。"并声言这种情形背离了他的初衷，因为"有人误会了广告"。他在《纽约时报》上刊登了整版的致歉广告，声明将"尽快停止刊播系列广告中尚未发布的部分"。然而，据《今日美国》《华盛顿邮报》《洛杉矶时报》《芝加哥论坛报》等大报的分析人员调查发现，在这场轰动的舆论大战中，卡文·克莱并未损失什么，相反，他的品牌知名度加强了。四大报刊从问卷打分中发现，在1995年8月7—13日，卡文品牌的知名度得分仅为10分，而到8月21—27日，得分升到36分。可见，卡文·克莱的怪招，已经成为效果很好的大型公关活动。年轻消费者对该品牌的兴趣增加了。卡文·克莱的影响力扩展到了原先根本不知道这些牛仔服的地方。当时有人估计，卡文·克莱的品牌销售将从1994年的1亿美元猛跨一步，1995年可望达到6亿美元。其实，卡文·克莱的这批广告投入为600

---

① 程坪. 美国政府调查卡文·克莱广告 [J]. 国际广告，1996（2）：56.
② 程坪. 美国政府调查卡文·克莱广告 [J]. 国际广告，1996（2）：56.

万美元，而他掀起的这场媒体舆论大战远非 600 万美元可比。这场论争的爆发使他成为媒体的中心话题，成为广告界、牛仔服装界的焦点，使他在信息的汪洋大海中摆脱对手，给大众留下"特别"的印象。①

人们看到了卡文·克莱在这种广告行为中的真正创意。"卡文并不关心人们是否在乎他的这些广告。凭借媒体这样多的免费宣传，他已省下了 1/4 的广告预算。"② 为此，他根本不管是否有违社会公共道德。

"二战"后，美国"婴儿潮"中出生的一代已经不同于他们的前辈，随着传统价值观被新时代扬弃，这一代人普遍以观念解放为标志，他们信奉开放和充分表现自我，对于父辈祖辈曾经经历和承受过的一切他们已不再感兴趣。这代人以及更后的一代人，是在消费社会中成长起来的。他们比他们的前辈有更多的金钱与时间，更信奉享受生活的原则。他们是属于消费文化的一代。

1952 年始，蓝调的爵士乐、西部的乡村音乐和教堂音乐组合，成为追求节拍的摇滚的前身。"猫王"成为第一代摇滚巨星。"猫王"也是大众流行时尚中首位最当红的偶像，他成为模仿的对象，他的发型、衣饰，他的具有标志意义的舞台动作，成为大众日常生活追逐的时尚。他理所当然地成为青少年解放运动的象征，成为狂热的年轻人崇拜的偶像。他的音乐会出现前所未有的轰动，从某种意义上说几乎等同于暴动，因为他的摇滚的后果的确引发了青年一代的"反动"。

在摇滚音乐的疯狂中，人们心惊肉跳，在恐惧中警觉。心理学家和社会学家针对这种现象说出了他们的担忧，有人认为，摇滚乐正在引发犹如中世纪式的精神狂乱，甚至将导致史无前例的有节奏的精神恍惚。他们看到了摇滚中强烈的反叛情绪和冲动。

不可否认，摇滚音乐的确唤起了非理性的激情。艾伦·布鲁姆在《走向封闭的美国精神》中详尽地进行了剖析：③

他说：摇滚音乐具有一种只对性欲——不是爱情不是爱欲的吸引力，也就是野蛮的吸引力。

---

① 程坪. 美国政府调查卡文·克莱广告 [J]. 国际广告，1996（2）：57.
② 程坪. 美国政府调查卡文·克莱广告 [J]. 国际广告，1996（2）：57.
③ 布鲁姆. 走向封闭的美国精神 [M]. 缪青，宋丽娜，等译. 北京：中国社会科学出版社，1994：65-80.

他说：一个庞大的行业与一些真艺术和很多假艺术联合起来，培养狂纵不羁的情绪状态，为难填的肉欲提供源源不断的新鲜材料。从来没有一种艺术形式这样专门地面向少年。赞美青春期诱惑的歌词，它们使少年增强了不怕传统嘲笑和羞辱的心态。这种歌词对这些不需要他人示范就能够自己做得很好的青年人所产生的影响，远远大于春宫春画、色情文学和色情电影。观淫癖是老年性反常者的表现，主动的性关系是青年人的表现，他们所需要的就是这样的鼓励。

他说：这种兴趣导致的必然结果，就是子女对制止这种兴趣的家长权威的反抗。这样，自私变成愤怒，然后变成反道德。性革命一定要推翻一切传统的居于支配地位的力量，它们是人的自然本性和快乐的敌人。这样，从爱生出恨，装扮成了对社会改革的参与，世界观获得了平衡，那种在摇滚乐中曾经无意识的或半意识的、幼稚的怨恨的情趣，如今成为年轻人尊奉的新圣经。然后，出现渴望无阶级、无偏见、无冲突的全人类社会那种必定由解放带来的意识——"我们就是世界"。这是一种"人人皆兄弟"式的青春期口号。在摇滚的歌词中有三大主题：性、怨恨和友谊。那些紧张、变化、粗陋和裸露，带着最奔放的想象力，表达着反常、自大和自满。他们的生活被弄成永不停止的、经过商业预先包装的幻想。

由于家庭精神空虚已留下向摇滚音乐开放的方便之门，少年一代的父母又对禁止儿女去听这类音乐无能为力，所以，摇滚音乐到处皆是。而且，禁止听它只会使父母失去儿女的爱心和服从。所以，连里根（Reagan）总统也要热烈地握着迈克尔·杰克逊那只得体的伸出来的戴着手套的手，并且热情地称赞他。

所以，布鲁姆说，摇滚乐行业是完全的资本主义：它供给需求，而且帮助创造需求。由于它太新、太出人意料，以致没有人想到要去管制它。而且摇滚乐是一个非常大的行业，比电影大，比职业体育运动大，比电视大，这也是造成这个音乐行业得到很大尊重的原因。

布鲁姆批评了那些书斋中的社会理论家，因为他们把摇滚乐看成是一种来自资产阶级文化压制层之下的人民艺术。他们认为，摇滚音乐瓦解了自由社会所必需的信仰和道德，因而就无条件地赞成摇滚音乐。布鲁姆指出，理论不该回避那些偶像的本质。

丹尼尔·贝尔曾经分析过资本主义培育出来的这种人数众多到能够独自消

受一套文化产品。他说，从职业角度来看，文化大众主要由在知识与传播工业系统任职的雇员组成，如果加上他们的家属，人数可达几百万。不过从社会学角度进行分析，可以看到文化大众有三种类型的构成者。首先，它包括文化的创作者、传播者，如高教、出版、杂志、广播、戏院和博物馆等部门。这些都是加工和扩散严肃文化产品的部门，它们本身就足够形成一个文化市场，同时它们又造成了一批需要购买诸如图书、印刷物和正统音乐唱片的消费人群。其次，正是这同一群人，他们又作为作家、杂志编辑、电影制片人和音乐家等，专事为更多的大众文化观众进行生产，专门生产普及性的文化产品。不过这仅仅还是文化大众的多数。最后还有较小的一个层次，即被托马斯·沃尔夫（Thomas Wolfe）称作"文化弄潮儿"的那伙人，他们力图为文化定调，追求"新潮""入时"或"浪头"。贝尔说，德国人曾给这类人起了个"文化随从"的名字，嘲讽他们随风转向。所以，假如青年着迷的是流行服饰，那么"文化弄潮儿"喜爱的便是新潮或兜售新潮。贝尔认为，在现代主义已经消耗殆尽的今天，紧张消失了，创造的冲动力也逐渐松懈下来，现代主义只剩下一张空皮。然而，反叛的激情却被"文化大众"利用，并被进行了制度化的加工。今天，它的试验形式已经变成了广告和流行时装的象征符号。作为文化象征反叛所扮演的角色是激进时尚，这样调和之后，它使文化大众能够一面享受着奢侈的"自由"生活方式，一面又在工作动机完全不同的经济体制中占有那些舒适的职位。贝尔说，毫无疑问，"资本主义的文化正当性已经由享乐主义取代，即以快乐为生活方式"。贝尔看到，是作为艺术家的文化人把人字越写越大，这样的"人"，他的自我感觉已经膨胀到唯我至上、无以复加的地步。一方面，他们对功利、制度和拜金主义厌恶不已，挞伐不断，近百年来更采取了决绝和叛逆的姿态，专事拆台和否定工作；另一方面，他们从未放弃享用上述他们所鞭笞的东西，并且因此名利双收。贝尔说，这一点，更是他们成为大众，特别是青年一代喜欢接受和模仿的一种长盛不衰的时髦的原因。①

贝尔还指出，后现代主义最令人惊奇的一点就是它把曾经秘而不宣的东西公开宣布为自己的意识形态，并把这一精神贵族的财产变成现今大众的财产。后现代主义潮流以解放、色情、冲动、自由以及诸如此类的名义，猛烈冲击着

---

① 贝尔. 资本主义文化矛盾 [M]. 赵一凡，等译. 北京：生活·读书·新知三联书店，1989：66-68.

"正常"行为的价值观和动机模式，并为这场攻坚战提供了心理学武器。后现代主义理论的重要意义在于它可以使一切东西通俗化，所以，严格意义的现代主义先锋派早已不复存在，剩下的只是追求新事物的愿望，或是对新、旧事物的一律厌倦。① 所以，流行的摇滚文化得以兴起，就是因为它可以打击维护社会结构的动机系统和心理反应系统。20世纪60年代的文化中具有一种新的历史蕴含：它既是一个时代的终结，又是一个时代的开端。当取代了传统的道德观，当心理焦灼取代了负罪感，一个享乐盛行的时代就找到了与自己相应的心理疗法。群体内部进行享乐实验，并且设法利用身体间的互触、试探和抚弄来"开启"人们的禁忌。这也是摇滚可以催眠大众，特别是青年群体的关键所在。

---

① 贝尔. 资本主义文化矛盾 [M]. 赵一凡，等译. 北京：生活·读书·新知三联书店，1989：68-69.

二、诱惑

1999 年，李维·施特劳斯（Levi Strauss）公司推出了以"诱惑"为主题的系列牛仔广告，其中一则让男女艺术家在洒满颜料的画布上裸体翻滚，题目是"选择原始"。然后相继在福克斯、华纳兄弟公司的节目上播出，同时还出现在有线电视网和户外广告。李维·施特劳斯牛仔服是世界上最老的牛仔服品牌，是一切牛仔类服饰的鼻祖，它自诞生以来奇迹般地成为美国人骄傲的历史见证。牛仔，仿佛是不会过时的时髦。

1850 年，李维·施特劳斯从未想到他居然会在服装业占据长达一个半世纪的耀眼位置。当时他从巴伐利亚移居美国才三年，刚好 20 岁，他是专门经营干货的施特劳斯兄弟公司的老板之一。这年为了生意，他带着公司的货品参加加利福尼亚淘金。他的船只刚刚到达加利福尼亚码头，一位矿工就来问李维是否有要卖裤子？他告诉疑惑不已的李维：金矿工人的工作是与石头打交道，不耐磨的裤子对挖矿人来说一钱不值。因此，这里所有的矿工都为买不到结实的帆布裤子而发愁。李维原本带来一些帆布，那是为矿工们搭帐篷和做车篷准备的。不过李维突发奇想，他拿了一些帆布去找裁缝请他为那位矿工朋友做了一条特别的裤子。穿上了结实的帆布裤子，这位矿工万分高兴，逢人便展示他的"李维斯裤子"。李维干脆放弃了他的干货和日用百货生意，开办了缝纫车间，专门为矿工生产"李维斯"工装裤。然而不管工人怎么欢迎他的产品，他总是觉得用做帐篷的帆布做裤子还是太硬太粗，终于他看中了一种布，这是专门从法国进口的尼姆靛蓝斜纹棉哗叽，他的工装裤从此换成了这种布料。很快，新的工装裤成了美国西部矿工、农机工和牛仔最喜欢的"时装"，也成了当时卖得最好的商品之一。不久，一位名叫雅各布·戴维斯（Jacob Davis）的流动商看到矿工们的裤兜总是被撕脱和扯开，他想出了用黄铜铆钉进行加固的办法，这样，真正适合矿工、农机工、牛仔们劳作方式的"牛仔裤"有了它完整的模样——由靛蓝斜纹棉哔叽裁制,后面带有两个用黄铜铆钉铆住的明兜工装裤。它先在美国西部"淘金区"风行开来,再由矿工传到农机工和农场的放牧者。

李维曾为工装裤注册了一个图形商标,它也是美国最早通过注册的图形商标之一。这则商标图形十分经典:图案上,一条牛仔裤的两个裤兜被两匹马从左右两个相反的方向撕扯。图形上方有一句广告语:"没用,就是撕不开。"有意思的是,时不时真有人套上马匹来撕扯工装裤,众多围观者忍俊不禁。

1930 年,哈斯推出了李维斯女裤。而此时,李维工装裤也在好莱坞的西部枪战片中跟随它的牛仔主人公大出风头,一夜之间,它成了全美流行的休闲装,它在校园的流行更是火爆,几乎成了大学校园里的校服。

1950 年,李维·施特劳斯公司已经生产了 950 万条工装裤。《旧金山记事报》曾经说:我们再也想不出从旧金山向外放射出去的影响还有什么能大过李维斯工装裤。到 20 世纪 70 年代,卡特总统还把李维斯服装"请"进了白宫;20 世纪 80 年代,美国最红的歌影视三栖明星波姬·小丝宣称,她贴身的小内衣外面就是"李维斯";1978 年,李维的故事被写成了跌宕起伏的英雄加美女的爱情小说。

由"李维斯工装"热,又引出了很多与牛仔装相关的热门品牌,专业设计名家们当然看到了牛仔服装将久盛不衰的流行趋势,纷纷加盟,细腻地挖掘牛仔系列可以无限延伸的内容,如知名设计师卡文·克莱等,也成了靛蓝工装的生产者和专营者。在世界时装设计师的名单中从来没有李维·施特劳斯的位置,然而,这不是为时尚而发明的工装裤却超越了所有的时尚,至今,它还是时髦。在新一轮的新潮青年这里,仍然没有一点要退出的意思。

1890 年,李维·施特劳斯把他的公司改组为合股公司,由于终身未娶,他把姐姐的四个儿子吸收到公司中来,让他们拥有股份,并继承他的生意。生前,李维把财产的一部分用在了宗教慈善事业上,死后,他的外甥们继承和发展了他的公司。① 现在全世界大多数国家设有销售李维斯服装的销售点,在中国,几乎所有的大中城市里都有它的专卖店和专卖柜台。

然而在竞争激烈的市场上,李维不敢吃老本,不敢倚"老"卖"老"。看

---

① 德中. 李维·施特劳斯与牛仔裤 [J]. 国际广告,1998(1):7.

到卡文铤而走险，先拔头筹，抢到了可观的市场份额，李维坐不住了，他也要来玩一玩诱惑营销。于是，在1999年8月，李维在学生返校之际推出了季节性的广告，用"选择原始"为题的系列电视广告，进行规模化的宣传营销。系列广告中一则为：一位女艺术家正在对着地板上巨大的画布泼洒颜料，一位男子走进来，他们宽衣倒向地板，倒向颜料之中。系列广告另一则为：一位女子在旷野脱衣，她把脱下来的牛仔裤扔在铁轨上，火车隆隆开过，将她的长裤碾轧成了毛边短裤。

1997年2月，第26届莫比广告获奖作品在美国揭晓，作为国际五大重要广告奖的投票者们对有色情内容的广告基本不持异议。由澳大利亚广告公司代理的内衣广告，被推为广告精品。在这则广告的画面上，从左上角滑向右下角的线条展露的是女性从臀部到足的踝关节处的轮廓。因为边缘处理的细腻勾线效果和用擦染技法制作的那些棕色细小的颜色颗粒，背景散发出棉织物的质感和气味，于是，画面上赤裸的女性身体朦胧而暧昧。另一则广告画面是一幅逆光的女性侧身胸像，画面的用光使她的皮肤显得细腻娇嫩，女性的胸乳轮廓格外清晰，她头发的膨松使得画面的女性纤秀诱人。

1991年，《创意百科》"广告创作年鉴"中，入选了一组三幅黛安芬的招贴广告。第一幅广告的画面：整幅黑色的底色上面勾出粗宽的白色线条，柔光虚化了线条的边缘，使勾勒的女性胴体轮廓更显柔媚。广告上方是广告语："人，是上帝造成的；女人，是撒旦造成的。"第二幅仍然是黑底，白色线条勾勒的是侧面胸线。广告底部是很小的文字："女人，永不嫌穿得太少。"第三幅是白线勾勒的臀部线条。广告语为："女人的阴谋藏在黛安芬里。"

黛安芬还推出了一则被港台称绝的"窄巷篇"广告。这则电视广告渲染了诱人的瞬间：一个优雅的男青年走进窄巷。这时，镜头切换到对面裙裾飘飘的漂亮女人。然而，镜头再次切换，聚焦在女人的胸部，年轻女人饱满的乳房裸出大半，脖子上的珍珠项链悬垂晃动，乳房也仿佛在震颤。然后，镜头摇下，瞄准女人的步态，她的高跟鞋。接着，镜头又向上移，这时，两人面对面，但巷子太窄，两人紧擦着身子却挤不过去。此刻，响起了"我不是故意的"画外音，两人的脸几乎相擦，上身贴着，眼睛互视。然后镜头向上摇，高过女人头顶。在中国1996年的《国际广告》上，点评者对这则广告赞不绝口：

> 此次推出的黛安芬魔术胸罩"窄巷篇"是黛安芬总部首次交由台湾制

作执行的广告。其广告主旨为：清晰、形象地告知消费者黛安芬魔术胸罩的功能。消费承诺为：让女人的胸部看起来像魔术般地变大变挺，并勾勒出最富性感的乳沟效果。创意诉求为：黛安芬魔术胸罩里有两个可以托高乳房的衬垫，不但可使其丰满，乳沟明显，并且随着顺畅的呼吸会自然起伏而更加动人。全片雅而不俗，又极令人心动。①

20 世纪 90 年代以来，以美国为首，广告界不惜用色情来煽情，来吸引叛逆的青年一代。色情作为一种对社会的冒犯，不仅让青年一代觉得尝到了反叛的快感，而且，也似乎可以报复没有激动和激情的生活。

布鲁姆在《走向封闭的美国精神》中分析了美国青年缺乏浪漫激动的爱情生活的现实。他说，今天大学生所在的非常特殊的世界里有这样一个令人惊讶的事实：在一度称为恋爱事件的过程中，大学生一般不说"我爱你"，也从来不说"我永远爱你"。有一个大学生曾告诉布鲁姆，他虽然也对女朋友说"我爱你"，然而那往往是"在我们分手的时候"。布鲁姆说，年轻人这种断绝关系的方式真是干净利索，没有伤害，没有过错。他们精于此道。布鲁姆说，也许是年轻人因为诚实才不说"我爱你"。他相信，他们没有感受到爱，因为他们太熟悉性，以至于不会把性和爱混为一谈。他们爱沉思，怕爱的疯狂和忘我损害他们自己的命运。布鲁姆分析道：今天年轻人害怕做出承诺，然而爱恰恰就是承诺。大学生们没有激情，没有希望，没有绝望，没有爱的矛盾情感。布鲁姆在他任教的大学校园里看到，大学生不再与异性做社交约会，然而，他们同居。对他们来说，性行为发生了，他们立即回到人群中和以往一样。青年男女之间拥有的是"关系"，而不是爱情。布鲁姆说，爱情应该表示几分奇妙的、兴奋的、积极的并且牢牢固定于激情的感觉，而关系则是阴沉的、模糊的、没有给定内容的构想，它是暂时的。②

广告中的色情和性反常主题，相当于情感匮乏时代的兴奋剂，它为那些因过度自由享乐而流失了激情的青少年人群注射了一种动荡不安的情绪，它满足了潜意识中不可名状的渴求，所以，它存在着相当的号召力。

---

①　郑松银. 省略一些东西，让受众去完成它 [J]. 现代广告，1999（1）：58.

②　布鲁姆. 走向封闭的美国精神 [M]. 缪青，译. 北京：中国社会科学出版社，1994：126.

虽然性反常在文字记载的历史中早已有之，但从未有过像现在这样不加掩饰的公开夸示。从 20 世纪 60 年代起，欧美文化情绪中的特色之一就是性和暴力。"对暴力和残忍的热衷；沉溺于性反常；渴望大吵大闹；具有反认识和反理智的情绪；想一劳永逸地抹杀'艺术'和'生活'之间的界限；熔艺术与政治于一炉。"① 贝尔在分析"文化大众"的时候曾经指出。

---

① 贝尔. 资本主义文化矛盾 [M]. 赵一凡，等译. 北京：生活·读书·新知三联书店，
1989：170.

三、落日中策马远去

1954年，菲利浦·莫里斯（Philip Morris）公司把万宝路香烟定位为男性品牌，从此，用牛仔形象来突出商品的万宝路在美国赢得了颇有时间效应的市场。1993年，万宝路在世界消费品市场中排名第一，1994年，居第二，1995年，它的品牌价值高达387亿美元。① 在人们心目中它不仅是烟草王国的大品牌，也是全球市场不可颠覆的国际大品牌。

在香烟市场上，万宝路是最先配上过滤嘴、尼古丁含量较低的产品。最初，它的产品所有者很想根据它的这两个特点来为品牌定位，想把它与女性的需求捆绑在一起，创建一个纯粹属于女性的香烟品牌，以此来填补市场在这方面的空缺。然而，莫里斯公司最终放弃了最早的方案和设想。后来，万宝路香烟的品牌定位不但与女性无关，而且专门选用最孔武有力的男性形象来作为商品令人为之一振的标志性形象。于是，直到今天，手持缰绳马鞭的彪悍男子昂首纵马于街头的巨大广告上，英姿勃勃，一身浅蓝牛仔装，既显出了硬朗无比的个性又显现着人情浓郁的潇洒。数十年来，万宝路在市场上的连连成功说明了它的品牌定位的成功。万宝路不仅创造了消费品市场的品牌，它还演绎了品牌与文化精神融合的神话。

香烟，作为商品的一个类别，毫无疑问是奢侈品。哪怕是那些尚在温饱不足中的人抽吸的劣质烟品，也是在借此享受奢侈。因为香烟是与温饱无关的"兴奋剂"，人们依赖它对大脑神经产生的适度刺激来提神醒智。人们相信，烟草能够"产生"一种微妙的"劲"，让吸食者得到不同程度的解脱。

奢侈的烟草原本来自美洲。1492年，哥伦布（Columbus）抵达古巴时，看到当地人吸用卷起来的烟叶。烟草被带回欧洲后，最初被种在植物园里，专供

---

① 陈志宏. 品牌价值营销策略［J］. 中国广告，1995（4）：66.

好奇者观看和欣赏。不过，人们逐渐发现了它的药用价值。1560 年，西班牙国王派人送给凯瑟琳·德·美第奇（Kathrine de Medici）一些治疗偏头痛的烟草末。那时，还有一位叫安德烈·特凡（André Teevan）的人，他把烟草引进法国，用它做清除"多余的脑分泌物"的药品，在巴黎，烟草一度被视为"万灵药"。自 1558 年，西班牙人种植烟草以来，它相继传入法国、英国、意大利、俄国、巴尔干诸国；1588 年，它又被带回美洲，在美国的弗吉尼亚落户；1612 年，它被大规模种植；紧接着进入了中国的澳门，以及中国周边的日本、爪哇、印度、锡兰……就这样，烟草在 16—17 世纪之间征服了全世界。

布罗代尔说："事实上，任何文明都需要奢侈的食品和一系列带刺激性的'兴奋剂'。"[1] 烟草征服全世界以后，便与文明结下了不解之缘。烟草在欧洲上流社会成为时尚，贵妇人与达官显贵一样养成了嗅闻鼻烟的嗜好。那时，人们大体采用三种"吸烟"的方式：嗅闻气味、吸取烟雾、直接咬嚼。后来，西班牙人也把烟叶卷成"棍式"，制成了雪茄；再后来，美洲新大陆发明了生产卷烟的工艺。美洲的卷烟在拿破仑战争期间传入法国，到了浪漫主义时代，它成为上流社会的日常用品，当追求时髦的青年艺术家们迷上它以后，它更是与时尚融为一体。据说，因为才气横溢的女作家乔治·桑喜欢吸用粗长的雪茄，于是卷烟和雪茄在欧美流行了一代又一代，成为人们长久不衰的喜好之物。

"二战"以后，美国香烟市场已趋饱和，万宝路想要打败竞争劲敌获得成功，就要以新的姿态重入市场。它的成功得力于它所建立的品牌形象正好与美国所信仰和崇拜的神话英雄巧妙自然地重合。万宝路用仰拍的摄影角度来突出它的骑马壮士，美国人清楚地认出，马背上的人，是他们狂热崇拜的英雄。一百个能让人记住的词，也抵不上一个震撼心灵的词。"牛仔"，不但打动了顾客的心，而且唤起了命名者所预期的联想。万宝路选用"牛仔"形象来做品牌代言人，为制造可能成为宗教式狂热崇拜的品牌打下了至关重要的基础。

牛仔，最先是由好莱坞在美国的历史神话传奇中，通过筛选、裁剪、拼接等手段打造而成的银幕形象。好莱坞 20 世纪 30 年代找到了活在美国人心中的神话，并找到了叙述这种神话的最佳表达。美国是一个在荒野上崛起的国家，欧洲移民漂洋过海来到这个莽荒的天地，在不断地拓殖和垦荒中创造了美国的

---

[1] 布罗代尔 . 15 至 18 世纪的物质文明、经济和资本主义 [M]. 顾良，译 . 北京：生活·读书·新知三联书店，1992：308.

历史。牛仔是西部英雄。美国人意识中的西部，填满了美国式的光荣和梦想。西部是白人任意谱写英雄史诗和编造动人历史的策源地。西部是白人征服印第安人，在现实之中演绎英雄壮举的热土。西部让真实的历史与虚构的传奇难分彼此。西部对美国人来说是一种精神、一种神话和一种象征。

1876年6月25日，距美国独立100周年纪念日仅差9天，乔治·阿姆斯特朗·卡斯特（George Armstrong Custer）和他的士兵战死沙场，印第安人在西部集结了他们有史以来最强大的武装，全歼美国骑兵262名官兵。然而，这并不是一个很坏的消息，卡斯特的失败并不影响对印第安人的攻击，白人军队对大平原的战争正在加快进行，而且卡斯特和他的部下的殉职被文明世界当作军人神圣的荣誉，他被誉为"全部用新世界的骨骼和肌肉制成的战士"。卡斯特被描述为这样的形象："高高的个头，瘦瘦的身躯，长长的头发，外表粗陋，盛气凌人，胆大勇猛。"特别有意思的是，他被说成是"在高度的文明中不会找到任何位置"的人。① 卡斯特的所作所为一时与牛仔英雄有了某种重叠，是牛仔"在暮色中策马远去"的一种变体，穿着战靴与妨碍西部成为文明世界的印第安人决一死战，直到战死疆场。卡斯特死了，但被摧毁的是印第安人；文明得救了，前进的步伐不可阻挡。卡斯特和他的骑兵以及牛仔的使命也宣告完成，这时，由铁路、城市和工业组成的，将要战胜荒野文明的新世界再不能找到有意义的事来让卡斯特和卡斯特式的英雄去做。罗伯逊认为，卡斯特对现代美国的意义是双重的：他既象征着文明和进步战胜了荒野及其野蛮的居民，又象征着边远的林区人、边疆人、山地人、牛仔们已经在历史中结束了他们的使命。卡斯特战死14年之后，政府宣布，边疆人从美国消失了。正好在这一年，美国陆军在翁迪德尼发起了对印第安人的最后一战。又过了3年，年轻的历史学家弗雷德里克·杰克逊·特纳（Frederick Jackson Turner）论证了"边疆人已成为历史"，他因此一举成名。从此牛仔也罢，卡斯特也罢，印第安人也罢，他们属于过去，他们已被文明的工业时代抛在身后，他们不属于城市和工厂，不属于铁路和电力动力的新世界。不过，关于荒野的故事和在荒野中曾经垦殖和斗争过的男男女女的故事还要一遍又一遍地被人们讲述、传颂。而且这些故事还将被仪式化、程式化和固定化。虽然，牛仔在暮色中策马远去，骑兵们战死疆场，拓荒者向

---

① 罗伯逊.美国神话 美国现实［M］.贾秀东，等译.北京：中国社会科学出版社，1990：211.

更加葱绿的草原迁徙，不过美国人的神话，它炙手可热，荡人心魄。

到 19 世纪末，美国几乎没有边疆人了。人们再也听不到关于现代的、活生生的边疆人的故事了。所有旧时的边疆人都已经死去，所有的故事都是过去的，唯一与边疆人相似的只剩下西部的牛仔。

于是，牛仔被怀旧打造成了持久不衰的时髦形象。

万宝路的牛仔，就是美国西部影片中的牛仔。"他"以不同的方式出现在形形色色的故事中，然而，"他"所体现的文化精神及价值观念基本上是一致的。"他"在银幕世界上是英姿勃发的：只身出没于人迹罕见的荒漠；驰骋于怪石林立的岩壁；飞跃于山涧荆棘遍布的沟壑；纵身于浊浪排空的江河。"他"是枪战中永不失手的盖世英豪：既超越环境，又超越现实，总是征服万物众生。好莱坞用这一叙事文本讲述着一种无须任何现实依据的英雄主义，满足了大众期待视野中的自我中心主义，观众迷恋这个假想世界中的主宰，通过他沉溺在自我神话的感觉之中。好莱坞用娱乐来制造大众的梦幻：让人们逃离现实成为自我和外在环境的主宰。

自从华盛顿、林肯、杰弗逊、罗斯福以来，美国在意识形态方面非常需要神话的激情，需要严明的纪律、权威，以及作为一个多民族的大家庭所需要的凝聚力，需要以此来引动本能的、无节制的，甚至是狂热的爱国主义。它需要让人们感觉到，美国人正沐浴在自然权利的阳光下，像人们所希望的那样，阶级、种族、宗教、国籍，甚至文化的壁垒都已经被打破，为了共同的利益，人们正在成为真正的兄弟。移民的后裔已经放弃了祖先们的旧世界，服从着新的法规和秩序。牛仔正好属于这样的秩序。首先，牛仔是边远林区人的直系后裔。牛仔生活在蛮荒的西部平原和山脉。牛仔像森林中的拓荒者，作为文明的先驱，他们学会了在艰苦的环境中生存，他们用特技般的武艺作为生存的技能，引导文明的都市人重返荒野，找回自然人纯朴本真的属性。其次，牛仔是国家秩序的卫道士。牛仔的确是蛮荒西部最重要的好人，因为他有明辨是非的眼力，他冷硬的风格个性使他独战群敌的形象更具正面意义。银幕上，牛仔故事不论场面多么激烈，冲突如何尖锐，境况怎样诡诈难辨，始终，观众能够在正义的胜者一方看到牛仔，这个依靠自己、手持双枪、与歹徒和治安官在行为方式上难分彼此的人，其实是官方秩序和人类正义的卫道士。牛仔是专门克制歹徒的英雄。在关于牛仔的故事中，歹徒有时属于一个犯罪团伙，有时是混迹于城镇、企业、牧场、公司中的"恶魔"。歹徒贪婪，在地方作恶多端，欺行霸市，仗势欺人，杀人成性，罪大恶极。牛仔则把社会和进步看得比自己的生命宝贵，他服务于正大光明、造福于社会的高尚目的。再则，牛仔属于平民、雇员。在传奇的故事中，牛仔不是牧场主、农场主、矿业主。故事中，即便偶有几个有产业的人，也都不事管理，喜好出家流浪。而大多数牛仔英雄均受雇于他人，是靠效力于他人的生存者，他们是特别的雇员。牛仔为牧场主、牧业公司，专事"赶牛"和放牧。他们也许会获得一个职务，如牧头、工头或者领班，然而，不论怎样，"他"仍然属于雇工。

牛仔故事的听众当然了悟牛仔故事的奥妙：这是对工业美国的大部分雇工读者讲述的令人惬意的神话——牛仔雇员如何成为美国英雄。牛仔是聚光灯照射下的孤独者。真实中的牛仔在他的世界中既是孤独的——单枪匹马，独来独往；又是结帮结伙的——在围赶牛群时，在面对逍遥法外的犯罪集团中。他们往往粗暴无礼，像美国拓荒时代的传奇英雄迈克·芬克（Mike Fink）一样，从未受过教育，或者他隐瞒了自己所受的教育，外表粗鲁，卑微低下或者隐瞒了自己真实的高贵身份，看上去龌龊不堪。后来，在银幕上他们肮脏不堪的牛仔服，终于换成了罗曼蒂克的鹿皮衣和甚至更为潇洒浪漫的名牌牛仔服。

牛仔英雄是孤独的，因为他从未与他的社会融为一体。他虽然服务于社会，在此意义上他是一个社会人，然而，他从未有过明确的身份，从未以"成年"者的身份融入社会。他总是充当旁观者，以打抱不平的大侠的"他者"身份介入事件之中。对社会来说，他只是一时有用，之后被弃，好在他乐意这种处境。所以，冒险结束后，他便转身离去。当然，这个孤独的牛仔英雄因为他的象征意义成了银幕上极其卖座的游戏斗士。牛仔总是神枪手。来复枪作为文明的象征形象在美国人的记忆中还没有淡去，还存活在关于拓荒时代的故事里，还在那些讲述独立、内战和保卫文明成果的传奇里。牛仔的武器，由边疆林区人狩猎的来复枪换成了"六响手枪"——一种极具现代意味的杀人工具。在西部牛仔大片中，左轮手枪、奔驰的快马、连发的子弹、各种杀人如麻的场面以前所未有的快节奏令观众痛快淋漓。然而，牛仔并未破坏原有的秩序，他玩的是很符合规则的游戏。一个个故事、一则则游戏都在以仪式化的形式重现美国赢得西部的过程：一边是"好人"——牛仔、赶着大篷马车的垦荒者、骑兵、各种各样的矿主、牧场主、农场主、铁路员工、驿车马夫、邮政快递骑手、落难的少女和少妇；一边是"坏人"——印第安人、歹徒无赖、叛徒、恶棍、窃贼、恶霸、变态杀人狂。故事总是在善恶交战中展开，用那些仪式般的决斗、孤胆称雄、扬善惩恶来营构惊险。故事最后定格在军事较量中绝对的胜者——牛仔英雄，给了他令人快感的荣誉。故事总是用这样的套路来结尾：在凯旋号角吹响的时候，在美国骑兵作为增援帮助牛仔取得彻底胜利的时候，这场井然有序的游戏宣告结束。

牛仔被安排在精心设计好的游戏之中。牛仔的杀人不触犯法律和道义。牛仔的行为不受拘束于现代的规章教条。牛仔的潇洒不会被沉闷的制度消解。牛仔不会受累于任何事和人，哪怕是爱情，哪怕是他心爱的女人，他还是可以耸耸肩，在女人的盯视下从容离去。

然而，牛仔和他的歹徒只存在于西部荒野那个固定的舞台。牛仔，是好莱坞用来满足视觉所制造的一种类型。牛仔，这个被大众娱乐喜欢了几十年的类型，正像很多学者认为的那样，他是美国神话的一个组成部分。银幕上的牛仔就像"二战"以后美国一代"自我陶醉者"们——具有强烈"自恋心态"的人们。他们依赖别人确证自己的自尊心。尽管他明显地摆脱了家庭的维系和制度的约束，获得了自由，但是这种自由并未允许他置身其外，或者对自己的个性自鸣得意；相反，有了这种自由，他感到惶惶不安，他需要在别人对自己的关注中寻求自己的影像。对这样的"自我陶醉者"来讲，世界是一面镜子，所有的独来独往者、硬汉子、地道的自耕农、拓荒者和牛仔都出现在美国个人主义的神话中，并被这面镜子映照。所以"自我陶醉者"作为美国个人主义神话的一部分，他们同形形色色的荒野神话有着千丝万缕的联系，但同时又都不容置疑地同文明、社会、家庭、团体、阶级、种族，以及社区相联系。美国历史学家罗伯逊看到了单枪匹马的牛仔对美国人的影响，他说："他"能轻而易举地浮现在人们的脑海里，并能显现出各种变化，与"他"相关联的意象丰富而多彩。因为人们对牛仔故事已千百万次的传诵和重复。由于牛仔故事已经渗透于小说、电影、电视节目、历史书籍和儿童游戏之中，今天，牛仔神话已经成为美国人生活不可缺少的一部分。从直观上讲，美国人懂得这种形象概括了美国人孤独、自立、悔罪和期待得到认可等特点，同时，它还调和了这些特点之间的一些矛盾之处。①

美国人一直关心有关个人的权利，他们在 20 世纪后期现实的、工业化的、

---

① 罗伯逊. 美国神话 美国现实［M］. 贾秀东，等译. 北京：中国社会科学出版社，1990：8.

高度技术化的、既呼唤人格又压抑人格的天地里产生了或是显在的或是潜在的对立。这里所说的个人包括了工人、学生、顾客、穷人、老年人、年轻工人、雇员以及少数民族和妇女，甚至还包括了罪犯。而且，这些拥有个人独立地位的个人往往又与个人需要属于一个身份相近的集团有关，而牛仔，正好可以成为上述所有集团成员渴望认知的形象。因为美国个人主义固有的自我陶醉离不开个人对幸福的追求，而所谓幸福的目标，又被社会学家们从理论上引向了超越自我，也就是借助传媒舆论让孤独与自立、压抑与自由、服从与反抗不断地调和。

美国牛仔就是具有上述意义的英雄神话。亨利·基辛格（Henry Kissinger）也用牛仔形象来解释自己的行为。基辛格曾对意大利记者奥莉娅娜·法拉奇（Oriana Fallaci）说，他之所以享有"电影明星般令人难以置信的地位"，归功于他总是"单枪匹马地行事"，"这是美国人非常非常喜欢的"。他说：

> 美国人所喜爱的牛仔，在率领一队马车时，总是独自一人骑马走在前面，只有他的马与其相伴，别无其他。有时甚至连枪都不带。
>
> 这个牛仔无须非常勇敢。他所需要做的只是向别人表明他策马进入镇子，一切事情都由他亲自动手。①

基辛格针对牛仔和"电影明星般的地位"的这番解释显得十分自然。从他的话可以看到牛仔如何深入人心。而且，当代美国明星和全国著名人物也是美国社会神话的一个组成部分。他们存在着，并且像所有其他英雄一样，既同平常人区别开来，又被树为美国社会的生活典范，可以理所当然地把它看成当今美国社会生活的一个注脚。

作为商业品牌，牛仔，更是美国大众的。当然牛仔是通过影视和明星与大众交融的。电影、电视明星，本来属于一个虚构的"谎言世界"，他们被"谎言"所塑造，被"谎言"所笼罩。特别是在好莱坞的商业电影中，明星甚至就是谎言的一部分。电影明星本身就是人们刻意虚构的"影像奇观"，电影也正是利用了明星所具有的这种超然的魅力，把观众从现实生活的境遇引向一个非现实的、想象的乌托邦。牛仔通过明星成了一个确乎其然的真人，成了"大众偶

---

① 罗伯逊．美国神话 美国现实［M］．贾秀东，等译．北京：中国社会科学出版社，1990：8.

像"。这样，遥远的只活在叙事中的人在明星的中介作用下成了大众窥视的对象。人们通过银幕、通过荧屏、通过照片、通过文字……总之，通过各种各样的传播媒介，窥视到了一个由于时间和空间早已遥不可及的偶像。不管窥视的目的是"观赏"还是"占有"，不论这视线是来自明星的崇拜者还是来自那些迷狂者，窥视者被挑起的欲望不断延伸、不断强化，最终会给明星的制造者带来难以计数的利润。当然，观众对明星的崇拜来自他们自身的需要，因为无论作为一种心理补救还是作为一种精神寄托，人总在寻求自我所缺少的那种东西。而且，当他们看到别人具有时，便会产生一种本能的"享有欲"。因此，在好莱坞的影迷俱乐部才出现了各种怪事，包括那些专门出售明星物品的地方。像伊丽莎白·泰勒用过的口红，詹姆斯·迪恩（James Dean）的一撮头发，约翰尼·哈里戴（Jhonny Hallyday）被撕破的衬衣碎片。明星崇拜者通过它们来维系与明星之间一种心照不宣的暧昧关系。

牛仔具备谎言滋生蔓延的两个重要条件：极度诱人与极度朦胧。只有诱人才会形成市场，只有朦胧才有可能进行杜撰。获 1997 年戛纳金奖及年度大奖的广告作品"牛仔篇"（The Cowboys），最简洁地概括了牛仔精神的大要。这则广告完全是好莱坞西部影片的浓缩，它是这样设计情节的：

> 清晨，在小镇的一角，肮脏丑陋的中年莽汉从胖妓女身边坐起，衣冠不整地走出房门。他抢走女孩的糖果，踢飞门前的小狗。而在小镇的另一角，健壮英俊的年轻牛仔穿戴整齐，与美丽的妻子道别。他在街上搀扶老人过马路，助人为乐。然后莽汉和牛仔街头相遇，一场生死决斗不可避免。广告中的牛仔一脸正气和自信，人们认为他必将胜利。但是随着枪声响起，倒在地上的是那个英俊青年。这时片尾打出广告语："为了生活的准则。"

简单的是非善恶识别方式，一种概念化的英雄观，这就是市场上牛仔代表的价值语言。万宝路是男性的护身符。因为香烟作为一种特殊消费品，人们除了消费属于产品的它，还消费关于它的观念——时髦、身份、个性、文化，消费它的精神性格。香烟的确是一种暗示性大于实效性的特殊商品，烟民迷信它带来的兴奋感觉，并陶醉于由它引起的心理暗示。万宝路的牛仔，为烟民带来了男性的力量，男性的潇洒，男性的无拘无束，男性的一片专属于自己的天地。牛仔形象使在工业化、自动化、标准化、规格化中的人们获得了强劲有力的心理支撑，他们仿佛找回了那份酒脱和威武，他们感觉到自己拿得起放得下，即便是遇到挫折，也能处之泰然，就像牛仔英雄迎着落日策马而去。

美国的神话世界和神话人物是从美国的观念中产生出来的，只有通过美国的历史文化，才能充分认识它的神话偶像在商业运作中的强大力量。万宝路是一个典型的美国式的神话故事，它是流传下来和还将流传下去的关于美国和美国人的品牌的故事。

今天地球上大约有 1/5 的人吸烟，百年来吸烟已经成为人类生活中最普遍的现象。然而，因香烟的危害不容忽视，禁烟运动从发达国家开始兴起，连烟草公司也不得不接受有关禁烟的概念，它们在广告中也得郑重地向烟民警告："吸烟有害健康"，"每支烟中至少含有 2000 种化学物质"，"孩子，不要吸烟"，"吸烟可能导致阳痿"。在戒烟运动中，香烟广告充当了重要角色，万宝路也被编入这一活动中。公益广告的制作人对万宝路经典的画面进行了新的"编辑"，在牛仔英雄迎着落日策马而去——"万宝路的世界"，人们熟悉得不能再熟悉的大型招贴画页上，广告语颇为幽默地倾诉着英雄的心声："我想念我那被香烟损害的肺。"而在另一幅牛仔英雄拿着套马绳的画页上，广告语更是触目惊心："这里是'圈套'的世界！"广告揭示了被烟民忽略的真理。在这样的广告行为中，人们也许感到困惑：烟草商怎么让人来"砸"自己的"锅"呢？然而，应该记住，品牌是大众的品牌，它需要在大众心中树立形象，它不能在社会之外，在边缘，成为社会活动的旁观者，相反，它不但要参与进去，它还要成为中心，在形成声势的大众参与的活动中成为主角。像前面那则广告中倒地死去的英俊牛仔，他传达的是社会理念："为了生活的准则。"万宝路用它的品牌精神抓住了与大众的信任关系，让大众看到它并不因为自身的利益而说谎。万宝路的自我"诽谤"无损于品牌的形象，它用它的"自觉自悟"表现了它总是在最新的社会思考和社会潮流之中，它与最新和最好是一致的。所以，万宝路并不会失去什么，它的自我"揭露"，维护的仍然是牛仔精神，牛仔就是敢在一番历险后孤独地离去，牛仔就是与凡俗的安逸有着距离。美国社会迷信自我批判，敢于自我批判的品牌，更能获得美誉度。

1994 年的金秋时节，万宝路的牛仔来到中国上海，他们不是来推销香烟，他们是为推销万宝路个性系列服装，美国著名的李奥贝纳广告公司策划的这个广告，把活的牛仔带到了中国。金发碧眼的美国牛仔在徐家汇太平洋百货的门口安营扎寨：搭起帐篷，遛马备鞍，整理戎装，举枪待发。牛仔从异域的银幕上走下来，直接展现在中国人面前。

四、瓶子里的资本主义

可口可乐是全球第一品牌。1886 年在它的初创阶段，谁能想到它会有这么辉煌的未来。亚特兰大的药剂师约翰·彭伯顿（John Pemberton）让人们品尝他的杰作——由他研制的糖浆掺兑的碳化水。虽然它的口感很好，但是无论如何它也仅仅只是一种令人感觉清爽的软饮料。早在 1825 年，美国就已经有许多噼噼啪啪冒着气泡的冰凉饮料受到人们的喜欢。那时的杂货店，往往也附卖各种苏打水和一些原先在欧洲被发明、为殖民地移民们喜爱的淡色姜啤酒。早期的可口可乐，也像它的同类产品那样，特别强调所谓的滋补作用，也被吹嘘成一种"理想的大脑滋补品"，可以治疗头痛和解除疲劳。名称上，可口可乐的某种陌生的味道使人感觉到了有点类似异国情调，因为从它的发音上有点南美古柯叶和非洲的可乐子的暗示意味。有意思的是，彭伯顿的记账员弗兰克·罗宾逊（Frank Robinson）为可口可乐设计了流畅优雅的字母商标，那时他并不知道这个标识居然会成为美国的象征，而且从它后来的文化象征上看，可口可乐之于美国，一点不亚于象征法国的埃菲尔铁塔。

其实可口可乐的成分中有 99.61% 是碳酸、糖浆和水，是广告的力量让大众不但接受了它，而且迷恋上了它。可口可乐聘用了工业设计大师来设计它的字体和瓶子外形，此设计一直沿用至今。字体笑眯眯的，幽默感强，戏剧感强，像百老汇似的热闹，与饮品品牌定位的轻松欢快十分和谐，符合消费此类产品的氛围。可口可乐公司自 1886 年诞生以来，在一百多年的历史中孜孜以求，一直在为如何继续扩大它产品的影响开动脑筋。它们的经营者先后编制出了有关这种"魔水"如何被发明出来的故事和有关它的秘方的神话。关于可口可乐是如何被"发明"出来的过程，几乎是全世界最家喻户晓的趣闻之一。当然，它更像是一幕有关产品的滑稽幽默剧。

据传，在 1886 年冬，有一天特别冷。可是，在这天的夜半时分，一家经销药品的店铺响起了重重的敲门声，店员被吵醒了。夜闯药店的客人是来买药店自制的一种专治头痛的药水，店员去为客人取药，不料配好的药水已经卖完。为了临时应付一下，店员随手拿了一瓶头痛药、一些苏打糖浆，按照比例混合调兑，然后倒了一杯递给来人。那人深深地喝了一口，然后连声叫好。顾客走后，店员重新睡下，谁知不一会，又来了买头痛药水的客人。店员就把刚才调好的药剂倒了一杯给他，不料这人喝了以后也同样连声叫好。这一晚，好多人都像是为了这种"好喝的药水"而来，很快店员配好的药水全都卖完了。他松了口气并准备睡觉，可是又来了一位据说是"慕名"前来的客人。当店员告诉他药水已经售完，他大光其火，决不答应就这么白白地跑来一趟。所以，无论店员如何解释如何道歉都不管用，他不肯放弃，一定要得到这种好喝的药水。店员不同意，他们就争吵起来。店主知道了争吵的事，发现其中大有商机，便开始了对这种饮料的研制。经过一个多月的反复试验，可口可乐——一种深红色、带气泡、喝了会打嗝的饮料，在亚特兰大的约翰·彭伯顿的药店里诞生了。

后来可口可乐还编了故事：世界上只有 10 个人知道可口可乐的配方，然而，这 10 个人只知道配方的 1/10，而且，这 10 个人究竟都是谁？也是难猜的谜。神秘传闻还说，这个配方在乔治药业银行最深的地下室中，它被放入了一个上了七道锁，封着 7 个火胶印的加厚保险柜中。秘闻还说，如果想要打开保险柜，上述 10 个神秘人物必须行动一致，必须同时通过所有的身份识别手续，并在指定的时间到位，不能有半秒出入。据说，由于外人拿不到这个配方，近百年来想要仿制这种产品的人虽然跃跃欲试，但是不管他们进行了什么样的化学分析和科学测试，总是失败，始终没法破解这份秘方的特殊化学组成方程式。所以，尽管"好喝的药水"在蓄意制造故事，然而正是这些游戏氛围，才使产品产生了超值的文化性——它的暗示性效果激起了人们的好奇心，使人们倾心于这种饮品。在故事的氛围中，人们先是有了尝它的欲望，然后尝了还想尝，终于上了瘾。麦当劳曾宣称：与其说麦当劳是饮食业不如说它是娱乐业。其实，这并不是麦当劳的创见，从可口可乐蓄意制造的故事，从它参与那些巨大的活动——选美、体育赞助，都是在为大众娱乐推波助澜，把自己的产业归类为娱乐业，可口可乐算得上名副其实的先导，它虽然没有这样来概括自己，但它的品牌定位从来就是以娱乐为其核心。与可口可乐竞争了百余年的百事可乐，在近年来的广告中，也在创意中玩味着娱乐的滑稽可笑。

被评为 1996 年戛纳广告影视精品的两则百事可乐广告，都是以逗趣取胜。

"百事可乐·冰雪天"（Pepsi-Ice Days）幽默地吹嘘自己：冰天雪地里，人们还是"丢"下自己的喜好，"丢"不下喝百事可乐的"怪癖"。于是，糟了！贪婪一饮，嘴唇粘在了易拉罐上，只好让可乐罐吊在嘴唇上，跑去医院请医生帮忙。然而，到了医院候诊室，看到候诊室外坐等着一排怪人，这些人的嘴上都"吊"着一个"百事"罐，简直太可笑了。不过，他刚要笑，却发现自己根本笑不了，才恍然悟到自己也是怪人中的一员。再一看，除了小孩子被易拉罐粘住了，还有白胡子白头发的老汉，更可笑的是，人们的爱犬都吊着"百事"罐。广告语："除了百事可乐，你还想喝什么呢？"

"百事可乐·超市篇"（Pepsi-Cola-Supermarkets）用搞笑来调侃可口可乐：超市里，可口可乐公司的送货员正在往货架上摆放自己公司的货品。他探头探脑地打量四周，发现没人，就匆忙赶到百事可乐的货架边，去拿百事可乐。东西终于到手。就在他想要痛饮一气的瞬间，却出了料想不到的麻烦，百事的易拉罐哗啦哗啦地从架子上滑了下来，巨大的响声引来了超市中的其他人。面对着围观的顾客，穿着可口可乐工装服的送货员十分尴尬，手上的百事罐不知如何放下。还是那个广告语："除了百事可乐，你还想喝什么呢？"

自从诞生以来，可口可乐从未忽略过广告，即便在创业之初，它就舍得在广告上下足本钱。1886 年，当它们的营业额仅仅 50 美元的时候，它们用在广告上的费用就有 46 美元；1901 年，当营业额达到 12 万美元的时候，投在广告上是 10 万美元；1911 年，它们的广告费用已达到了 100 万美元；1941 年，又升至 1000 万美元；到了 20 世纪 50 年代末，这项费用已经高达 4000 万美元；20 世纪 80 年代以来，广告费用已经突破了亿元大关。1994 年，它的品牌身价位居世界名牌排行榜之首，可谓实实在在地成了现代社会的一大迷信和神话。1995 年，可口可乐出资 100 万美元赞助冬季奥运会的时候，人们已经不感到吃惊，人们相信它定会得到很好的回报。人们知道，提供赞助是商人用来树立品牌和保住品牌影响力的高招。

1996 年，是现代奥运会诞生 100 周年。所以 7 月 19 日在亚特兰大开幕的奥运会受世人瞩目。整个亚特兰大奥运会沉浸在广告的海洋之中。可口可乐集团的总部本来就在亚特兰大，更是历届奥运会最大的赞助商，在占尽天时地利的此刻，它先拔头筹，用巨大的声势来显示自己品牌的力量。

在亚特兰大，当外地赶来的客人走出机场，迎面就是以硕大的地球和可口可乐饮料瓶为主题的巨型广告招贴，它如同奥运会的象征耸立在这个城市。而且，这个世界饮料巨人将自始至终作为特别客人参加运动会。在所有体育场馆到处是红白相间的可口可乐的花体字，它几乎替代奥林匹克的五环标志，人们仿佛是在为可口可乐王国欢乐。有人惊呼可口可乐集团买下了亚特兰大奥运会。可口可乐在这次奥运会的赞助投资花费了约 2.5 亿美元。从这年的春季，可口可乐就通过它雄厚的实力渗透到奥运会的各个层面，影响波及与奥运会相关的一切方面。美洲大陆的奥运火炬接力活动从 4 月 27 日开始，从洛杉矶出发穿过全美 42 个州。来自世界 100 多个国家和地区的 1 万多名接力选手参与了这项活动，而可口可乐集团是这项活动最大的操纵者，它们甚至亲自选拔了 2500 名选手。

体育自从有了在希腊的第一次赞助行为以来，现在已经与赞助的初衷有了实质上的差别。今天，企业希望自己能够与火爆的体育赛事联系到一起，为此，它们不惜付出大笔金钱。全球企业都把体育赞助看成是巨额金钱的来源，都知道投入以后所带来的回报。当一个企业接触到体育赞助的时候，就意味着它的知名度会在人们的意识之中留下意义深远的冲击。奥运会是一个全球性的活动，这个活动已经超越了体育比赛的范畴，因为它提供了一个国际性的大场所，随着比赛的进程，这里将聚焦全世界的视线。1998 年，赞助法国的"世界杯"足球赛后，可口可乐在法国的营业额第一季度就上升了 26%。赞助商坚信，他们所花的每一分钱都将物有所值。"因为与顶级的体育品牌联系在一起，就意味着在体育活动中得到了很多很多。"①

中国的健力宝，也是用了可口可乐的赞助招数成了中国饮料市场上名气最大的商品。健力宝被研制出来的时候，走出的第一步就是送出产品。为了让健力宝能够踏上去洛杉矶的征程，健力宝穿上金属装——易拉罐包装，以符合国际包装规格。在中国广告刚刚起步之时，赞助的回报是一般人理解不了的，一般人看来，巨额的赞助换来的只有十来个字——"奥运会中国参赛运动员专用饮料"。之后的亚运会，健力宝出尽风头。那些历史性的镜头，不仅是属于健力宝集团的，也属于中国广告史。

---

① 詹姆逊．快感：文化与政治［M］．王逢振，陈永国，译．北京：中国社会科学出版社，1998：175-190.

可口可乐上市仅两年，它的首任业主彭伯顿去世，商人阿萨·坎德勒（Asa Candler）买断了可口可乐品牌名称的所有权和秘密配方的专利。10 年后，他把这种饮料装进玻璃瓶里，从此，可口可乐踏上了"云游四方""周游列国"的征程。20 世纪初，可口可乐在广告活动中用了"活的"美人，广告的促销活动出现了第一批美女形象代言人。可口可乐选用的美女都是知名的演员和明星，"可口可乐女郎"以青春美艳的女性形象为广告推销制造了一个史无前例的亮点。后来这成为一种惯常的促销手段。1994 年，印度姑娘摘取了"环球小姐""世界小姐"两个桂冠，引发了"可口"与"百事"对"美人"的对抗争夺。"可口"花巨资让"环球小姐"成了公司的形象代言人。可口可乐的广告主题总是集中在令人愉快的美好形象上，它们被安置在优雅的环境之中。可口可乐总是与高尔夫、网球、游泳池、沙滩、海浪、高级饭店、豪华包间、豪华游艇等内容组合搭配。

伍德鲁夫（Woodruff）推动的第一个饮料世界的广告高潮是将可口可乐与"二战"时期的士兵连在一起，哪里有美国军队，哪里就有可乐，以至美国士兵中流行着"可以没有一切，但不能没有可乐"，亲昵地称它为"可口可乐上校""生命之水"。跟随着美国士兵对它的特殊感情，跟随着美军的足迹，100 多亿瓶可口可乐在"二战"中像种子一样撒在欧洲各地，战争末期，它就已经占领了大多数欧洲饮料市场。

作为世界上最大的饮料公司、饮料制造商和销售商，可口可乐的地位是不可动摇的，因为在世界软饮料市场中，前 5 名的品牌就有 4 位属于它：可口可乐、健怡可口可乐、芬达、雪碧。今天可口可乐拥有世界上最大的销售网络。它被称为"装在瓶子里的资本主义"，它是名副其实的"世界第一饮料"，可以理直气壮地接受饮料世界的"日不落帝国"之称谓。自从"二战"时可口可乐随美军进入欧洲以及朝鲜半岛以来，今天，无论在何处，人们都躲不开它的广告宣传。关于它的形形色色的宣传品、宣传活动、社会公益活动总是在媒介上出现，而且鲜明而独特的可口可乐红白标识制作成标准的牌匾、遮阳伞、摊位隔板。可口可乐的市场覆盖率可谓世界之最。1997 年，可口可乐公司为世界各地的中国消费者推出了第一次全球性农历新年电视广告。这则喜气洋洋的广告展现了一条由 6200 多个可口可乐罐组成的巨龙，它用了很东方的广告语："年年走红的可口可乐，恭祝您鸿运当头。"

五、吞噬万物

物质和广告很难在今天的生活中被分离和过滤。当然，广告时常隐匿在非广告名目的对象后面，台前活动是电影电视的剧目，是演唱会和各种娱乐节目，是有奖竞争的各种晚会、各种大型赛事、各种颁发奖项的活动，甚至为明星组办的新闻发布会、各种谈话类型的节目以及电影首映式等，赞助商总会通过火爆的场面浮出水面，传媒便把信息送至四面八方。20世纪80年代以来，人们会下意识地默诵着这些广告语："人类失去联想，世界将会怎样？""人头马一开，好事自然来！""原来生活可以更美的。""农夫山泉有点甜。"人们快速感受着这样的火爆热片：《一声叹息》《花样年华》《卧虎藏龙》《大话西游》。人们出入于这样的美术大展：达利画展、亨利·摩尔雕塑展、上海国际双年展。不论天南地北，人们已经习惯于进出这样的购物中心：赛特、国贸中心、太平洋、百盛、仁和春天。人们嘴上随便就蹦出了世界品牌：宝马、大众、奔驰、李维斯、耐克、哈根达斯、可口可乐、麦当劳、肯德基。

丹尼尔·贝尔说，现代社会的特征更多地表现在已经增大的相互影响上，这个特征不仅指身体上的（反映在旅游、庞大工作单位和居住密度方面），也是指心理上的（通过大众传播媒介），这种相互影响把如此众多的人既直接又象征地联系在一起。它造成了对变化和新奇的渴望，促进了对转动的追求，导致了文化的融合。所以，"信息地球已经成为现实"①。雅克·塞格拉说，仅1996年，开通的电视频道就比电视机发明后所开通的电视频道的总和还要多，信息传递的速度已比两百年前快了3000万倍。消费观念由此而更新："消费已不再

---

① 贝尔.资本主义文化矛盾［M］.赵一凡，等译.北京：生活·读书·新知三联书店，1989：115.

是买卖之地，而成了信息交流之地。"①

　　媒体不断地对大众耳濡目染，人们的感觉将不可避免地产生变异。贝尔说广告术颇不寻常的地方是它的普遍渗透性。灯光标牌是大城市的标志，人们乘飞机掠过市区，夜幕的背景上一丛丛五彩缤纷的灯光广告在闪烁，宛如晶莹的宝石。在大都市的中心地区——泰晤士广场、皮卡迪利大街、香榭丽舍大街、南京路、银座等，人们汇入熙来攘往的人流之中，分享着都市的活力。广告影响着社会，它那么直接地改造了城市的面貌。广告的影响是全面的，它并非只冲击某些群体，或是先锋前卫人士，或是青年一代，或是曾经主导过消费的女性。消费文化在改变我们的购买方式和消费心理的时候，我们本身在它的影响下也已经发生了改变。今天，消费已经渗透入每一个家庭，每一个个体。而每一个生产厂家或广告商家时时刻刻还在谋划着把消费作为整个社会有效运作的中心。广告是打在我们文明门面上的烙印，它既是物质的标记，也是新的生活方式及其新的价值观的预告。

　　丹尼尔·贝尔曾经说过，美国"连吃些什么也正在演变成政治话题"。我们在"已经有过一阵如何吃才能使身体更富有审美性的潮流"后，"又有了如何吃才能更安全健康的保健趋势"，贝尔因此发出警示："大规模消费和高水平生活一旦被视为经济体制的合法目的，所有这一切就出于社会对变革的需要及其对文化变革的接受而产生了，销售活动变成了当代美国最主要的事业。销售本身强调挥霍，它鼓励讲排场、比阔气。因而，在今天如果未能得到欢乐，就会降低人们的自尊心。"②

　　广告是一块"超级馅饼"，它被工业化的消费市场以巨大的资金给予被特制出来以后，已经为社会制造了数不清的关于美好生活的神话和迷信。广告被称为谎言，当然要加上"合法"二字。所谓合法意味着不但法律对它网开一面，而且因为国家要用法律和政策鼓励生产，要让广告承担起刺激消费的重任。人们已经看到广告在加快流通领域运行，以达到繁荣国家经济所起到的核心作用。在发达的资本主义国家，在以美国为核心的资本主义经济体制中，广告早已是

---

①　贝尔. 资本主义文化矛盾［M］. 赵一凡，等译. 北京：生活·读书·新知三联书店，1989：116.

②　贝尔. 资本主义文化矛盾［M］. 赵一凡，等译. 北京：生活·读书·新知三联书店，1989：166.

刺激消费和生产的重要手段，广告刺激了消费需求，以消费来整合流通。广告中有水分，因而被看作是谎言。当然，在某个时间段上考察一则具体的广告，考察它对某个产品所做的宣传，很可能看到它的虚饰和浮夸，产品功能在宣传中难免被夸大和名不副实；然而，超越时间阶段，从动态发展的必然性来看，广告则基本上兑现了允诺。可以这样看，广告在制造需求的时候进行的是双重诉求：让消费产生某种需求，变朦胧的需求为目标明确的需求，让生产有一个发展的目标，在明确的市场需求中发明和改进产品，最终，既提高了产品的功能和质量，又扩增了产品的品种和类别。如果在一段时间以后再去对过去的广告允诺进行评定，其实可以发现，所有的允诺，有的已经兑现，有的正在兑现。比如，把过去洗衣机对人们进行的各种吹嘘，用来衡量今天的产品，当时的名不副实，却对应了今天的产品；过去对那些即溶类饮品，包括各种保鲜的鲜榨果汁的吹嘘，用今天的产品来验证，也是属实的。广告的想象力使现代的高科技转换成了实实在在的生活产品。广告——直接推销产品的硬广告和间接影响我们观念的软广告教会了人们如何获得消费的享乐。

这是一个互相依赖的时代，世界紧密地结合在一起，任何地方发生的活动都会立刻严重地影响世界其他地方。商业化将物质推销到全世界，渗透到世界遥远的每一个角落。汽车、百老汇、酒吧、爵士、摇滚、汉堡包、啤酒、可口可乐、香槟、排行榜、中彩、白领丽人、时装、运动、旅游、休假、大酒店、盛大晚会、户外野餐、露营、竞选演讲、股市、拍卖、写字楼、商业策划、揭幕剪彩、赌博、加油站、别墅、大平层、奔驰、宝马、奥迪、一见钟情、一夜风流、教堂婚礼、抢劫银行、枪战、法官、律师、法庭、探长、罪犯、毒品交易、器官移植、绑架讹诈、海滩、潜水、游轮……物质文化已被植入到人们的经验之中，人类对物质的追求、迷恋和疯狂，已经像病毒一样渗透进我们的身体。

六、中国的怀旧与乡愁

20世纪90年代初，跟着当时收视率排居首位的电视连续剧《北京人在纽约》，广告"孔府家酒·回家篇"被制作和播出。这则广告在背景音乐——"千万里，我一定要回到我的家。我的家，永生永世不能忘记。"女主角用传情的眼睛左顾右盼寻找家人，在回家、在投入亲人怀抱的情意荡漾中，音乐的旋律是人们收看电视剧时早已听熟的旋律，然后，是女主角绵绵动人的话外音："孔府家酒，令人想家。"何为虚构？何为真实？难分彼此。所以当时它感动了既爱国又爱家的中国人。"孔府家酒·回家篇"获得了1994年度花都首届电视广告大奖中的三项大奖：金塔大奖、公众大奖、最佳广告语大奖。《北京人在纽约》使女主角成为当时中国男性公民内心深处的第一女性，她集种种女性特征为一身：美丽、泼辣、独立、豁达、谅解、顺从、无私、成熟，再加上富有和慷慨。她是男性心中最理想的女性。女主角是娱乐界的热点，她可以引起热门话题，所以，当女主角在广告中回家，以她旅美的身份回来，把回归的情怀推向了高潮。让女主角在孔府家酒的广告中做形象代言人，让她表达想家、不忘家、回到家，这样，广告中的"家"，因为有电视剧做"上下文"，成了一个回味不尽的大叙事。"家"酒，因此获得了超出原先设想多倍的文化附加值。

无独有偶，从中央电视台综合频道开始，继而传至各地方电视台的广告"南方黑芝麻糊·小时候篇"，把一种怀旧的情怀带给了大江南北。那一遍遍与画面相配的画外音："小时候，一听到黑芝麻糊的叫卖声，就再也坐不住了……"让身着长袍马褂的小主角充满了古旧的抒情情调，并使广告推销的糊状食品散发出"家"和"童年"的温馨，弥漫着人间天伦的至真亲情。

广告，是企业传播信息的主要手段，是社会认识企业的主要途径，它体现了企业文化。市场竞争最直接地反映在广告的竞争上，广告不仅仅在制作手段、艺术表现上要富有竞争力，更应该担负起捍卫社会文化的责任，迎接更为残酷的产品竞争与更为隐蔽的文化竞争。在"南方黑芝麻糊"新版时，又把"回家"的怀旧变成了文化思乡合奏中的一段旋律。于是，当年"听到黑芝麻糊的叫卖声"，就"再也坐不住"的小男孩，现在已成为白发苍苍的老华侨，他带着他小孙子从海外归来。飞机将老人带到的是"旧貌新颜"的故土，他来到了富丽豪华的"南方黑芝麻糊"的大厦前。进入大饭店后，服务小姐笑容可掬地端上了"黑芝麻糊"，接着便出现了小孙子贪嘴舔碗、老人回首往事感叹唏嘘的一幕，由此来承托广告词所代表的动议："南方黑芝麻糊，抹不去的回忆。"

对新、旧两则广告进行版本对比，我们不但看到了它"弘扬祖国的传统，民族的特色"，还看到了"当前的时尚"。像上述广告的"怀旧"和"思乡"，"旧话"重提，这种类型的创意，其实只是中国消费文化的一种延伸。它们得到人们的普遍好评，是因为它们表达的文化内容与中国大众生活的时尚文化十分合拍。此前，在20世纪80年代后期，中国文化大背景里已在谈论所谓"历史终结"和"意识形态终结"等理论话语。最初，并未偏离主旋律的《渴望》等影视，已经开始将时间作为一面过滤镜，大胆地淡化了这类主题中的惯性政治，让叙事更多地表达旧时的人间真情，用旧情来煽起新感动。

戴锦华《隐形书写：90年代中国文化研究》中，20世纪90年代出现的"记忆"话语是她讨论的一个重要论题。针对"记忆""怀旧"成为大众消费的热点，戴锦华对这种时尚的来龙去脉进行了梳理，剖析了这种"记忆"和"怀旧"的消费文化本质。

从戴锦华拉出的线索可见，20世纪80年代后期，文化的政治反思，从知青题材小说《血色黄昏》起逐渐退热，以往对历史的控诉、反思和追悔，逐渐蜕变成反映青春无悔、拒绝忏悔。然后是1989年的《魂系黑土地》，引起京城轰动的大型画片实物展在中国历史博物馆开展。《大草原启示录》《中国知青潮》《中国知青部落》《中国知青梦》，它们用报告写实与文学虚构共同渲染了不无悲壮的黑土地上的历史记忆。一时间，这些书和这代人的过去，成为社会的热门话题。结合当时李春波风靡全国的流行歌曲《小芳》《一封家书》，戴锦华敏锐地摸到了中国大众文化的命脉，触及中国20世纪八九十年代文化转型的关键交接点，已经无法回避一个消费文化与文化消费的现实。戴锦华发现，在消费禁忌、记忆与意识形态的热浪中，"殿堂之高"与"江湖之远"，"神圣的超越"

与"市民的红尘",它们原有的界限和落差正在被模糊。因此也可以说,这是一个时代的终结与另一个时代的开始。

由"知青热"迅速地带出了一种消费时髦。不论是中国的大都市还是边远的中小城市,涌现出了一批以诸如"黑土地""向阳屯""老知青""红卫兵""绿书包""老插酒家""红高粱""忆苦思甜""老三届"等词汇来命名的酒店和饭庄。由知青热带动的消费热点后来又被"无孔不钻"的商家举一反三,灵活变通,不仅被演变后制作成文化旅游产品,而且被因地制宜地打造成显示民族民间风情文化的具有各色特点的"四合院""大杂院""窝笆墙""吊脚楼""农家乐"。从"老插"们把北方大炕搬入京城,把"宽粉炖肉""贴饼子""棒渣粥""老虎菜"等"粗茶淡饭"引进餐饮业,他们的思路马上得到发散性地重新创意,"葡萄沟""金山城""草堂""辣妹子""老干妈""韶山风情""浏阳人家""毛家湘""赤水情""井冈土楼""毛儿盖客栈""沙家浜",知青热引动的是消费文化,是用"怀旧"和"寻梦"来吸引大众对"知青文化"的消费。戴锦华剖析了这种"怀旧"在消费文化中的特定意义。她用李春波的《小芳》为例证,分析社会文化的转型是如何发生与发展的。她认为:作为"后知青"歌曲的《小芳》,在形式风格上词句直白,曲调简单,是对当年知青歌曲的模仿。但是仔细品味内容就会发现它对"知青经历"的根本性改动。《小芳》不再有当年的激情、忧伤与无望,它充满了轻松而不失真情、浅直却不乏诚挚的"当下"品位,这显然更像是一种黑土地、向阳屯式的趣味与消费。作为叙事,这首歌的总体表达显得优越、奢侈,显然是一种假装的或者表演性的"对痛苦的追忆"。处在安全位置上的成功男人,回首往事,"有惊无险",没有因沾上"孽缘"而沉重和负罪。而歌词中从"有一个姑娘叫小芳",到"谢谢你,给我的爱,今生今世我不忘怀;谢谢你,给我的温柔,帮我度过那个年代",突然成为城市文化消费的热点,并为两个社会群体所喜欢。一个群体是20世纪八九十年代涌入城市、离土离乡的农民工,另一个群体是对中国农村只拥有想象性体验的新一代都市人。留着长辫、朴素的农家少女,成为对旧日时光的轻松回眸。无须记忆,无须感同身受,通过这个"他者"的视角,进入一种滥筋于通俗歌曲中的爱情情境,满足了都市边缘人的文化需求,同时满足了都市青年的某种心理匮乏,应和着一种不无调侃心态的返璞归真的愿望,成为另一类人、另一种社会空间的文化消费需求。从此都市与消费开始取代意识形态与记忆,并以其渐趋成熟的形态占据着新的文化空间。然后是全面展开的"文化怀旧"。姜文执导的《阳光灿烂的日子》是极有代表性的一种怀旧，用今天的个性观念来介入"旧时"的生活。同时一种仿古写作兴起，苏童《妻妾成群》系列中短篇小说和长篇小说《我的帝王生涯》、余华《活着》和叶兆言《杏村旧事》等作品中，历史可以用"非历史"的态度改写，然后"做旧"。稍后，城市美术也开始了它的"做旧"之风，陈逸飞享誉一时的旧装美人肖像画实为一种新型仕女画。

消费文化的复古之风立马被带动。草编、麻纺、原木、布艺等能唤起朴素生活质感的轻工产品开始流行；让人流连忘返的陶艺坊、茶馆、咖啡屋、奶品专卖店、巧克力专卖店，让人赞叹古典雅致的装修，镜框里是咖啡色的老照片，店堂里陈列着从全世界各个角落里收集来的宝贝，如一根旧马鞭，贴着写上时间、地点的标签；一顶旧草帽，标签提示着它的主人如何不同寻常；一些过时的名人合影或独影；球星影星歌星名人签名。怀旧之风引动了新型的假日旅游。到处都在因地制宜，由此而兴起了民俗村寨游、渔村海岛游、乡间民居游、果园尝鲜游、秋收吃新游、赛马斗牛游、赛歌比舞游等民族节庆游。所以，当央视综合频道打出广告，"假日休闲何处去，河北涞水野三坡"，如此简洁的广告口号，让人心领神会。大众化的商品消费以最快的速度把文化思潮转换成了商品的附加值，在金钱的诱惑下，商业大潮对人们观念的席卷显得干脆而彻底。

欧美用百年建立起来的物质观，随着工业社会的商业产品走入了我们的社会，把它们的文化价值、意识形态、财富爆发等各种动听神话，裹挟进我们逐渐打开的国门。新版"南方黑芝麻·小时候篇"的"抹不去的回忆"，"令人想家"的"孔府家酒"，与社会文化中的回归、怀旧融为一体，是消费文化的时尚主题。

"小时候，一听到黑芝麻糊的叫卖声，就再也坐不住了……"黑芝麻糊的叫卖，表面上看这则广告是"怀旧""追昔往事"类的"本土化"的典型范本。然而，从它"产出"的背景和"作品结构"，可以发现它的"土"其实并不纯粹。从小主角服饰的选用，从小主角用牙膏皮去换这种美食，从小主角用舌头揩舐空碗等细节的处理，显然它模仿了第五代电影的观念。这个小小的广告片，凸显的是"他者"喜欢的视觉，而且，它用"非历史"处理历史，迎合了对中国民间大众文化的解读。用牙膏皮进行交易的20世纪50—70年代，人们早已摘下了瓜皮帽脱下了长袍马褂，除非是在艺术虚构中，那些"反面人物"和他们的子女才有如此着装。所以这是一个假造出来的"过去"。再则，如果它是用上述服装来作为历史背景，可那个时候又尚未时兴使用牙膏。而且，如此穿戴的只能是大户人家的小少爷，按照中国当时重男轻女和对男孩过分专宠的国情，这样的"少爷"靠攒牙膏皮来换食小吃的可能性太小，他捧着那只空碗舔口咂嘴的细节更不真实。好在怀旧本来就是模糊的，不同时空细节的拼贴无须追求历史准确性的丝丝入扣，因为曾经有过身着团花锦袍的活泼小少爷，广告画面给出的着装人物可以说是不假的；因为历史上有过小朋友用牙膏皮换零食的时代，广告上的"牙膏皮"细节也是不假的；因为在物资匮乏的年代，饥饿孩子舔碗的细节是相当普遍的，广告设计的"舔碗"更能让人觉得旧时光的亲切。"健力宝·成长篇"，在"南方黑芝麻糊·小时候篇"中发现了可"学"之处，把牙膏皮换零食的细节搬到了自己的广告中，让穷苦人家的男孩巴心巴肝地渴望喝到一罐健力宝，让他辛辛苦苦地去攒牙膏皮。创意把这带有无限辛酸的过程，郑重其事地嫁接在一罐饮料上，显得头重脚轻，不得要领。让受众觉得这小孩大可不必如此，这个愿望非但难以让他承担"强国"之重任，反而暴露了他十分没出息，一罐健力宝就让他日思夜想泣涕涟涟，他如何耐得住运动场上各种艰辛的磨炼？作为一种消费文化，怀旧和乡愁被打造成各种各样的包装，用来装潢不同的商品，成为商品消费精神意识的附加值。

戴锦华说，20世纪90年代中国都市涌动的浓重怀旧情调是一种时尚，是一种不无优雅的市井之声。这种怀旧的表象成为一种魅人的商品包装，成为一种消费文化。而且作为一种时尚的怀旧，一如20世纪80年代中后期那份浸透着狂喜的忧患，隐含着一份颇为自得的愉悦。中国人突然拥有了一份怀旧的闲情。戴锦华指出，中国社会的商业化进程是引起怀旧需求的真正原因。中国大地上的古老城市在高耸的吊塔、混凝土搅拌机的轰鸣中渐次消逝的时候，过去人们憧憬的现代化出现在四合院、大杂院的位置上，不过人们发现它并非憧憬中的那样美好，现在的这个被钢筋水泥、不锈钢、玻璃幕墙所建构的都市迷宫与危险丛林，已将人们的故乡、故土、故国掠夺和掩埋了。上述原因，也是《红粉》《霸王别姬》《大红灯笼高高挂》《我的父亲母亲》《花样年华》《大明宫词》等怀旧影片在时间流程中一部紧接一部，成为热门话题，成为大众永远感动的原因。

詹姆逊曾经分析过美国文化中出现的怀旧。他认为从艺术家到大众对老照片形象的迷恋，实际上是对艾森豪威尔时期的现实的迷恋，这本身就是关于一种无处不在、无所不包的历史主义的征兆，同时也是一种政治倾向。虽然就表示迷恋而言，怀旧并不是一个完全令人满意的词，尤其是当人们想到只能从美学上恢复过去的纯现代主义的怀旧痛苦时，但是它却集中地反映了一种文化的转变，一种十分普遍的向商业艺术和商业趣味倾斜、靠拢和变化的过程。他用分析"怀旧影片"来说明这个变化过程。那些影片"力图再现后来对失去的艾森豪威尔时期的现实的迷恋"，"人们倾向于认为，至少对美国人来说，20世纪50年代仍然是特殊的、行动了的客体，不仅是一个和平的美国的稳定和繁荣，而且还是早期摇摆舞和青年帮的最初的天真无邪。人们想在其中找到自己的现在和最近的过去，或者赢得更远的、逃避个人存在记忆的一种历史"①。

詹姆逊说，"怀旧"作为艺术语言，它与真正的历史的确是不一致的。他怀疑那些怀旧影片对历史内容的某种"表现"，怀疑它们所探讨的"过去"性，不论是由虚饰的形象特征传达的"过去性"，还是以时尚特征传达的所谓"30年代的性质"或"50年代的性质"。

詹姆逊解析了劳伦斯·卡斯丹（Lawrence Kasdan）的《肉体冲动》（*Body Heat*）所"表现"的那个遥远的"富裕社会"，认为它实际上用假历史的深度来取代了"真正的"历史。他指出，卡斯丹所谓的"过去性"是一种有所预谋的手段：它将把观看者纳入适合"怀旧"的接受方式的过程之中，以便完成对当代性的抹杀，"使你能够在接受叙事时以为它发生在某种永恒的30年代，超越了真正的历史时间"。而借助艺术的影像语言或者对模式化的过去的拼凑来探讨现在，"会使现在的现实和现在历史的直接性获得某种光彩美丽的海市蜃楼的魅力和距离"。詹姆逊说：由于在今天，自然本色早已被现实的生存遮蔽，变得黯淡无光、令人沮丧，海德格尔（Heidegger）的"田野中的小径"也消逝了——它毕竟被后期资本主义、消费革命、新殖民主义、特大都市不可恢复和不可挽回地摧毁了。因此，当后期资本主义的那条超级高速公路在旧日的田野里和空旷的大地上穿过时，在它将海德格尔的"存在之屋"变成了单元住宅，或许还是悲惨的、没有暖气的、耗子成群出没的出租大楼时，这种怀旧之情不管它如

---

① 詹姆逊. 快感：文化与政治［M］. 王逢振，陈永国，译. 北京：中国社会科学出版社，1998：190.

何虚假都能在人们心中激起涟漪，人们恰好也需要用它来表达和反对一些什么东西。

"中国怀旧情调的暗流是对世界（发达国家）范围内的怀旧时尚的应和，是文化'接轨'的一个明证。"① 戴锦华的眼光总是犀利而独到。

在《全球化：社会理论和全球文化》（*Globalization：Social Theory and Global Culture*）中，罗兰·罗伯森（Roland Robertson）也谈到了乡愁。乡愁作为一个问题，在批判性社会文化理论的讨论中已占有相当重要的地位。罗伯森用图尔纳等学者的研究，勾画了"乡愁"的历史图景。欧美民族精英的存心怀旧是从19世纪70年代开始的。而所谓存心怀旧，是指当时在那些相对发达的社会中，精英们对确立宏大的象征、纪念碑、仪式等相当关心，而且越来越关心。从华盛顿特区经过欧洲再到东京，19世纪后期人们参与了那种无尽的、从政治上推动的怀旧。通过怀旧，几乎每一个西欧和中欧国家都经历了一种爱国主义的热潮。图尔纳在简单地回顾乡愁概念的时候，还看到了它的历史关联，它与古典思想和后来的忧郁概念的联系。乡愁的确在西方医学、文学和宗教上产生过重大意义。譬如思家病，就是从字面意义上理解的乡愁。在18世纪，乡愁的意义在英语里被不时地使用。而且，它有了哲学和社会学的意义，乡愁这时已被当作"某种人类疏离的基本状况"来谈论。罗伯森认为，社会学意义上的无家可归，是现代化的一种心理后果。当人们时常面对无家可归的人，听到关于他们的不幸、关于家庭暴力和贫困、关于全球各地的灾荒、难民和被流放的那些人的故事，种种现实的困窘无疑助长了某种"家的意识形态"。

在闲暇时光，人们做些什么？工业时代，人们怎么打发时光？人们怎么去想象心中的渴望和欲望？由此，乡愁便具有了全部意义。

罗兰·罗伯森特别重视图尔纳对乡愁范式提出的四个主要预设：历史衰落的观点；某种行动整体的感觉；丧失表现性、自发性的感觉；行动个人自主性的感觉。罗伯森认为需要特别注意的是在当下，一度被认为是现代性的一种标志的对自发性和个人自主性的怀旧，它已经成为乡愁的突出维度。20世纪后期的那种存心怀旧，已经成为全球制度化的乡愁，具有某种全球文化意义。今天，全球都在经历"集体乡愁"。所谓"集体乡愁"，是指具有高度公共的、广泛共

---

① 戴锦华. 隐形书写：90年代中国文化研究 [M]. 南京：江苏人民出版社，1999：98.

享的和熟悉的那些来自过去的符号资源，它们可以在千百万人中同时激起一浪高过一浪的怀旧情绪。因此，现代思乡病本身，在很大程度上，因为现代社会地理空间中存在的经常性运动，使"乡愁"转化成了"产业"，并引起广泛的兴趣。罗兰·罗伯森特别指出：20世纪后期的乡愁是与消费至上主义密切联系在一起的。与曾是19世纪后期20世纪初期带有文化政治色彩的，那种故意的、虚假的乡愁比较，当代乡愁因为它是全球资本主义的主要产物，所以更具有经济性质，而且具有资本主义"民主"的文化特色。不过，这当然不意味着从文化政治上推动的乡愁已经被淹没。罗兰·罗伯森认为，文化政治上推动的乡愁，现在被嵌入到一种更具普遍性、漫射性的物质消费主义的乡愁之中。①

---

① 罗伯森. 全球化：社会理论和全球文化 [M]. 梁光严，译. 上海：上海人民出版社，2000：209-234.

参考文献

［1］崔瑞德，鲁唯一．剑桥中国秦汉史［M］．杨品泉，等译．北京：中国社会科学出版社，1992.

［2］维克雷．神话与文学［M］．潘国庆，等译．上海：上海文艺出版社，1995.

［3］施特劳斯．结构人类学：巫术·宗教·艺术·神话［M］．陆晓禾，等译．北京：文化艺术出版社，1989.

［4］蔡斯．神话研究概说［M］．吴代，译．北京：中国社会科学出版社，1989.

［5］袁珂．中国古代神话［M］．北京：中华书局，1985.

［6］袁珂．中国神话资料萃编［M］．成都：四川省社会科学院出版社，1985.

［7］祁连休．外国民间故事选［M］．沈阳：春风文艺出版社，1981.

［8］关敬吾．日本民间故事选［M］．连湘，译．上海：上海文艺出版社，1983.

［9］戴锦华．隐形书写：90年代中国文化研究［M］．南京：江苏人民出版社，1999.

［10］叶维廉．殖民主义：文化工业与消费欲望［M］．北京：北京大学出版社，1999.

［11］顾晓鸣．犹太：充满"悖论"的文化［M］．杭州：浙江人民出版社，1990.

［12］卡莱尔．论英雄和英雄崇拜［M］．张志民，段忠桥，译．北京：中国国际广播出版社，1988.

244

[13] 罗素. 西方哲学史 [M]. 马元德, 译. 北京: 商务印书馆, 1982.

[14] 狄耶. 从哲学故事到浪漫主义黑小说 [M]. 管震湖, 译. 长春: 时代文艺出版社, 1998.

[15] 汤普逊. 中世纪经济社会史 [M]. 耿淡如, 译. 北京: 商务印书馆, 1984.

[16] 韦伯. 经济与社会 [M]. 林远荣, 译. 北京: 商务印书馆, 1998.

[17] 布尔斯廷. 创造者: 富于想象力的巨人们的历史 [M]. 汤永宽, 译. 上海: 上海译文出版社, 1997.

[18] 邓恩. 广告与商业 [M]. 崔岩峙, 等译. 北京: 中国工商出版社, 1981.

[19] 西沃卡. 肥皂剧、性和香烟: 美国广告200年经典范例 [M]. 周向民, 田力男, 译. 北京: 光明日报出版社, 1999.

[20] 考特. 简明英国经济史: 1750年至1939年 [M]. 方廷钰, 等译. 北京: 商务印书馆, 1992.

[21] 冈特. 美的历险 [M]. 肖聿, 凌君, 译. 北京: 中国文联出版公司, 1987.

[22] 布罗代尔. 15至18世纪的物质文明、经济和资本主义 [M]. 顾良, 译. 北京: 生活·读书·新知三联书店, 1992.

[23] 罗伯逊. 美国神话 美国现实 [M]. 贾秀东, 译. 北京: 中国社会科学出版社, 1990.

[24] 勒诺特尔. 法国历史轶闻 [M]. 王殿忠, 丁斌, 译. 北京: 北京出版社, 1986.

[25] 托夫勒. 第三次浪潮 [M]. 朱志焱, 等译. 北京: 生活·读书·新知三联书店, 1983.

[26] 贝尔. 资本主义文化矛盾 [M]. 赵一凡, 等译. 北京: 生活·读书·新知三联书店, 1989.

[27] 里波韦兹基. 第三类女性: 女性地位的不变性与可变性 [M]. 田常晖, 张峰, 译. 长沙: 湖南文艺出版社, 2000.

[28] 孟德斯鸠. 波斯人信札 [M]. 陆元昶, 译. 上海: 译林出版社, 2014.

［29］弗里丹．女性的困惑［M］．陶铁柱，译．哈尔滨：黑龙江教育出版社，1988.

［30］弗里丹．女性白皮书［M］．邵文实，王爱松，译．哈尔滨：北方文艺出版社，2000.

［31］克兰兹．禁忌［M］．王东，译．北京：中国旅游出版社，2014.

［32］詹姆逊．快感：文化与政治［M］．王逢振，等译．北京：中国社会科学出版社，1998.

［33］奈斯比特．大趋势：改变我们生活的十个新趋向［M］．梅艳，译．北京：中国社会科学出版社，1984.

［34］布鲁姆．走向封闭的美国精神［M］．缪青，宋丽娜，等译．北京：中国社会科学出版社，1994.

［35］弗洛姆．人类的破坏性剖析［M］．孟禅森，译．北京：中央民族大学出版社，2000.

［36］詹姆逊．快感：文化与政治［M］．王逢振，陈永国，译．北京：中国社会科学出版社，1998.

［37］罗伯森．全球化：社会理论和全球文化［M］．梁光严，译．上海：上海人民出版社，2000.

［38］弗洛伊德．文明与缺憾［M］．傅雅芳，译．合肥：安徽文艺出版社，1996.

［39］托克维尔．旧制度与大革命［M］．冯棠，译．北京：商务印书馆，1996.

后 记

物质膨胀了人类的欲望。欲望是社会文化生物链中的一环，是可以自我复制的东西。欲望不是现代产物，是人的本质属性，是能量无比的动力。因此，欲望是人性。活着，想要不死；活着，想要舒适；活着，想要富有；活着，想要不劳而获并用之不竭。当然还有超越物质欲望的欲望——活着，要伟大；活着，要不朽；活着，要创造；活着，要追求生命的奇迹。

神话自欺欺人，但神话不会无缘无故产生，它总是根据需求被想象出来。神话是人类向文明进化的动力。物质文化和消费文化像神话一样流露了人类潜意识中的幻象之真和谎言之实。

物质追求是现代资本主义经济文化使然。不充分的资本主义意识，或者说只有大工业的形式而没有与大工业相应的精神文化，沿袭传统和阶级成见，用这样的意识形态组织起来的生产关系终将扼杀物质和消费。物质和消费包含着扩散化、普泛化的意义。传统欧洲，国家强权和工业模式从来不为大众服务，特别是英国工业化时代只为少数特权阶层谋取暴利的政治没有改变，决定了根本不需要物质文化和消费文化。当然，英伦也有过黄金般的童年，在那之后走投无路的人们两手空空，他们听从政府的召唤，把自己塞进嘈杂肮脏像运牲口的远洋货轮的统舱，踏上不归路，踏上重洋那边的美洲荒原。这是人类物质进程中一个不可否认的辉煌阶段。

只有当移民摆脱了欧洲的门第等级，只有思想观念和精神文化发生蜕变，只有在没有殖民地作为产品倾销的那个曾经也属于殖民地的美国，生存艰难，每一点所得都那么珍贵，没有破产的条件也不甘心破产，人们才会让物质文化和消费文化为生产寻找目标。从美国的人口来源看，从美国立国初期总统任职前后的身份看，从美国确立的经济文化制度看，物质文化和消费文化是美国工

247

业机器的可燃动力，他们为社会解决了过剩的难题，为大众制造了幸福的幻觉。

物质文化利用社会固有的矛盾，并将矛盾转换成需求，转换成生机勃勃的市场和轰轰烈烈的消费。女性在世界经济发展史上充当了拉动内需的关键角色。媒体并没有创造新的话语哄骗女性，它在旧的文化中挖掘女性的社会位置，在固有的文化语境中产生效应。因此，物质和消费不是自己完成的，是合作双方共同完成的。平民化、民主化、社会化的物质文化和消费文化，就这样从幼婴逐渐长大，终于在摇篮里长成巨人。

欧美百年建立起来的物质观，以及他们的文化价值、意识形态、财富爆发等各种动听神话裹挟进入中国，逐渐打开的国门。20世纪90年代中国都市涌动的浓重怀旧情调是一种时尚，是一种不无优雅的市井之声。这种怀旧的表象成为一种魅人的消费文化，一如20世纪80年代中后期那份浸透着狂喜的忧患，隐含着一份颇为自得的愉悦。中国社会突飞猛进的物质进程是引起怀旧需求的原因。中国大地上的古老城市在高耸的吊塔、混凝土搅拌机的轰鸣中渐次消逝的时候，过去人们憧憬的现代化出现在四合院和长街小巷的位置，不过人们发现它并非憧憬中那么美好，这个被钢筋水泥和玻璃幕墙建构的都市迷宫与危险丛林，已将人们的故乡、故土、故国掠夺和掩埋。

物质影响着人类的思维、认识和行为。关于物质的话语包含了各种观念，是生活在某个特定社会中的人们确信的事物状况，也是人们理解世界的基础，既折射着社会生活中存在的难题，又表达着社会生活中人们的欲求。物质愿景总是泄露人类的无意识，这不是个人的，这是在人类集体的需求中由集体共同创造出来的。所以，物质欲望像神话一样不是谎言，它讲述着人类的潜意识，它暴露着人类不论是物质上还是精神上的匮乏。

龙潜　2023年10月6日　南山·花溪